El Lugar SECRETO

Juanita Bynum

CASA
CREACIÓN
A STRANG COMPANY

El lugar secreto por Juanita Bynum
Publicado por Casa Creación
Una compañía de Strang Communications
600 Rinehart Road
Lake Mary, Florida 32746
www.casacreacion.com

A menos que se indique lo contrario, todos los textos bíblicos han sido tomados de la versión Reina-Valera, de la *Santa Biblia*, revisión 1960. Usado con permiso.

Algunos textos bíblicos han sido tomados de la *Santa Biblia*, Nueva Versión Internacional (NVI), © 1999 por la Sociedad Bíblica Internacional. Usado con permiso.

Publicado originalmente en inglés bajo el título:
The Threshing Floor
Copyright © 2005 por Juanita Bynum
por Charisma House, Lake Mary FL 32746

Traducido por Carolina Laura Graciosi, con la colaboración de María Mercedes Pérez y María Bettina López
Coordinación y revisión: María Fabbri Rojas
Diseño interior por: Hilda M. Robles

Library of Congress Control Number: 2005934577
ISBN: 1-59185-838-0

Impreso en los Estados Unidos de América

05 06 07 08 09__9 8 7 6 5 4 3 2 1

Al pastor Matthew Ashimolowo…
por su impartición a mi vida sobre el tema
de la oración…debido a usted, he sido transformada
para siempre.

A Madre Estella Boyd… por su
impartición de oración.

A Laura Lowery, de Love Oasis Christian Center
(Centro Cristiano Oasis de Amor)
de Nueva York… por su impartición
del mensaje "The Well Within" (El pozo interior).

Agradecimientos

Quisiera agradecer especialmente a:

- Mi esposo, por su paciencia con mis sesiones de noches y días enteros escribiendo el libro.

- El Dr. John H. Boyd, por proveerme un lugar para cultivar mi llamado al mandato de la oración en la iglesia New Greater Bethel. Siempre tendré en mi corazón un amor especial por el altar de esta casa. Mi experiencia en la oración en New Greater Bethel ha cambiado mi vida para siempre.

Tabla de contenido

La oración es universal

*L*A ORACIÓN ES la única cosa de la cual ninguna religión puede decirse creadora o propietaria. No es una experiencia religiosa o denominacional. La oración es una experiencia individual que tiene lugar entre el Creador y los que Él ha creado.

No importa de qué religión forme parte una persona, la oración y la meditación son los lazos vitales para permanecer conectada con Dios. Si usted no tiene una vida de oración, no hay manera de que comprenda los principios de la vida cotidiana que Dios está tratando de enseñarle. Así que tenga paciencia conmigo –especialmente si es maduro en el Señor y, como resultado, un asiduo lector– porque la oración es un tema universal. Es una necesidad absoluta en la vida de cada persona. Por esta razón estoy abordándola cuidadosamente, de modo que todos –sea un miembro del congreso o un interno de una cárcel– puedan entender los principios de la oración y tener una experiencia que cambie sus vidas.

La primera vez que me sentí movida a escribir este libro sobre la oración, fui a las librerías para ver lo que ya había al respecto en el mercado. Curiosamente, no había muchos libros sobre este tema. Creo que una de las razones es que la mayoría de la gente se siente como yo solía sentirme respecto a la oración: tienden a rehuirle. Cuando por primera vez comencé a orar, pasé un tiempo difícil porque realmente no entendía lo que se esperaba de mí cuando entrara en la "presencia del Señor". La oración fue realmente un proceso difícil.

¿Por qué el proceso de orar me parecía tan difícil? La sociedad nos enseña a disimular o reprimir todo lo que sentimos, pero cuando vamos a orar, tenemos que ejercitarnos para hacer todo lo contrario. Debemos soltar todo lo que sentimos. Para mí, eso era algo muy difícil de hacer.

Cuando hemos llegado a ser maestros en reprimir nuestros sentimientos, la sociedad le llama a eso *madurez*. Usted es considerado una *mejor* persona si puede reprimir lo que siente, y no expresa realmente lo que usted es ni lo que cree. La sociedad piensa que la persona exitosa es quien puede reprimir sus pensamientos y sentimientos a fin de obtener o conservar un empleo, o establecer y mantener cierto estatus en la vida.

Sin embargo, la gente más "maravillosa y madura" –según los estándares del mundo– suele terminar colapsando emocionalmente en algún momento de su vida. Sólo es posible desempeñar ese rol durante un tiempo. ¿Por qué? Porque, como seres humanos, hemos sido creados con emociones reales y deseos reales. En algún momento, se asomará la verdadera persona. Las cosas que verdaderamente sentimos se expresarán y se harán oír. Cuando llega ese momento, si no elegimos una salida positiva para darles expresión, los resultados pueden ser trágicos.

Creo que esa es la razón por la cual muchas personas están hoy en la cárcel. Por eso oímos de mujeres que van a prisión por matar a sus esposos o hijos. Es la razón por la cual hay esposos encarcelados por asesinar a sus esposas, e hijos presos por matar a sus padres. Eso explica las epidemias de violaciones, robos, y delitos de guantes blancos. Todas estas cosas tienen una raíz común. Muchas de las personas que cometen estos delitos fueron condicionadas para no expresar jamás lo que realmente sentían, ya fuera enojo, amargura, o incluso felicidad. No se les dio una salida para expresar sus sentimientos o ser oídos y ayudados con inteligencia. Alcanzaron el punto límite, el momento en que ya no podían contener por más tiempo sus sentimientos, y estallaron. Como resultado, otras personas –incluso las que amaban– fueron heridas y posiblemente hasta perdieron la vida.

Esto pasa cuando la gente no encuentra un lugar donde sienta suficiente confianza como para poder expresarse auténticamente.

Ya ve, la oración es la posición desde la cual la confianza puede ser establecida o restaurada, el lugar desde el cual Dios puede canalizar hacia usted la respuesta que usted busca o darle la determinación que necesita para manejar cualquier situación que pueda estar atravesando.

A medida que su confianza en Dios crezca, Él le dará cada vez más seguridad de que usted puede venir a Él en cualquier situación o necesidad. Durante este proceso, mientras viene a Él, desarrollará un nuevo nivel de comunicación, una canalización positiva que producirá resultados positivos. Descubrirá que cuando sale de su presencia, no necesita preocuparse de lo que los demás sienten respecto a usted. Su presencia lo ha liberado. Esa es la verdadera libertad de palabra. Esa es verdadera libertad de expresión.

Me ha impactado mucho escribir este libro porque pasé por ese camino. Hoy, cuando la gente me oye hablar de cosas espirituales que he encontrado, suele decirme: "¡Qué impactante es eso!" Pero para mí fue un proceso. Sigue siendo un proceso. Ninguna persona de esta tierra tendrá jamás el monopolio de la oración. ¿Por qué? La oración es una experiencia espiritual, y nadie puede predecir o controlar al Espíritu de Dios. Cada vez que encuentre su lugar en la oración, usted tendrá frescas y nuevas experiencias en su relación con Dios.

Este es el triple objetivo por el cual escribí este libro:

1. Quiero darle algunos principios fundamentales para ayudarle a comprender cómo acercarse a Dios y reconocer cuándo se halla en su presencia.

2. Deseo que usted comprenda lo que tiene que hacer cuando se encuentre allí.

3. También quiero ayudarlo a identificar lo que puede esperar recibir de Dios en el lugar de oración e intercesión.

Cuando estos tres componentes se unan, usted se habrá convertido en una *persona de oración*, no simplemente en una *persona religiosa*. En Lucas 18:1, Jesús dio el único requisito para la oración e hizo énfasis en un punto cuando Él "...les refirió una parábola sobre la necesidad de *orar siempre* y no desmayar" (énfasis añadido). Observo esto: La Biblia no dice que las personas deben ir siempre a la iglesia. No dice que la gente debe cantar siempre en el coro, estar en el cuerpo de ujieres o enseñar en una clase de escuela dominical. Dice claramente que *"siempre debemos orar"*. Ese mandato se reafirma en 1 Tesalonicenses 5:17, donde dice: "Orad sin cesar".

Aunque el mandato fue dado, creo que es una pequeña pepita de oro que hemos dejado pasar, y esta pepita es el pegamento que liga a las personas a la estructura y la práctica de la religión. También nos ayuda a distinguir entre lo que ha sido construido religiosamente por el hombre y lo que es realmente una demostración de la presencia del Señor.

Creo que una vez que la gente se involucre realmente en la oración encontrará a Dios, no meramente religión y denominaciones. Comenzará a comprender que la única razón para la estructura religiosa es dar al mundo una forma de experimentar, reverenciar y honrar a Dios. Una vez que comprendamos el propósito de la estructura religiosa, seremos más capaces de relacionarnos con la gente que vive dentro de esa estructura. Cuando alguien nos ofenda diciendo o haciendo algo que no parece de Dios, no nos apresuraremos a responder rechazando a Dios, tirando las nueces junto con sus cáscaras. No debemos quitar de nuestras vidas la presencia de Dios sólo porque alguna gente nos haya ofendido.

La oración es el único medio disponible que nos permite mirar a la humanidad –con todas sus fallas– y aún así comprender que Dios es perfecto. Cualquiera que tome la decisión de alejarse de la presencia de Dios, apartándose de sus instrucciones, cometerá errores y estará en problemas. Pero siguiendo el patrón para la oración que daré a conocer en este libro, cualquier persona puede volver inmediatamente a la presencia de Dios y corregir los errores. Usted tiene la perfecta ocasión de que se le dé una segunda oportunidad. Una vez que regrese a su presencia usted puede ser completamente perdonado.

No estoy tratando de avivar su religión o denominación. Ni siquiera estoy animándolo a ir a la iglesia. Trato de animarlo a reconocer que usted puede tener una relación con Dios ahora mismo.

Decida ahora establecer cada día un tiempo para pasar a solas con Dios, expresándole cómo se siente. Permanezca en su presencia el tiempo necesario para oír su respuesta mientras Él le dice lo que piensa de usted y cómo puede ayudarlo en su vida diaria.

Cuando la oración llegue a ser una realidad en su vida, se encontrará haciendo cosas sólo para agradar a Dios, y experimentará que el Señor hace cosas para agradarle a usted. Es dentro de este proceso de la oración que usted encontrará un contentamiento emocional holístico. Mientras lea este libro, creo que usted se encontrará con Dios como nunca antes. Su presencia llenará el vacío de su alma, liberando esos sentimientos y emociones que ha aprendido a reprimir. Hay solución para usted, un lugar adonde puede ir en oración se considere usted religioso o no, y va a ser increíble. Recuerde, la oración no produce sólo algunos cambios: ¡la oración cambia todo!

Un viaje hacia su presencia

ESTE LIBRO ES un viaje hacia la presencia de Señor. Nos dará una primera mirada de lo que concierne a la *Iglesia*. Mientras examinamos atentamente las antiguas costumbres religiosas originadas por Dios cuando Él estableció el primer tabernáculo en el desierto para los hijos de Israel, el patrón y el propósito de Dios para la oración serán revelados.

Dios estableció un tabernáculo por medio de su siervo Moisés para que los israelitas pudieran comprender cómo entrar en su presencia. Mediante el diseño del tabernáculo y la institución por Dios de las prácticas religiosas que debían seguirse en su tabernáculo, Él ilustró lo que se requiere para poder estar en su presencia. El tabernáculo manifiesta los atributos de Dios y nos muestra la manera en que sus bendiciones se tornan accesibles para su pueblo.

Sin embargo, este libro también le mostrará cómo se ha distorsionado el verdadero significado del tabernáculo, hasta hoy en día. Nos hemos apartado mucho de la manera en que Dios ordenó que se expresara la adoración a Él en el primer tabernáculo. En este libro, voy a desglosar los aspectos más importantes del tabernáculo y crear un patrón para usted, uno que pueda establecer en su propia vida cuando haya finalizado la lectura y el estudio de este patrón. Podrá orar según el modelo del Señor dondequiera que usted esté: en su hogar, su habitación o el sótano, su auto, o sentado en el banco de la iglesia.

La oración desarrolla lo que la gente comúnmente llama "fortaleza interior". Sin esa divina fuerza interior –la presencia de Dios que reside en su vida– usted no tiene recursos para responder a las presiones y tentaciones de afuera. Si usted pierde esa presencia, como muchos lo han hecho, se desmoronará en las crisis y se dará por vencido en la vida. La fortaleza de su temple determina su respuesta exterior a la vida.

Dios diseñó el primer tabernáculo para que fuera transportable. Dio instrucciones para desarmarlo, levantar las piezas y moverlo mientras los hijos de Israel continuaban su viaje. Cada pieza de esa estructura estaba santificada y era sagrada, y los israelitas la respetaban. Sabían que si mantenían el tabernáculo de Dios en orden, la presencia de Dios los guiaba con una nube de día y con fuego por la noche. Su luz celestial irradiaba sobre el arca del pacto en el lugar santísimo. Pero cada parte del tabernáculo –desde los postes de las puertas hasta el arca del pacto en el lugar santísimo– debía estar en orden. Dondequiera que fueran en su viaje, ese orden no podía cambiar.

Los israelitas eran muy cuidadosos en la manera de manejar las piezas, porque sabían que si un elemento estaba fuera de lugar podría afectar la gloria de Dios. Ese tabernáculo llevaba la presencia misma de Dios. Fue la primera vez en la historia que Dios vino y habitó en medio de su pueblo. Sabían que a menos que prestaran cuidadosa atención a sus instrucciones, podrían no ser capaces de mantener esta maravillosa y nueva relación con Dios.

El tabernáculo había sido construido para ser móvil; llevaba a las personas de un lugar a otro, acercándolas al propósito supremo de Dios para sus vidas. Ahora comprendo realmente la sabiduría de Dios al hacer transportable el primer tabernáculo. Hoy construimos iglesias que siempre son accesibles para nosotros. La gente viene a estos edificios, pero no puede experimentar la gloria y la presencia de Dios, porque su presencia ya no habita en una construcción hecha de piedra y madera. Como resultado, las personas fracasan en acercarse al propósito supremo de Dios para sus vidas porque no han podido comprender que *nosotros somos la Iglesia.*

Para tener la asombrosa presencia de Dios mismo debemos tener vidas que estén en orden según el patrón que Él nos dio cuando proveyó las instrucciones para la construcción de ese primer tabernáculo.

En 1 Corintios 6:19, el apóstol Pablo nos dice que "...vuestro cuerpo es templo del Espíritu Santo". En reconocimiento a esto, deseo ayudarlo para que comprenda que el modelo establecido por el tabernáculo del Antiguo Testamento es un modelo espiritual para usted y para mí, los "templos del Espíritu Santo" del Nuevo Testamento. Una vez que entienda estos principios, usted puede convertirse en el nuevo tabernáculo que Dios desea. Como templo del Espíritu Santo, debe manejar cuidadosamente las piezas sagradas que alberga, dondequiera que vaya y como quiera que se mueva. Tenga cuidado de no hacer nada que pueda afectar adversamente esas piezas porque si lo hace, afectará su relación con Dios.

No son las *cosas externas* que las personas dicen de usted, o le hacen, las que afectan su relación con Dios. Realmente no importa cómo haya sido usted ofendido, afectado o herido en el pasado. Su relación con Dios está determinada por la manera en que usted trata o maltrata las *piezas internas del tabernáculo que Él ha establecido dentro de usted.*

Este libro coloca la responsabilidad por su relación con Dios donde corresponde: *en usted*. Si usted ha deseado alguna vez conocer realmente a Dios, ésta es su oportunidad perfecta. Puede hallarse rodeado de problemas externos y preocupaciones, pero por medio del patrón de Dios para la oración usted puede levantarse sobre cada uno de ellos a la vez que logra conocer mejor a Dios. Una vez que esta relación celestial ha sido santificada, apartada, protegida, y cubierta desde adentro, usted podrá manejar cualquier cosa que venga desde afuera.

Creo que por esto Jesús confrontó el statu quo religioso y dirigió a la gente a volver a la relación con el Padre. Piénselo. Jesús pudo soportar la cruz porque Él oraba sin cesar. Él había construido un fuerte tabernáculo interior al mantener una comunicación continua con el Padre. Mediante la oración, pudo ser transfigurado por el poder del Espíritu Santo.

Esto es lo esencial: usted puede elevarse sobre las circunstancias naturales y acceder al terreno de lo sobrenatural, donde encontrará el amor, la paz, la satisfacción, y la solución a todo problema que enfrente, si responde al llamado para orar. *Ésa es la razón por la cual Dios me ha llamado a traerlo a usted al lugar secreto, a la era de la trilla, el lugar de total rendición a Él en oración e intercesión.*

Venga conmigo... este viaje va a cambiar su vida por la eternidad.

CAPÍTULO 1

Introducción a la oración:
La puerta

ERMÍTAME COMENZAR POR explicar lo que significa la oración tridimensional. Cuando usted ha entrado en la tercera dimensión (en ese lugar secreto), ha alcanzado en oración un lugar donde tiene la seguridad de que está en la divina presencia de Dios. Es un lugar en el que no solamente confía en que está orando a Dios, sino que tiene la seguridad de que Él lo oye, y al oírlo, está obligado a dar una respuesta. Entonces, al entrar en la etapa introductoria de la oración, es importante que usted comprenda la idea de que Dios está usando el tabernáculo para establecer un fundamento, un patrón paralelo de cómo nosotros como creyentes debemos entrar en su presencia. Si usted volara en un helicóptero sobre la estructura del tabernáculo y quitara el techo por completo, desde el aire vería que la estructura entera tiene la forma de una cruz.

La puerta a la que me refiero en este primer capítulo estaría ubicada al pie de la cruz. Entramos por la puerta (así como entramos en la presencia del Señor) porque ésta nos trae de vuelta al pie de la cruz. Nos trae de vuelta a las obras de la salvación.

Mientras vamos paso a paso en nuestra comprensión del patrón del tabernáculo y de las vestiduras sacerdotales, estamos viendo simbólicamente cuál debería ser nuestra posición en la oración. Este estudio de la estructura del tabernáculo revelará en un nivel espiritual cómo debemos presentarnos delante del Señor en oración.

A medida que describo los elementos y vestiduras sacerdotales del Antiguo Testamento, quiero que aplique estas descripciones en un nivel espiritual a los elementos por los cuales pasa y las vestiduras que usted viste hoy en oración. Porque en el nivel espiritual, los sacerdotes del Antiguo Testamento y los del Nuevo Testamento –de los cuales usted forma parte si ha sido adoptado por la familia real de Dios– entran al mismo tabernáculo y usan las mismas vestiduras. Estos elementos y vestiduras no cambian simplemente porque la época haya cambiado. En lugar de eso, se transformaron de ser una representación natural a una representación espiritual.

Las medidas y patrones del tabernáculo en el Antiguo Testamento eran sumamente importantes para Dios. En el libro de Ezequiel, Dios ordenó al ángel que usara una vara y midiera el templo. Instruyó al ángel que midiera cada parte de la estructura para ver si estaba construida de acuerdo con su voluntad. Asimismo, cada creyente será medido en la presencia del Señor para ver si alcanzamos la medida, no sólo para ser gente que ore por sí misma, sino también para que seamos totalmente capaces de ponernos en la brecha para orar por otros.

El patrón presentado aquí lo ayudará a entender que, cuando entra en oración, Dios no desea que usted vague sin rumbo en el reino del Espíritu. Quiere que sepa exactamente donde está posicionado, porque el pueblo es destruido por falta de conocimiento (Os. 4:6).

Dios no quiere que oremos disparando al azar en la oscuridad, sin saber si estamos en su divina presencia. Él no quiere que usted se pregunte si estará oyendo sus oraciones. Dios quiere que en su mente no haya duda alguna sobre si su vida tiene algo que puede impedirle alcanzar el nivel de comunicación espiritual que usted desea experimentar con Él.

El patrón del tabernáculo fue establecido para que a partir de ahora pueda ver dónde está ubicado en el reino del Espíritu, e identificar toda cosa de su vida que pueda estorbar sus oraciones, para corregirla. Dios ha diseñado la estructura del tabernáculo y las vestiduras para que tengamos conciencia de dónde estamos y de cómo estamos vestidos espiritualmente, porque su deseo es que nuestras oraciones no tengan estorbo. Su deseo es que orar no sea para nosotros una lucha.

UN PATRÓN PERFECTO

Cuando usted va a un sastre, primero le toma las medidas y luego corta un patrón. Si lo corta según medidas equivocadas, la prenda no le quedará. Puede ser hermosa, pero no podrá vestirla.

Lo mismo sucede con la presencia de Dios. Si no ora de acuerdo con el patrón que Él ha *cortado*, Él no podrá participar de sus oraciones. Dios no puede tener íntima comunión con usted en un nivel humano: ese patrón es demasiado pequeño. El patrón de Dios para la oración nos permite tener comunión con Él en un nivel espiritual. Dios es el maestro de la oración, así que debemos usar su patrón. ¿Por qué? Porque solamente Él conoce las medidas de su Espíritu (Ro. 8:27).

Esto significa que debemos comenzar por entender que existen dimensiones en Dios. Para alcanzar la tercera dimensión –el lugar donde Dios oye y responde sus oraciones– usted debe empezar por buscar el patrón que Dios ha establecido, que le permite entrar en su presencia. Recibir respuestas a sus oraciones puede ser una realidad cotidiana, pero esas respuestas no vienen por suerte, casualidad o por su propia capacidad para orar. Vienen por seguir el patrón. Cuando termine de leer este libro, podrá mirar atrás y recordar momentos del pasado en los que recibió respuestas de parte de Dios, y reconocerá que aquellas respuestas vinieron porque oró de acuerdo con el patrón de Dios, aunque no lo supiera.

Por otra parte, Dios es soberano. Puede decidir contestar una oración "fuera de patrón" porque sabe cuál será el resultado final. Como le dijo a Moisés, Dios se reserva el derecho de actuar según el consejo de su propia voluntad.

> Yo haré pasar todo mi bien delante de tu rostro, y proclamaré el nombre de Jehová delante de ti; y tendré misericordia del

que tendré misericordia, y seré clemente para con el que seré
clemente.

—ÉXODO 33:19

Debemos tener presente esto cuando oramos: estamos buscando
el consejo y la voluntad de Dios, no nuestra propia voluntad. Isaías
55:11 dice: "Así será mi palabra que sale de mi boca; no volverá a mí
vacía, sino que hará lo que yo quiero, y será prosperada en aquello
para que la envié".

Entonces, cuando ore, sepa que Dios es misericordioso y actúa de
acuerdo con su voluntad, y aprenda cómo posicionarse para oírlo. Al
buscar el patrón de Dios, alcanzará la plenitud en la oración y la relación que Él desea. En caso contrario, su tiempo con Él será incons-
tante. A veces podrá tener comunión con Dios, y otras se sentirá
perdido en el proceso. A veces verá resultados, y otras no. Entonces
aparecerá la frustración, y quizás hasta le impida por completo orar.
Si esto sucede, el arma que el enemigo usó contra su alma habrá fun-
cionado exitosamente.

En esta última hora, Dios está trayendo una nueva confianza en
la oración. Quiere asegurarse de que lo conozcamos bien, porque sus
planes y propósitos se están cumpliendo en la tierra. Si aprendemos a
orar de acuerdo con su patrón, veremos resultados *cada vez*.

VOLVER AL COMIENZO

Examinemos el comienzo de este proceso. El modelo de oración de
Jesús en Mateo 6:9-13 es el comienzo de la oración, nuestra tabla de
contenidos divina.

Vosotros, pues, oraréis así: Padre nuestro que estás en los
cielos, santificado sea tu nombre. Venga tu reino. Hágase
tu voluntad, como en el cielo, así también en la tierra. El
pan nuestro de cada día, dánoslo hoy. Y perdónanos nuestras deudas, como también nosotros perdonamos a nuestros
deudores. Y no nos metas en tentación, mas líbranos del mal;

porque tuyo es el reino, y el poder, y la gloria, por todos los siglos. Amén.

Este modelo esboza los pasos de la oración. También revela la diferencia entre alguien que simplemente ora y alguien que fue llamado a ser un intercesor.

Paso 1. Reconocer quién es Dios

La oración del Padrenuestro no solamente demuestra *cuándo* comenzar a orar, también revela los atributos espirituales de Dios, nuestro Padre celestial.

La oración se inicia con adoración, reconociendo a Dios como el Rey del universo. Él es *Jehová-Tsidkenu*, nuestra justicia; *Jehová-Meqadishkem*, nuestra santificación; *Jehová-Shalom*, nuestra paz; *Jehová-Shamma*, está siempre con nosotros; *Jehová-Rafa*, nuestro sanador; *Jehová-Yireh*, nuestro fiel proveedor; *Jehová-Nissi*, nuestro estandarte; y finalmente, Él es *Jehová-Roi*, nuestro pastor amoroso. Para ser un intercesor eficaz, estos mismos atributos deberían estar operando en su vida, permitiéndole invocar a Dios en favor de otros.

Paso 2. Reconocer el reino de Dios

La oración reconoce el reino de Dios, que está detrás del velo en el tercer reino, descansando sobre el arca del pacto. Pida que Dios traiga aquella porción del reino al hombre. "Venga tu reino. Hágase tu voluntad, como en el cielo, así también en la tierra" significa que la carne del intercesor muere en el altar del sacrificio. En otras palabras, para ser un intercesor eficaz, debe estar dispuesto a renunciar a lo que usted quiere para hacer lo que agrada a Dios.

Paso 3. Aplicar la Palabra de Dios

El Señor nos enseñó a orar: "El pan nuestro de cada día, dánoslo hoy". Jesús es el Pan de Vida. Él es el pan de la proposición en el lugar santo, siempre fresco y empapado en (el poder de) la Palabra. Entonces, para ser un intercesor eficaz, debe vivir y orar de acuerdo con la Palabra. Al hacerlo, Dios lo sustentará. Podrá perseverar en oración mucho después de que otros se han dado por vencidos, y saldrá con una palabra y perspectiva renovadas.

Paso 4. Estar atentos a la obra de Dios

"Y no nos metas en tentación, mas líbranos del mal" nos habla de mantenimiento, de ser resguardados de caer en las trampas del mal y de ser protegidos de los ataques del enemigo. Como intercesor eficaz, su atención debe centrarse en Dios y en hacer su obra. Esto lo mantendrá en el *lugar secreto* donde el enemigo no puede entrar.

La puerta y las cortinas que rodean el lugar santo de intercesión en realidad lo protegen de toda cosa que intente venir desde el atrio.

Paso 5. Afirmar a Dios en todo lo que hacemos

Cuando Jesús dijo: "Porque tuyo es el reino, y el poder, y la gloria, por todos los siglos", estaba afirmando la eterna y gravitante gloria de Dios, que está detrás del velo en la tercera dimensión de la oración. Ser un intercesor eficaz significa afirmar a Dios en todo lo que hacemos. Entonces Él se encontrará con usted en el lugar santísimo, y usted andará con sabiduría y autoridad del cielo en esta tierra.

Ahora que hemos establecido nuestra tabla de contenidos, es tiempo de examinar el patrón de Dios más detalladamente.

DESARROLLO DEL PATRÓN DEL SEÑOR

Ahora nos encontramos en el segundo paso de nuestro estudio del patrón de oración. Tome un momento y observe el diagrama del tabernáculo de Moisés en la siguiente página. Verá los siguientes elementos del tabernáculo:

- Una puerta de entrada por el oriente
- El atrio, donde encontramos…
- La fuente de bronce
- El altar de bronce
- El lugar santo, a donde accedemos por...
- Una puerta, a...
- El candelero de oro
- La mesa de los panes de la proposición
- El altar del incienso
- El velo, detrás del cual se halla...
- El arca del pacto

Cada uno de estos elementos tiene gran significación para la oración. Muchos han pasado por alto la importancia de este tabernáculo durante años, pensando: *Este es sólo el tabernáculo de Moisés, algo que Dios le dio para los años en que Israel estuvo en el desierto.* No es así. Este tabernáculo es una llave divina para entrar a la presencia divina.

LA PUERTA DEL ATRIO

Dios estableció el tabernáculo como una morada de su presencia y gloria. Parte del plan de construcción consistía en erigir una pared de lino blanco, construida para rodear el atrio. En el lado oriental de este linde blanco y puro estaba la puerta de entrada.

Las doce tribus de Israel acampaban alrededor, fuera de la pared. A cada tribu se le dio una ubicación específica donde armar sus tiendas. Pero cualquiera que fuese la ubicación de una tribu, todo israelita debía entrar al tabernáculo por la misma puerta. Ninguno tenía privilegios especiales, nadie podía ostentar rango, diciendo: "Soy predicador" o "conozco a la gente correcta". Nadie podía deslizarse por debajo de las cortinas.

En Efesios 2:11-12, el apóstol Pablo describe la condición desesperada de los gentiles antes de la muerte de Cristo. No tenían acceso, ni privilegios, ni oportunidad para entrar al *tabernáculo* y experimentar la presencia de Dios. La Escritura describe su condición desesperada: "Por tanto, acordaos de que en otro tiempo vosotros, los gentiles en cuanto a la carne, erais llamados incircuncisión por la llamada circuncisión hecha con mano en la carne. En aquel tiempo estabais sin Cristo, alejados de la ciudadanía de Israel y ajenos a los pactos de la promesa, sin esperanza y sin Dios en el mundo".

Pero por medio del sacrificio de Cristo en el Calvario, todos, judíos y gentiles por igual, tienen acceso a una relación íntima con Dios.

> Pero ahora en Cristo Jesús, vosotros que en otro tiempo estabais lejos, habéis sido hechos cercanos por la sangre de Cristo.
> Porque él es nuestra paz, que de ambos pueblos hizo uno, derribando la pared intermedia de separación, aboliendo en su carne las enemistades, la ley de los mandamientos expresados en ordenanzas, para crear en sí mismo de los dos un solo

y nuevo hombre, haciendo la paz, y mediante la cruz reconciliar con Dios a ambos en un solo cuerpo, matando en ella
las enemistades. Y vino y anunció las buenas nuevas de paz a
vosotros que estabais lejos, y a los que estaban cerca; porque

El tabernáculo de Moisés

O

Lugar

ARCA

Santísimo

← **V e l o**

Altar de

incienso

**Candelero
de oro**

**Mesa de los
panes de la
proposición**

L u g a r   S a n t o

← **P u e r t a**

Fuente de
bronce

Altar de
bronce

S

N

A t r i o

**Puerta
Oriental**

E

La cruz en el mobilario del tabernáculo

> por medio de él los unos y los otros tenemos entrada por un
> mismo Espíritu al Padre.
>
> —EFESIOS 2:13–18

Cuando esto tuvo lugar, se declaró que ya no había más desesperanza de que se les negara el acceso a la puerta. Cuando los israelitas se acercaban al tabernáculo por medio de estas cortinas blancas, éstas simbolizaban la entrada a la justicia de Dios. De la misma forma, espiritualmente hablando, al entrar en oración usted debería comenzar a examinarse a la luz de esa cortina blanca y pura. Al mirar este lino, debe recordar que su vida no se compara con la pureza de la pared que rodea el tabernáculo, que simboliza la justicia de Dios. Isaías 64:6 describe la enorme diferencia entre nuestros mejores intentos de ser *humanamente buenos* y la asombrosa justicia de Dios cuando dice:

> Si bien todos nosotros somos como suciedad, y todas nuestras justicias como trapo de inmundicia; y caímos todos nosotros como la hoja, y nuestras maldades nos llevaron como viento.

Si usted caminara alrededor del perímetro completo de la blanca pared de justicia, reconocería que nunca podría llegar a ser tan puro como aquellas cortinas (fuera de la justicia de Dios). Sin embargo, si sigue avanzando, finalmente llegará a la puerta que conduce al atrio. *¿Qué tiene esta puerta que es tan importante para nuestra vida de oración?*

Jesús es la puerta a la presencia de Dios. En Juan 10:7-11, Jesús dijo: "Yo soy la puerta de las ovejas. Todos los que antes de mí vinieron, ladrones son y salteadores; pero no los oyeron las ovejas. Yo soy la puerta; el que por mí entrare, será salvo; y entrará, y saldrá, y hallará pastos. El ladrón no viene sino para hurtar y matar y destruir; yo he venido para que tengan vida, y para que la tengan en abundancia. Yo soy el buen pastor; el buen pastor su vida da por las ovejas."

Esto significa que Jesús es el único camino a la presencia de Dios. Él nos dijo claramente: "Yo soy el camino, y la verdad, y la vida; nadie viene al Padre, sino por mí" (Juan 14:6). Nunca debemos perder de vista estos tres puntos: Jesús es nuestro *camino*, nuestra *verdad*, y nuestra *vida*.

Las cortinas multicolores de la puerta

Según Éxodo 27:16, había cortinas recamadas en esta puerta. Estas cortinas eran multicolores. Veamos cómo las describe la Escritura: "Y para la puerta del atrio habrá una cortina de veinte codos, de azul, púrpura y carmesí, y lino torcido, de obra de recamador; sus columnas cuatro, con sus cuatro basas". Estos colores representan las obras de Cristo, algo que deberíamos tener siempre en claro cuando nos acercamos a Dios en oración. Juan nos dice: "En él estaba la vida, y la vida era la luz de los hombres" (Juan 1:4). Jesús es la vida que ilumina nuestras almas, como la gloria que resplandece en el lugar santísimo.

Si usted no comprende el simbolismo de los colores de las cortinas de la puerta, su oración puede desviarse desde el comienzo. Si no entiende esto, quizás nunca llegue al Padre en el lugar santísimo.

Sólo podemos ir al Padre reconociendo las obras del Hijo. Es asombroso ver cuántas personas ignoran esto. Después de que Dios me llamó a la intercesión y comencé a dirigir la oración de los martes en mi iglesia, fue interesante ver cómo nos acercamos al trono de Dios. ¡Comencé a entender que *hemos sido engañados!* Creemos que podemos venir a Dios de cualquier modo que queramos y que *automáticamente* nos va a escuchar.

Una mañana mientras oraba, oí al Señor hablarme en mi espíritu, diciendo: "¿Has visto cuán vulgar se ha vuelto la iglesia cuando *cree* que me está hablando a mí?" Si tiene una actitud *vulgar* al dirigirse a Dios, acabará hablándose a sí mismo. Dios no es vulgar. Hay muchas etapas entre la puerta y el lugar santísimo como para creer que podemos hablarle como a un hombre común.

Debemos aprender cómo acercarnos a Dios con eficacia para recibir respuestas a nuestras oraciones. En primer lugar, aprendemos a acercarnos a Dios adorando en la Puerta Hermosa. Aquí están presentes cuatro colores: blanco, azul, púrpura y escarlata. El *blanco,* fino lino torcido, representa *la justicia de Jesucristo.* Los Evangelios registran cómo sufrió para llegar a ser nuestra justicia. El *azul* representa a Cristo como *aquel que es celestial.* Él es la Palabra viviente que estaba con Dios en el principio y más tarde se hizo carne para que todos los que creyeran en Él fueran salvos (Ver Juan 1:12-14). El *púrpura* representa *su realeza y su título de rey*: el Mesías prometido de un linaje real que cumplió la Palabra profética dada al pueblo de Dios. (Ver Mateo 1.) Finalmente, el *escarlata* representa el *sacrificio final* de Jesucristo en la cruz, el derramamiento de su sangre (Ver Marcos 15).

Cuando usted entra a la oración a través de la Puerta Oriental, está reconociendo las cuatro obras de Cristo como se expresan en los Evangelios. No puede acercarse a Dios correctamente ¡a menos que pase a través de esas obras! Si viene a Dios de alguna otra manera, ¡está desconociendo el hecho de que Él vino a la tierra, fue crucificado en la cruz del sacrificio, se levantó de los muertos y ahora está sentado a la diestra del Padre como Rey de reyes y Señor de señores! ¿Cómo puede ignorar esto? ¿Cómo puede ignorar que Él está intercediendo por usted ahora mismo, según Romanos 8:34?

Permítame desglosarlo aún más. Jesús está en el atrio entre las cosas de Dios y el mundo. Él es la puerta, lo que constituye su primer acto de intercesión por nosotros. A medida que nos acercamos a la puerta, Él está allí y dice: "No me conoces como tu Salvador personal. No eres salvo. Todo lo que está detrás de mí dentro de estos atrios son tesoros de la voluntad de mi Padre que puedes recibir gratuitamente. Así que voy a quedarme en esta puerta y esperar hasta que vengas aquí. Voy a ser tu entrada. Si no puedes creer en mis obras en la puerta, ciertamente no serás capaz de comprenderme a mí en la puerta, y tampoco podrás percibirme detrás del velo. No puedes omitir este paso y tener éxito en la oración".

Para trasponer la puerta, debe aceptar las obras de Cristo como parte de su vida. Para acceder a las cosas de Dios, debe estar agradecido por lo que Él hizo. "Entrad por sus puertas con acción de gracias, por sus atrios con alabanza; alabadle, bendecid su nombre. Porque Jehová es bueno; para siempre es su misericordia, y su verdad por todas las generaciones" (Sal. 100:4-5). Incontables personas han ignorado el clamor de la voz de Dios que dice: "Venid a mí todos los que estáis trabajados y cargados, y yo os haré descansar" (Mt. 11:28). Por eso siempre debemos entrar a sus atrios con acción de gracias. El Salmo 65:4 dice: "Bienaventurado el que tú escogieres y atrajeres a ti, para que habite en tus atrios; seremos saciados del bien de tu casa, de tu santo templo".

¿HA RECIBIDO A CRISTO?

Si no ha aceptado a Cristo como su Salvador personal, no puede estar agradecido por lo que Cristo hizo. Por eso debe aceptar sus obras antes de poder entrar por la puerta. Debe recibir a Cristo y reconocer sus obras, si no, ni siquiera podrá acceder al patio del frente, ¡y olvídese de llegar detrás del velo! Si no ha recibido a Cristo, eso es imposible.

Si va a encontrarse con Dios, debe pasar por las obras de Cristo, que están representadas por la puerta. En otras palabras, debe ser salvo. Si cree que puede recibir el consejo de Dios sin contraer ningún compromiso con Él, se está engañando. ¡Dios no oye su oración! Oiga lo que Dios declaró a los hijos de Israel: "He aquí que no se ha acortado la mano de Jehová para salvar, ni se ha agravado su oído para oír; pero vuestras iniquidades han hecho división entre vosotros y vuestro Dios, y vuestros pecados han hecho ocultar de vosotros su rostro para no oír" (Is. 59:1-2).

Éste es un trago amargo, pero los que le pertenecen a Él fueron lavados con la sangre del Cordero.

Muchos en la iglesia pueden parecer salvos. Quizás caminen de aquí para allá orando en lenguas. Pero ¿qué dice el análisis de sangre? ¿Fueron lavados en la sangre? Si no es así, Dios los mirará y dirá: "Tú no eres mío". Quizás se pregunte cómo puedo decir que una persona no pertenece a Dios. Sí, todos somos creación suya, pero la única forma de ser sus hijos es andar conforme a su Palabra. Juan 10:24-27 explica esto:

> Y le rodearon los judíos y le dijeron: ¿Hasta cuándo nos turbarás el alma? Si tú eres el Cristo, dínoslo abiertamente. Jesús les respondió: Os lo he dicho, y no creéis; las obras que yo hago en nombre de mi Padre, ellas dan testimonio de mí; pero vosotros no creéis, porque no sois de mis ovejas, como

os he dicho. Mis ovejas oyen mi voz, y yo las conozco, y me siguen.

Quiero hacer una pregunta: ¿Oye Dios realmente la oración de un pecador? Según la Escritura, *Él oye la oración de arrepentimiento del pecador* (Lucas 5:32; Hechos 2:21). No es posible acercarse al trono de Dios como un pecador –ignorando las obras del Hijo– e interceder a favor de otro. ¡No puede suceder, pues esto quebranta su patrón! Sí, Hebreos 4:16 dice: "Acerquémonos, pues, confiadamente al trono de la gracia". Sin embargo, el versículo 16 sigue al 14, que dice claramente: "Por tanto, teniendo un gran sumo sacerdote... retengamos nuestra profesión".

Usted puede acercarse con confianza al trono de la gracia, pero únicamente por medio del patrón de las obras consumadas y perfectas de Jesucristo. Cuando Jesús dijo: "Yo soy el camino, y la verdad, y la vida", estaba marcando el camino hacia la oración eficaz. La *puerta* es "el camino"; el *lugar santo* es "la verdad"; y "la vida" resplandece por medio de la luz perfecta de Dios en el *lugar santísimo*.

Una vez que haya llegado a la Puerta Hermosa y pueda ver lo que hay más adelante en el atrio, no se apure. Tómese su tiempo en esta puerta, porque va a encontrarse cara a cara con Jesús. A medida que avance en su oración, cuando entre en cada nuevo nivel (el patio interior) se volverá a encontrar cara a cara con Él. Verá los mismos colores en la puerta del lugar santo y en el velo que conduce al lugar santísimo. Para cada nivel de oración, será requisito las cuatro obras de Cristo, dándole de esta manera acceso a un nivel más profundo en Dios.

El Sumo Sacerdote perfecto

¿Por qué era necesario que Jesús se convirtiera en nuestra puerta? ¿Por qué predeterminó Dios sus obras y eligió estos colores? En el Antiguo Testamento, Dios eligió y calificó a los sacerdotes de acuerdo con la Ley que reveló a Moisés. Éstos hacían un gran esfuerzo para mantenerse consagrados según esta Ley. ¡Sus propias vidas dependían de ello!

Pero aunque se esforzaban en gran manera para cumplir todos los requerimientos de la Ley, no podían alcanzar la perfección. Hebreos 7:11 nos dice: "Si, pues, la perfección fuera por el sacerdocio levítico (porque bajo él recibió el pueblo la ley), ¿qué necesidad habría aún de que se levantase otro sacerdote, según el orden de Melquisedec, y que no fuese llamado según el orden de Aarón?"

En el orden sacerdotal de Aarón, los sacerdotes finalmente morirían porque eran humanos. Ésta era la única forma de cambiar el orden del sacerdocio. Incluso en nuestros días hemos visto recientemente que la muerte del Papa Juan Pablo II ha generado algunos cambios en el sacerdocio. Así que, en vez de cambiar constantemente a sacerdotes *imperfectos* y esperar a que mueran –sujetando a su pueblo a constante rotación de sacerdotes– Dios decidió, según su propio consejo, enviar a su Hijo para que se convirtiera en el final y definitivo Sumo Sacerdote... el sacrificio perfecto.

Porque es perfecto, Jesús no necesitó *oficiar* en el altar (como un sacerdote terrenal), traer madera ni hacer las demás tareas para preparar las ofrendas quemadas. "Porque cambiado el sacerdocio, necesario es que haya también cambio de ley; y aquel de quien se dice esto, es de otra tribu, de la cual nadie sirvió al altar" (Heb. 7:12-13).

Jesús no *ofició en el altar. Él subió al altar y se convirtió en el sacrificio.* No era alguien que meramente ofició: Él fue al fuego, un sacrificio puro, dispuesto y perfecto. La Escritura dice:

> Porque manifiesto es que nuestro Señor vino de la tribu de Judá, de la cual nada habló Moisés tocante al sacerdocio. Y esto es aun más manifiesto, si a semejanza de Melquisedec se levanta un sacerdote distinto, no constituido conforme a la ley del mandamiento acerca de la descendencia, sino según el poder de una vida indestructible.
>
> —HEBREOS 7:14-16

El sacerdocio de Jesús no provino del orden humano, sino del tercer reino donde Dios mora en luz eterna. (Ver Hebreos 7:14-15.) Él no fue "constituido conforme a la ley del mandamiento acerca de la descendencia, sino según el poder de una vida indestructible. Pues se da testimonio de él: Tú eres sacerdote para siempre, según el orden de Melquisedec" (vv. 16-17).

Jesús vino "según el orden de Melquisedec" porque no había historia de los ancestros de Melquisedec. No había registros de su principio ni de su fin, ¡simplemente se fue! Con Jesús, sucede más o menos lo mismo. Aunque puede leer acerca de sus padres, María y José, y rastrear su linaje natural hasta Abraham, no puede rastrear los orígenes de Dios. Y como Jesús es el Hijo de Dios –y Dios no tiene ni principio ni fin– ¡no puede rastrear la eternidad! Tampoco puede predecir el futuro de Cristo, ya que Dios no está limitado al tiempo natural.

Nadie sabe el fin espiritual de Jesús, porque Él no tiene fin, y nadie puede comprender dónde comenzó, porque estaba con el Padre antes de la fundación del mundo. (Ver Juan 1:1-2). Era un requisito legal que un sumo sacerdote viniera de la línea de Aarón. Pero para establecer a Jesús como nuestro gran Sumo Sacerdote, Dios canceló esta tradición para perfeccionar su plan eterno (Heb. 7:18). Cuando Jesús vino, nos reconcilió con Dios y nos introdujo en el Espíritu Santo, ¡porque provenía de la tercera dimensión! Canceló los viejos requisitos levíticos y adoptó el linaje de la tribu de *Judá*, que significa "alabanza". La Ley nunca podía hacer perfecto a nadie. "Y de la introducción de una mejor esperanza, por la cual nos acercamos a Dios" (v. 19).

Como puede ver, el propósito de Dios al cancelar el viejo orden era darnos una oportunidad de acercarnos a Él, ¡no simplemente sentarnos en la iglesia y repetir el Padrenuestro, pensando que ya hemos llegado! Jesús tiene un propósito: darnos una relación viviente, vibrante y vital con el Padre.

El servicio del sacerdote era tan vital para el perdón del hombre que Dios no podía permitir que se viera entorpecido o detenido por la muerte de un sacerdote... así que designó a uno eterno. *Es por eso que usted puede convertirse en un intercesor eficaz*:

> Y esto no fue hecho sin juramento; porque los otros ciertamente sin juramento fueron hechos sacerdotes; pero éste, con el juramento del que le dijo: Juró el Señor, y no se arrepentirá: Tú eres sacerdote para siempre, según el orden de Melquisedec. Por tanto, Jesús es hecho fiador de un mejor

pacto. Y los otros sacerdotes llegaron a ser muchos, debido a
que por la muerte no podían continuar
—HEBREOS 7:20-23

Piense en esto por un segundo: Él nació; murió en la cruz para
redimirnos; cuando murió, nuestros pecados fueron lavados.
Resucitó para tener todo poder, pero vive para siempre para interceder por usted y por mí. Jesucristo, el perfecto Sumo Sacerdote,
hace continua intercesión por nosotros. ¡Nunca deja de orar! Y Dios
jamás lo reemplazará por otro, así que su servicio espiritual continúa a través de la eternidad. Hebreos 7:24-25 dice: "Mas éste, por
cuanto permanece para siempre, tiene un sacerdocio inmutable; por
lo cual puede también salvar perpetuamente a los que por él se acercan a Dios, viviendo siempre para interceder por ellos".

Detengámonos un momento aquí; *esto es impactante*. Cuando entra
por la puerta y pasa por los cuatro colores y obras de Cristo, usted ha
agradecido a Dios por proveer un Sacerdote perfecto. Ha reconocido
sus obras, comprendiendo que lo salvó por completo. No tiene dudas
de que Jesús "... puede también salvar perpetuamente a los que por él
se acercan a Dios, viviendo siempre para interceder por ellos" (v. 25).
¡No existe una forma mejor de entrar en los atrios de Dios que a través de la Puerta Hermosa de lo que Cristo ha hecho! Porque si puede
creerlo para sí mismo, entonces puede creerlo a favor de otros.

> Porque tal sumo sacerdote nos convenía: santo, inocente, sin
> mancha, apartado de los pecadores, y hecho más sublime que
> los cielos; que no tiene necesidad cada día, como aquellos
> sumos sacerdotes, de ofrecer primero sacrificios por sus pro-
> pios pecados, y luego por los del pueblo; porque esto lo hizo
> una vez para siempre, ofreciéndose a sí mismo.
> —HEBREOS 7:26-27

Jesús es absolutamente sin pecado, y por eso podemos avanzar
más profundamente en la oración. Aun antes de que piense pre-
guntar a Dios: "¿Podrías...?" "¿Puedes...?" Jesús ya está allí, representando el poder que usted recibirá de Él para llegar aún más
profundamente en el reino del Espíritu. ¡Esto es asombroso! Sus

obras consumadas le dan seguridad de que Dios oirá y contestará sus oraciones.

EL PODER DE LA PUERTA

Hay gran poder en la Puerta Hermosa, porque prepara el camino para el resto del viaje. La *puerta*, el *atrio*, la *puerta*, el *lugar santo*, el *velo* y el *lugar santísimo* operan juntos en la oración. Por tanto, si descuida esta primera puerta, habrá descuidado un acto de Dios que puede invalidar una oración que Él querría contestar antes de que usted se lo pida. Permítame explicar. La Biblia dice que Dios sabe lo que usted necesita incluso "antes que vosotros le pidáis" (Mt. 6:8). Por ejemplo, antes de que pidiera a Jesús que entrara en su corazón, Dios ya lo estaba atrayendo y acercando a la puerta. Dios proveyó para su salvación antes de que usted le pidiera que salvara su alma.

Recuerde, con Dios todo está consumado, por lo que si ignora las obras de Jesucristo en la puerta, podría demorar o abortar otras cosas que Dios ya ha provisto para usted en oración. Por otro lado, si reconoce sus obras, Dios hará cosas poderosas a través de su vida de oración en cumplimiento de Isaías 64:4-5.

> Ni nunca oyeron, ni oídos percibieron, ni ojo ha visto a Dios fuera de ti, que hiciese por el que en él espera. Saliste al encuentro del que con alegría hacía justicia, de los que se acordaban de ti en tus caminos; he aquí, tú te enojaste porque pecamos; en los pecados hemos perseverado por largo tiempo; ¿podremos acaso ser salvos?

En Hechos 12 se puede observar el poder de la puerta a través de las circunstancias que Pedro enfrentó cuando Herodes lo metió en la cárcel. Este rey "echó mano a algunos de la iglesia para maltratarles" (v. 1). Después de matar a Jacobo el hermano de Juan, descubrió que esto "había agradado a los judíos" (v. 3). Siempre en busca de aprobación por parte de los judíos, durante la semana de la Pascua buscó y arrestó a Pedro. Los versículos cuarto y quinto de Hechos 12 nos dicen que: "Y habiéndole tomado preso, le puso en la cárcel, entregándole a cuatro grupos de cuatro soldados cada uno, para que le custodiasen; y se proponía sacarle al pueblo después de la pascua.

Así que Pedro estaba custodiado en la cárcel; pero la iglesia hacía sin cesar oración a Dios por él".

¡La oración ferviente y eficaz del justo puede mucho! (Ver Santiago 5:16.) La oración ferviente consigue resultados, *no* la oración aletargada. En Hechos 12:6 leemos: "Y cuando Herodes le iba a sacar, aquella misma noche estaba Pedro durmiendo entre dos soldados, sujeto con dos cadenas, y los guardas delante de la puerta custodiaban la cárcel". Pedro estaba en una situación difícil, pero la oración –*la oración de la puerta*– estaba siendo elevada a Dios por gente que había recibido las obras consumadas de Cristo.

En el versículo 7 vemos el efecto casi instantáneo de esas oraciones de la puerta: "Y he aquí que se presentó un ángel del Señor ..." ¿Por qué de pronto apareció el ángel? ¡Fue por la oración ferviente, persistente y eficaz! "...y una luz resplandeció en la cárcel". ¡Ésta era una manifestación del tercer reino en la celda de una prisión! Recuerde, los ángeles *descienden* y *ascienden* al trono de Dios en la tercera dimensión. Entonces cuando vienen a la tierra, ¡la luz divina y el poder sobrenatural vienen con ellos! El versículo continúa: "Y tocando a Pedro en el costado, le despertó, diciendo: Levántate pronto. Y las cadenas se le cayeron de las manos".

Cuando Dios le quita sus cadenas, ¡todo lo que usted tiene que hacer es levantarse! ¿Por qué? La oración a su favor ya fue ofrecida ante Dios. Ya está acabado; únicamente tiene que recibirla y seguir adelante. "Le dijo el ángel: Cíñete, y átate las sandalias. Y lo hizo así. Y le dijo: Envuélvete en tu manto, y sígueme. Y saliendo, le seguía; pero no sabía que era verdad lo que hacía el ángel, sino que pensaba que veía una visión" (vv. 8-9).

Ésta es la clase de cosas que Dios planea hacer por nosotros en la oración: ¡cosas espontáneas y milagrosas! Cuando seguimos el patrón de Dios, pensaremos que estamos viendo una visión o un sueño cuando venga la respuesta. Pero lo que sucedió después confirmó que la experiencia de Pedro no era una visión: era la respuesta milagrosa a la oración de la puerta de los cristianos.

> Habiendo pasado la primera y la segunda guardia, llegaron a
> la puerta de hierro que daba a la ciudad, la cual se les abrió
> por sí misma; y salidos, pasaron una calle, y luego el ángel

se apartó de él. Entonces Pedro, volviendo en sí, dijo: Ahora entiendo verdaderamente que el Señor ha enviado su ángel, y me ha librado de la mano de Herodes, y de todo lo que el pueblo de los judíos esperaba. Y habiendo considerado esto, llegó a casa de María la madre de Juan, el que tenía por sobrenombre Marcos, donde muchos estaban reunidos orando.

—HECHOS 12:10-12

Pedro pasó a través del tercer reino para recibir lo que Dios había provisto para él por medio de la oración. No olvidemos la razón por la cual lo habían arrojado a prisión: había servido fielmente al Señor, por lo que estuvo bajo persecución (Hechos 12:1). Pedro y los demás que estaban orando por él habían aceptado las cuatro obras de Cristo, por lo que el camino ya estaba preparado. Dios lo trasladó a través de la tercera dimensión –la *entrada*, la *puerta* y el *velo*– y lo libró de las cadenas.

Repasemos. Jesús dijo: "Yo soy el camino..." ¡y *el camino* es la Puerta Oriental! Toda otra puerta debe sujetarse a LA PUERTA. Al reconocer las obras de Cristo, usted está desatando poder sobrenatural para el futuro. Así que cuando el enemigo venga contra usted, Dios revelará *el camino* de escape (1 Co. 10:13). Recuerde, ya está allí. ¡Jesús abrió camino en la cruz!

Si está intentando obtener un trabajo o iniciar un negocio, pase por la puerta. Si necesita un pasadizo para entrar a una ciudad, o quizás un préstamo de un banco... la puerta, "el camino" ¡ya está allí! Cuando pasa por esta puerta, todas las demás deben abrirle por propia voluntad. Cuando da ese primer paso para orar por medio de Jesucristo, ya tiene disponible todo lo que necesita. Sólo debe cumplir el patrón para ver el resultado final.

Sea que esté entrando en la justicia de Dios por primera vez o avanzando en su oración hasta el lugar santo, debe pasar por la puerta de Jesucristo. "De cierto, de cierto os digo: Yo soy la puerta de las ovejas" (Juan 10:7). Aun cuando se prepara para entrar en el lugar santísimo, debe pasar a través del velo de las obras consumadas de Jesucristo en los cuatro Evangelios.

No hay atajos hacia la oración eficaz. Debe pasar a través de tres dimensiones para operar en el nivel que Dios desea que usted esté en el Espíritu. En cada lugar –la entrada, la puerta y el velo–, debe recorrer el mismo camino: *Jesús*. En cada nivel de oración e intercesión, Jesús es el único "camino" para la verdadera comunión con Dios.

Así que ahora está de pie en la Puerta Hermosa. Al pasar por ella, demostrará agradecimiento a Dios por dar a su Hijo, Jesucristo, su Señor y Salvador. Allí es cuando comenzará a avanzar aún más profundamente en el atrio de la oración, creyendo a Jesús a cada paso del camino. Él dijo: "De cierto, de cierto os digo: El que en mí cree, las obras que yo hago, él las hará también; y aun mayores hará, porque yo voy al Padre" (Juan 14:12).

Hacer lo que Cristo hizo significa proseguir hacia las cosas de Dios... avanzar en el atrio hasta la fuente de bronce, y después hasta el altar del sacrificio. Así que tómese su tiempo en esta puerta. Asegúrese de que realmente conoce a Jesús y de que comprende exactamente lo que hizo por usted porque una vez que entre al atrio, Dios lo conducirá hacia la victoria.

CAPÍTULO 2

Las primeras etapas de la oración: *El atrio*

*D*IOS NUNCA DEJA de moverse. Siempre está en transición. Por eso, cuando entre en el atrio de la oración, le pedirá que siga avanzando. Ha entrado en la presencia de Dios a través de la puerta que es Jesucristo; pero Dios quiere que prosiga.

Cuando los hijos de Israel salieron de Egipto, su viaje comenzó en el desierto. En realidad, era un lugar de bendición, hasta que permanecieron allí por demasiado tiempo. Este lugar *bendito* pronto se convirtió en el *lugar de maldiciones*. Esto revela nuestro tercer paso: seguir el patrón de Dios para la oración.

Una vez que ha entrado al atrio a través de las obras de Cristo, habrá varios niveles de oración por los cuales debe pasar para llegar al lugar de entrega total a Dios en oración e intercesión. La primera etapa dentro de la puerta es la *oración del atrio*. Mucha gente entra en los atrios del Señor, abraza la *religión*, y nunca penetra profundamente en su presencia. Dios quiere guiarnos por el atrio al lugar santo, y finalmente al lugar santísimo donde experimentaremos su gloria y la llevaremos de vuelta al reino terrenal. Debemos obedecerle en cada paso para poder seguir avanzando.

Dios dio los límites y las instrucciones para el atrio en Éxodo 27:9-18. Éste corresponde a la experiencia inicial de conversión. Prepara el camino para usted en el reino del Espíritu y permite que Dios continúe edificando sobre ese fundamento. Todo aquel que recibe a Jesús puede entrar en el atrio. Es un lugar de lavamiento y arrepentimiento, un lugar al que entramos con acción de gracias por lo que ya ha hecho.

El atrio estaba iluminado por luz natural. A través del plan de salvación, Dios le ha ofrecido luz eterna, pero todavía no ha recibido revelación eterna. Aun se encuentra bajo la influencia de la luz *natural*. Entonces, aunque es salvo, está constantemente expuesto a los elementos naturales. Si permanece en el atrio, las opiniones carnales y las circunstancias terrenales estorbarán su búsqueda de Dios. Una y otra vez, se verá forzado a aceptar los métodos y las conversaciones de hombres mortales.

El pueblo de Israel se reunía en el atrio. Discutían sus opiniones acerca de Dios y otras cosas —y esto les impedía acercarse más a Él. Cuando los israelitas "murmuraban", quejándose los unos a los otros de lo que creían que Dios estaba haciendo, sus murmuraciones demoraron su progreso. Las circunstancias y relaciones empeoraron. Les siguió juicio. ¡El parloteo en el atrio estorbará sus oraciones! Está bien que disfrute de su nueva familia espiritual, pero prosiga hacia Dios. Honre a Dios, adórelo, y continúe avanzando.

Usted va en camino al lugar santísimo vía al lugar santo, donde únicamente los sacerdotes pueden entrar. Todo creyente puede entrar al atrio. Todos pueden orar en el nombre de Jesús, pero un intercesor debe estar *calificado* por Dios para orar eficazmente a favor de otros.

Quienes oran en el atrio son inconstantes. Oran *cuando quieren*. Claman a Dios cuando se encuentran en emergencias, cuando parece que algo terrible va a destruirlos. También permanecen en *modo de alabanza*. Admiran a Dios, pero nunca establecen una relación con Él. Por ende, no pueden recibir la revelación de su corazón o la carga de lo que Él desea llevar a cabo en la tierra.

Quienes oran en el atrio nunca llegan a la etapa en donde se declara "Venga tu reino..." En lugar de eso, dicen: "Soy salvo". "Sé quién es Dios." Pero nunca pasan de los atrios a la intercesión porque no conocen a Dios lo suficiente como para entender el corazón de Dios o agonizar por Él en oración.

Quienes oran en el atrio se centran en el lavamiento, la limpieza y las cosas materiales. Viven para decir: "Dame...", "necesito...", porque aún se encuentran en el estado infantil de ser limpiados. Aún se sienten inseguros de quiénes son en Cristo, por lo que estos creyentes naturales pasan la mayor parte del tiempo orando por sí mismos.

Pasar por la puerta es una bendición maravillosa. Reconocer a Dios como su Proveedor, Paz, Justicia, Estandarte de Protección, etc., es todavía mejor. Sin embargo, cuando se estanca en este modo –alabarle, adorarle y santificar su nombre– permanece enfocado en *lo que usted necesita* en vez de hacerlo en *quién es usted en Cristo*.

Las oraciones de "dame esto, dame aquello" lo mantienen centrado en las cosas materiales; Dios quiere llevarlo hacia lo sobrenatural.

Para atravesar esta etapa y convertirse en intercesor (lo cual significa llegar a ser embajador de Dios), debe avanzar por el atrio hasta la fuente y el altar de bronce. Aquí es donde comienza a rendir su vida a Dios, despojándose de todo aquello que no es la voluntad divina. Aquí es donde Él comienza a capacitarlo para servir en intercesión.

USTED NO ES DE ESTE MUNDO

Cuando se nombra a un embajador de los Estados Unidos para servir en alguna parte pobre y remota de África, sucede algo peculiar. La comunidad puede estar empobrecida, pero él probablemente conduzca un Mercedes Benz y viva en una de las casas más bonitas que usted haya visto. ¿Por qué? El embajador vive en África, pero no es ciudadano de ese país. Él y su familia son ciudadanos de los Estados Unidos. Nuestro país está obligado a dar a él y a su familia la clase de estilo de vida que gozarían en nuestro país. Este requerimiento no se implementa únicamente para su comodidad, sino para que otros puedan observar su estilo de vida y ver una imagen de Norteamérica. ¿Qué ve la gente cuando observa su estilo de vida? ¿Es un verdadero embajador de Cristo?

Dios ha preparado grandes cosas para los que lo aman y lo buscan con todo su corazón. El atrio es solamente el comienzo. ¡Debemos atravesarlo para convertirnos en sus embajadores! Debemos obtener las cosas de Dios que a otros les faltan porque viven en el reino inferior, terrenal. ¡Deben ver el cielo a través de nosotros! Nuestro estilo de vida –la forma en que nos conducimos y la manera en que vivimos– debe ejemplificar nuestra ciudadanía celestial. No podemos quedarnos detenidos en el atrio.

Cuando ha nacido de nuevo, usted ya no es un ciudadano de este mundo. Debe madurar más allá de las cosas terrenales para convertirse en un embajador para Dios. Entonces podrá recibir ayuda del cielo y distribuirla a los que viven en un *remoto* lugar de su reino. Ésta es la verdadera intercesión: ponerse en la brecha por otro. Si no está haciendo esto en su tiempo con Dios, no ha entrado en la oración intercesora –que es recibir cosas de Dios, ponerse en la brecha de intercesión, transmitir su Palabra a personas que necesitan recibirlo a Él.

NO PUEDE QUEDARSE EN LA LUZ NATURAL

El atrio es un lugar maravilloso, pero únicamente permanece así cuando usted lo está atravesando. Debe ir más allá de errores tontos, desaciertos y metidas de pata y avanzar hacia la madurez, que se encuentra en la fuente de bronce y el altar de bronce en el corazón del atrio. (Tome un momento para remitirse al diagrama de la página 12.) Entonces estará capacitado para entrar al reino sobrenatural de la intercesión en el lugar santo.

Se supone que no debe quedarse bajo la influencia de la luz natural, orando únicamente por lo que ve en lo natural. Dios quiere que ore por revelación divina, la cual sólo viene de Él en el lugar santísimo. Si se queda en el atrio, nunca hallará verdadera intimidad con Dios. Vivirá en la *sección alabanza*, junto con todos los demás que apenas lo conocieron. Y puesto que está cómodo, no ensanchará su fe para conocer a Dios en un nivel más profundo.

En la etapa de la oración del atrio, se ve gente que está lisiada, enferma y deprimida a pesar de sus oraciones por sanidad, liberación y paz. ¿Qué anda mal? *¡No se puede orar con eficacia en el atrio!* Debe alcanzar madurez, rindiéndose a Dios –¡y entonces su poder comenzará a avivar sus oraciones! Hebreos 6:1 dice:

> Por tanto, dejando ya los rudimentos de la doctrina de
> Cristo, vamos adelante a la perfección; no echando otra vez

el fundamento del arrepentimiento de obras muertas, de la
fe en Dios.

Es terrible entrar en el atrio reconociendo a Dios por todo lo que
es, y egoístamente descuidar ofrecer esta misma oportunidad a otros.
Dios tiene un propósito para su patrón de oración: traerlo a usted a
una relación viva e íntima con Él para asociarse con usted y así ayudar a otros. ¡No puede quedarse en el atrio! Debe avanzar al lugar
santo.

Vemos un patrón para la experiencia del atrio en Santiago 5:16,
que dice: "Confesaos vuestras ofensas unos a otros, y orad unos por
otros, para que seáis sanados". Confesarse "unos a otros" refleja la
experiencia de lavamiento y limpieza del atrio, que tiene lugar en
la fuente de bronce. El versículo continúa diciendo: "orad unos por
otros...". Después de pasar por el proceso de lavamiento y limpieza,
está en condiciones de interceder por otro, lo que tiene lugar después
que usted haya estado en el altar de bronce. Cuando intercedemos
por otros, descubrimos que podemos ser sanados. Note la promesa
dinámica en las palabras finales de ese versículo: "La oración eficaz
del justo puede mucho". Esta promesa es suya ¡*después* de haber con-
fesado, *después* de haberse arrepentido, y *después* de haber caminado
en justicia! Entonces poseerá un poder tremendo.

¡Bienvenido a la verdadera intercesión!

En esta valiosa verdad del libro de Santiago, Dios confirma su
patrón una vez más: la persona del *atrio* que se acerca a la fuente
de bronce ahora se convierte en el intercesor que mantiene el *lugar
santo*, cuidando el orden del templo y de sus elementos (el candelero,
la mesa de los panes de la proposición, etc.). Esta persona luego entra
en el lugar santísimo donde tiene un poder tremendo a su alcance
—*dinámico en su operación*— como un intercesor totalmente maduro y
consagrado en el tercer reino de la intercesión.

Elías sabía cómo entrar en el tercer reino para obtener revelación,
intervención, fuerza y poder divinos. Era como usted y como yo, pero
podía actuar constantemente más allá de su carne. Santiago 5:17 nos
dice que: "Elías era hombre sujeto a pasiones semejantes a las nuestras, y oró fervientemente para que no lloviese, y no llovió sobre la
tierra por tres años y seis meses".

¡Qué poder! Un hombre natural pudo controlar el clima porque oró fervientemente. ¡Qué ejemplo asombroso de un verdadero embajador en oración!

Quizás usted piense: *He sido salvo del pecado, pero todavía me parece tan atractivo. Una y otra vez vuelvo a caer en lo mismo.* Óigame. Mientras siga cayendo nunca llegará a alcanzar la madurez. Nunca se convertirá en un *intercesor eficaz*.

Elías no solamente pudo detener la lluvia, también tuvo poder de Dios para restaurarla otra vez. En el versículo 18, leemos: "Y otra vez oró, y el cielo dio lluvia, y la tierra produjo su fruto". Dios pone este mismo nivel de poder al alcance de cualquiera que ore con eficacia, no solamente de evangelistas u otra gente con títulos. Todo aquel que pase por el atrio hasta el lugar santo y el lugar santísimo va a recibir respuesta a sus oraciones. Esta persona que ora, *incluso usted mismo*, puede alterar el curso de la naturaleza. ¡Esta persona puede cambiar vidas! Dios no hace distinción de personas. Lo mismo que hizo con Elías lo hará con usted si sigue el patrón.

UNA VISLUMBRE DE GLORIA

Nuestro destino último –el nivel más alto de oración e intercesión– es el lugar santísimo. Cuando Dios dio instrucciones a Moisés para construir el tabernáculo, tenía un propósito en mente: ¡estaba creando un lugar al que su presencia vendría a morar en la tierra con el hombre! En Éxodo 25, leemos las instrucciones específicas que Dios dio a los israelitas –precisa incluso los elementos materiales que permitiría que se usaran para construir su casa (vv. 1-7). ¿Por qué dio órdenes específicas? Por esto: "Y harán un santuario para mí, y habitaré en medio de ellos". Dios siempre construye siguiendo un patrón. Y aunque dio detalles explícitos para la forma en que los israelitas debían construir el atrio y el lugar santo de su tabernáculo, Dios no declaró que se encontraría con ellos en ninguno de esos lugares. Dios no declaró que nos hablaría en el nivel de oración de *lavamiento* y *mantenimiento*. No dijo que nos daría instrucciones divinas, que hablaría íntimamente acerca de su Palabra o que discutiría su propósito ni en la primera ni en la segunda dimensión. Únicamente en el lugar santísimo habita su presencia. Allí es donde se encuentra con el hombre, y oye la intercesión que los sacerdotes escogidos hacen por su pueblo.

Dios dio instrucciones muy específicas para la construcción del arca del pacto, la cual estaría ubicada dentro del lugar santísimo. Puede leerlas desde el versículo 10 hasta el 21 de Éxodo 25. Pero la más importante que dio se encuentra en el versículo 22:

> Y de allí me declararé a ti, y hablaré contigo de sobre el propiciatorio, de entre los dos querubines que están sobre el arca del testimonio, todo lo que yo te mandare para los hijos de Israel.

Este versículo es crucial para el patrón de la oración de Dios. Aunque pasamos por los procesos de la oración del atrio (limpieza) y la oración del lugar santo (mantenimiento), como describimos anteriormente en este capítulo, ¡Dios no ha declarado que se encontraría con nosotros en ninguno de esos lugares! Es en la tercera dimensión de la oración, entre los querubines del propiciatorio, que Dios declaró: *"Y de allí me declararé a ti, y hablaré contigo..."*

Usted puede experimentar una "presencia" de Dios sencillamente por estar en el atrio, pero eso no significa que haya entrado en la intercesión. Por ejemplo, cuando viene a Dios en oración porque tiene un problema, pero no se ha rendido a Él, puede sentir su presencia y pensar que se ha encontrado con Él. Pero en realidad, sólo está sintiendo el residuo de su gloria, que proviene del lugar santísimo. En los días del Antiguo Testamento cuando el sacerdote ofrecía el "perfume santísimo" a Dios en el altar del incienso, esa ofrenda era aromática. El aroma invadía el tabernáculo de reunión, y la esencia escapaba hasta el atrio. Es por eso que, incluso hoy, la gente que está en el atrio huele el incienso del Señor y cree que ha recibido la bendición de Dios. En realidad, ¡sólo han experimentado *el residuo* de su presencia!

Si Dios desea hablar íntimamente con usted, si usted quiere recibir de Él revelación e impartición divina, *debe ir a la tercera dimensión.* Debe proseguir más allá de ese fragante aroma que proviene del altar del incienso para entrar en el lugar santísimo –donde Él se encontrará con usted en su gloria. *No importa lo que le digan en el atrio, usted debe oír a Dios hablarle de entre los dos querubines del propiciatorio.*

Aunque es salvo y está en el atrio, Dios lo está llamando a entrar en un nivel más profundo de oración. Sígalo. Pase por cada nivel, cada parte del mobiliario del tabernáculo, para entrar en la tercera dimensión de la intercesión. Éste es un nivel de intimidad al que *cualquiera* que Él haya calificado puede entrar y cambiar el curso de este mundo. Como resultado de su oración intercesora, Dios puede y, de hecho, hará cosas poderosas en su vida y en la vida de otros.

En este capítulo, nos encontramos en el atrio de la oración. De allí podemos vislumbrar la gloria de Dios que nos espera si avanzamos fielmente por el atrio, hasta llegar al lugar santo, y después a la misma presencia de Dios en el lugar santísimo. Pero cada una de estas etapas de la oración requiere un conocimiento más profundo del patrón de Dios para la oración. No queremos quedarnos estancados en el atrio, satisfechos con solamente la vislumbre, con el aroma de la presencia gloriosa de Dios. En el siguiente capítulo, vamos a examinar más detenidamente la fuente de bronce, y aprenderemos a ir más profundamente en la oración a través de esta experiencia de limpieza.

CAPÍTULO 3

El lugar del lavamiento:
La fuente de bronce

A MEDIDA QUE VAYA caminando por el atrio, encontrará la etapa de la fuente de bronce del patrón de la oración diseñado por Dios. Permítame hacer un repaso. Usted ha pasado por la puerta que representa las cuatro obras de Jesucristo: su justicia, divinidad, realeza y sacrificio final en la cruz. Estas cuatro obras de Cristo le permiten entrar a sus "atrios" en oración mediante la expresión de alabanza y agradecimiento por lo que Él ya ha hecho. Ha seguido avanzando por el atrio, acercándose cada vez más a Dios. Ahora está a punto de iniciar la etapa en que usted llegará a ser *un reflejo de Cristo*.

La fuente de bronce es el lugar de santificación. Es donde la Palabra de Dios lo purifica y comienza a prepararlo para servir en su función sacerdotal como intercesor. La fuente es el primer elemento del mobiliario del tabernáculo y la primera parte de la naturaleza de Dios que abarca su vida. Éxodo 30:17-21 dice:

> Habló más Jehová a Moisés, diciendo: Harás también una fuente de bronce, con su base de bronce, para lavar; y la colocarás entre el tabernáculo de reunión y el altar, y pondrás en ella agua. Y de ella se lavarán Aarón y sus hijos las manos y los pies. Cuando entren en el tabernáculo de reunión, se lavarán con agua, para que no mueran; y cuando se acerquen al

33

altar para ministrar, para quemar la ofrenda encendida para
Jehová, se lavarán las manos y los pies, para que no mueran.
Y lo tendrán por estatuto perpetuo él y su descendencia por
sus generaciones.

Se requería que todo sacerdote se *lavara* antes de realizar cualquier
ministerio. Esto nos dice que la oración no debe quedar en un nivel
personal. Al lavarse las manos y los pies, los sacerdotes demostraban
total devoción al servicio de Dios. Pero ¿qué tiene que ver esto con
usted? Usted ha entrado en el atrio por medio de una relación personal con Jesús. Pero ahora Dios quiere que siga avanzando. Quiere
que pase por el *nivel personal* de la oración (a través del lavamiento
en la fuente) para prepararlo para orar por otros.

Si está pensando: *yo no soy un sacerdote*, piense nuevamente.
Cuando recibe a Cristo, no sólo pasa a ser parte de la familia de Dios:
se convierte en parte de su sacerdocio real. Esta nueva obra del sacerdocio comienza cuando usted se encuentra en la fuente de bronce.
Primera de Pedro 2:1-5 describe este proceso de purificación que nos
lleva de ser simplemente un miembro de la familia de Dios a convertirnos en sacerdotes en el patrón de oración de Dios:

> Desechando, pues, toda malicia, todo engaño, hipocresía,
> envidias, y todas las detracciones, desead, como niños recién
> nacidos, la leche espiritual no adulterada, para que por ella
> crezcáis para salvación, si es que habéis gustado la benignidad
> del Señor. Acercándoos a él, piedra viva, desechada cierta-
> mente por los hombres, mas para Dios escogida y preciosa,
> vosotros también, como piedras vivas, sed edificados como
> casa espiritual y sacerdocio santo, para ofrecer sacrificios
> espirituales aceptables a Dios por medio de Jesucristo.

Usted ya ha gustado la bondad de Dios (a través de la salvación)
en la puerta. Ahora debe permitir que forme su carácter en usted.
Ésta es la manera en que Dios lo prepara para hacer su obra. A diferencia de los cinco dones ministeriales de Efesios 4:11 (apóstol, profeta, evangelista, pastor, y maestro), la oración fue dada a "todos los
hombres". Usted no tiene que operar en los cinco dones ministeriales para orar. ¡Usted es un sacerdote! No importa cuánto tiempo
hace que está en Cristo o lo que hace en la iglesia: Dios lo llamó *a*

usted a orar todos los días. Lucas 18:1 nos habla "sobre la necesidad de orar siempre, y no desmayar".

Puesto que la oración no consiste solamente en una relación personal con Dios, sino también en un ministerio, antes de poder ministrar en cualquier nivel *–a sí mismo, a otro o al Señor–* primero debe lavarse en la fuente. Este lavamiento lo prepara para ministrar.

En el quinto capítulo de Efesios, Pablo habla a los esposos y las esposas, pero este pasaje también ilustra el lavamiento por el que cada creyente debe pasar como novia de Cristo:

> Las casadas estén sujetas a sus propios maridos, como al Señor; porque el marido es cabeza de la mujer, así como Cristo es cabeza de la iglesia, la cual es su cuerpo, y él es su Salvador. Así que, como la iglesia está sujeta a Cristo, así también las casadas lo estén a sus maridos en todo. Maridos, amad a vuestras mujeres, así como Cristo amó a la iglesia, y se entregó a sí mismo por ella, para santificarla, habiéndola purificado en el lavamiento del agua por la palabra, a fin de presentársela a sí mismo, una iglesia gloriosa, que no tuviese mancha ni arruga ni cosa semejante, sino que fuese santa y sin mancha.
>
> —Efesios 5:22-27

En términos prácticos, este pasaje nos dice que Jesús dio su vida para santificarnos por "el lavamiento del agua por la palabra". Tan pronto entra en el atrio, Cristo lo conduce directamente a la fuente de bronce, porque ya se ha entregado a Sí mismo para hacerlo justo. El lavamiento del agua por la palabra lo ayuda a despojarse "del viejo hombre", el cual es su carne (Col. 3:9). Hasta que nos lavamos en la fuente de bronce, vivimos según " la carne" y pensamos "en las cosas de la carne" (Ro. 8:5). En el atrio, aún tenemos nuestras mentes puestas "en las cosas de la carne" (v. 5). *Es por eso que debe lavarse.* El versículo continúa diciendo: "porque si por el Espíritu hacéis morir las obras de la carne, viviréis". Si vivimos conforme a la carne ciertamente "moriréis" (Ro. 8:13). Pero si somos lavados en la fuente de bronce, el pasaje dice: "Mas si por el Espíritu hacéis morir las obras de la carne, viviréis" (v. 13).

Nuestra santificación en la fuente de bronce es la obra del Espíritu Santo. "El espíritu es el que da vida" (Juan 6:63). Aunque usted sea creyente, a menos que se someta al lavamiento del Espíritu en la fuente de bronce, seguirá controlado por su baja naturaleza. Dios no puede usar a un intercesor carnal. Cuando los sacerdotes realizaban los sacrificios diarios, quemaban la piel de los animales (carne externa) "fuera del campamento" (Ver Levítico 8 y 9). ¡No hay lugar para su carne en la oración! Debe lavarse en la fuente para ser limpio y preparado para el siguiente nivel de consagración.

UNA CONSTRUCCION PERFECTA

En general, el mobiliario del tabernáculo se construyó de madera (que representa la humanidad), y luego fue cubierto con cobre u oro. Algunos elementos eran de oro o cobre sólido. La fuente de bronce estaba hecha de cobre sólido (en algunas versiones de la Biblia se traduce como "bronce"). (Ver Éxodo 30:17-21.)

El cobre simboliza el juicio de Dios –por lo que nos recuerda que Él es el juez de última instancia sobre si estamos espiritualmente limpios o no. Cuando nos lavamos en la fuente, esto debería recordarnos que hay un juicio final para quienes rechazan la Palabra de Dios (Juan 3:18; Apocalipsis 20:11-15). *No debemos rechazar el lavamiento.* Jesús es el Verbo "hecho carne" (Juan 1:14). Una vez que lo recibe como Salvador en la puerta, debe someterse a Él como el Señor en la fuente.

En Juan 5:22, encontramos que "el Padre a nadie juzga, sino que todo el juicio dio al Hijo". Como Señor, Jesús puede comenzar a transformarlo a imagen de Dios. Usted no puede hacer esto por sí mismo. Sólo Jesús puede hacerlo. Creo que por eso no había medidas registradas de la fuente y que no se había usado madera en su construcción. ¡La Palabra de Dios es absolutamente ilimitada en su capacidad de lavarlo y limpiarlo!

Nada es demasiado profundo como para que la fuente no lo alcance, demasiado lejano en su pasado como para que no lo borre o demasiado distante en su futuro como para que no lo controle. Su poder de limpieza es ilimitado, para que pueda convertirse exactamente en lo que Dios le ha destinado ser en su reino. Usted puede ser "adecuadamente limpiado y preparado" para convertirse en un intercesor eficaz.

Un reflejo perfecto

En los días del Antiguo Testamento, los espejos que usaban las mujeres estaban hechos de bronce. La fuente se construyó con los espejos de las israelitas (Éx. 38:8). Creo que es interesante y muy notable que las mujeres ofrendaran sus espejos, porque el espíritu de vanidad está representado más en las mujeres que en los hombres. Es como si Dios se hubiera movido en estas mujeres para que renunciaran a su vanidad y, por lo tanto, la vencieran. Para mí, esto también representa el hecho de renunciar a cómo *usted cree* que el Señor lo ve. ¿Sabe realmente qué "clase de hombre" es usted?

Cuando un sacerdote se acercaba a la fuente de bronce, veía su reflejo en el agua y un segundo reflejo en la fuente. No podía haber equivocación respecto a *cómo se veía*. Cuando va a la fuente de bronce en oración, Dios le muestra un reflejo verdadero de quien es usted. Al acercarse a Él, puede ver su reflejo *natural* y vislumbrar aquello en lo que se está convirtiendo a medida que Él imparte la Palabra en su vida. Dios está comenzando el proceso de "completar" su salvación de acuerdo con 1 Pedro 1:2-5.

Aquí es donde toma conciencia de *hacer* la Palabra que Dios le *imparte* desde la fuente: donde decide comenzar a vivir para Dios y convertirse en un verdadero relejo de Él. Es donde usted decide salir de su cuarto de oración y comenzar a vivir lo que cree. Santiago 1:22-25 dice:

> Pero sed hacedores de la palabra, y no tan solamente oidores, engañándoos a vosotros mismos. Porque si alguno es oidor de la palabra pero no hacedor de ella, éste es semejante al hombre que considera en un espejo su rostro natural. Porque él se considera a sí mismo, y se va, y luego olvida cómo era. Mas el que mira atentamente en la perfecta ley, la de la

libertad, y persevera en ella, no siendo oidor olvidadizo, sino
hacedor de la obra, éste será bienaventurado en lo que hace.

En otras palabras, cuando se detiene a lavarse en la fuente está
en la posición perfecta para hacer algo respecto de lo que ve. *El
doble poder de la fuente de bronce es asombroso.* La Palabra lo ayuda
a verse como realmente es a la vez que lo capacita para obedecer la
Palabra revelada. Usted se contempla a través del agua de la Palabra
y, al mismo tiempo, se santifica del pecado y la iniquidad. Jesús dijo
en Juan 15:3: "Ya vosotros estáis limpios por la palabra que os he
hablado".

Mucha gente oye la Palabra, pero no logra entender que necesita
hacer lo que ésta dice. Están en el atrio y luego deambulan hasta la
fuente para lavarse, *porque todos los demás lo hacen.* Dicen: "Esto es
algo que se supone que debo hacer". Pero cuando no pueden soportar el lavamiento, escapan a un lugar donde se sienten más cómodos.
(Creen que Dios *está obligado* a contestar sus oraciones, aunque constantemente quebrantan su patrón.)

No importa cuán lejos logre escapar, ¡nunca podrá escapar del
lavamiento! Si tan sólo se lavara en la fuente, ésta revelaría la verdad de quién es usted realmente reflejando la Palabra en su corazón.
Entonces comprendería: no se *supone* que la gente deba lavarse, ¡*necesitamos* lavarnos! No podemos avanzar hacia niveles más profundos
en Dios hasta que somos santificados en la fuente de bronce.

Si ya ha aceptado a Cristo, pero aún no se ha convertido en un
hacedor de su Palabra, probablemente sea el tipo de persona que necesita ver en lo natural para creer. *¡No podrá ver en lo sobrenatural hasta
que se someta al lavamiento!* Sólo entonces podrá admitir cuánto necesita la ayuda de Dios. Recuerde, el sol siempre se pone en el atrio, por
lo que para ver su camino en el Espíritu, debe operar en lo sobrenatural obedeciendo la Palabra.

¿Cree que fue llamado a ser intercesor? Entonces debe someterse al
lavamiento, de lo contrario sus oraciones no tendrán eficacia. Permita
que la fuente ponga de manifiesto el pecado y el engaño que hay en
su vida, dejando que sean lavados para que Dios pueda usarlo para
interceder por otros.

UNA COMUNION PERFECTA

Jesús, nuestro Sumo Sacerdote, ya a pasado por cada etapa de intercesión. Entonces, cuando nos lavamos en la fuente en oración, entramos en comunión con Él. Descubrimos que nuestro Padre trae "muchos hijos a la gloria" y perfecciona "por aflicciones al autor de la salvación de ellos" (Heb. 2:10). En la fuente de bronce, el lavamiento por la Palabra nos santifica y prepara para la tarea de un intercesor.

> Porque la palabra de Dios es viva y eficaz, y más cortante que toda espada de dos filos; y penetra hasta partir el alma y el espíritu, las coyunturas y los tuétanos, y discierne los pensamientos y las intenciones del corazón. Y no hay cosa creada que no sea manifiesta en su presencia; antes bien todas las cosas están desnudas y abiertas a los ojos de aquel a quien tenemos que dar cuenta. Por tanto, teniendo un gran sumo sacerdote que traspasó los cielos, Jesús el Hijo de Dios, retengamos nuestra profesión.
>
> —HEBREOS 4:12-14

Somos real sacerdocio, coherederos con Cristo, por lo que debemos cumplir cada etapa de la oración por medio de su sacrificio. Como el pan y el vino de la Santa Cena, el cuerpo de Jesús fue quebrantado y su sangre fue derramada para "perfeccionar" (madurar) nuestro andar espiritual. Así que, todas las veces que *cumplimos* nuestro deber sacerdotal de orar en memoria de Él, demostramos las obras que ha hecho (1 Co. 11:26). En la puerta, *reconocemos* sus obras. En la fuente, comenzamos a *demostrarlas*.

Entonces, "todas las veces que cumplimos" nuestro deber sacerdotal de orar (todos los días), tenemos comunión con Él. Al hacerlo, reafirmamos nuestro amor, confianza y compromiso con Él, y Él nos transforma a la imagen de Dios por el gran poder de su Palabra.

NO PUEDE QUEDARSE EN LA FUENTE

Aunque se lave en la fuente de bronce, no puede quedarse allí. Aún se encuentra en el nivel de oración del atrio, por lo que la única persona por quien podrá orar es por *usted mismo*. Recuerde, la oración del atrio está centrada en el *ego*: *sus* maldades, *sus* limitaciones y fracasos, lo que *usted* necesita vencer, etc. En esta etapa, todo está centrado en USTED mismo.

De hecho, los sacerdotes no podían quedarse en la fuente de bronce durante mucho tiempo cada día antes de comenzar a cumplir sus deberes sacerdotales. En otras palabras, ¡no se resista cuando Dios trata áreas de su vida en la fuente! Permita que la Palabra obre rápidamente en usted.

Si queda satisfecho orando sólo por usted mismo, no está avanzando en el patrón de oración de Dios –y aún está operando en el nivel elemental. ¡Se supone que no debe quedarse estancado en este nivel! Sea limpio y pase a través de este nivel a las cosas más profundas de Dios en la intercesión.

Los sacerdotes se lavaban diariamente en la fuente de bronce, así como usted debería lavarse en la Palabra todos los días. Como sacerdote *real*, el lavamiento es un requisito. Usted no se lava un día y omite hacerlo al siguiente. ¡Los sacerdotes no podían saltearse días en el cumplimiento de sus deberes! Una vez que se convertían en sacerdotes, éste seguía siendo su estilo de vida hasta que morían. ¿Puede ver esto? Una vez que ha sido adoptado en el sacerdocio real, se supone que debe permanecer allí por el tiempo que le quede de vida en la tierra.

No puede permitirse perder un día en la fuente porque, al hacerlo, anula el patrón de Dios para su Novia, el cuerpo de Cristo, e interfiere con un principio vital establecido por Dios. Se dé cuenta o no, en realidad está intentando cambiar el patrón del cielo, ¡y eso es ignorar las obras de nuestro Salvador! Dejar de lavarse hace que pase por alto a Jesucristo para llegar a Dios el Padre, aunque Él dijo: "Nadie viene al Padre, sino por mí" (Juan 14:6).

Recuerde seguir siempre el patrón. Jesús dijo: "Yo soy el camino, y la verdad, y la vida..." Si usted pasa por alto "el camino", definitivamente no ha llegado a "la verdad" y ciertamente no ha alcanzado "la vida".

Debemos orar correctamente para obtener resultados, y lavarse en la fuente es crucial en este proceso. En cada etapa del patrón de oración de Dios, desde el atrio al lugar santo y hasta el lugar santísimo...

la Palabra está allí. No puede tener una vida de oración exitosa y eficaz sin la Palabra de Dios.

CAPÍTULO 4

El lugar del sacrificio:
El altar de bronce

*U*NA VEZ QUE se ha lavado en la fuente, es tiempo de purificarse en el altar del sacrificio. Éste es el segundo paso del patrón de oración de Dios. El altar del sacrificio es donde usted renuncia a su voluntad y acepta todo lo que el Señor quiere hacer en su vida.

La oración infantil dice: "Dame esto; dame aquello". Pero la oración madura del sacrificio dice: "Dios, me rindo a *tu* voluntad... quiero lo que *tú* quieras". Ésta etapa dice *sí* a Dios.

Repasemos. Usted ha entrado a través de la puerta que es Jesucristo con acción de gracias y alabanza por lo que Él ha hecho. Se acercó a Dios sorteando cada distracción que se presentaba en el atrio. Se sometió al "lavamiento por la Palabra" en la fuente de bronce, y ahora sabe con exactitud qué "clase de hombre es". La transformación ha comenzado.

Ha entrado por "el camino" (la puerta), pero aún se encuentra en la etapa del atrio, que es la oración personal. Ha alcanzado el nivel de "verdad" para su vida personal, pero su experiencia de oración no ha alcanzado total madurez; usted aún necesita quebrantarse delante del Señor.

¿QUÉ ES UN ALTAR?

La palabra *altar* en hebreo significa "un lugar de matanza" (Ver Éxodo 27:1).[1] En el griego, se llama "lugar de sacrificio".[2] El altar de bronce es el lugar donde el fuego de Dios consume las cosas *naturales* y terrenales que estorban su relación con Él. Es el lugar donde usted se convierte en "sacrificio vivo". El apóstol Pablo definió el proceso de llegar a ser un sacrificio vivo en Romanos 12:1-3:

> Así que, hermanos, os ruego por las misericordias de Dios, que presentéis vuestros cuerpos en sacrificio vivo, santo, agradable a Dios, que es vuestro culto racional. No os conforméis a este siglo, sino transformaos por medio de la renovación de vuestro entendimiento, para que comprobéis cuál sea la buena voluntad de Dios, agradable y perfecta. Digo, pues, por la gracia que me es dada, a cada cual que está entre vosotros, que no tenga más alto concepto de sí que el que debe tener, sino que piense de sí con cordura, conforme a la medida de fe que Dios repartió a cada uno.

Usted es un sacerdote para Dios, un miembro del real sacerdocio de Cristo. Por lo tanto, debe lavarse y pasar por el fuego de la consagración para ser apto para el ministerio. Aquí es donde demuestra los nuevos ideales y actitud que recibió en la fuente de bronce al rendir su vida para entregarse a la perfecta voluntad de Dios. Todas las cosas que hay dentro de usted que no están alineadas con esa voluntad perfecta llegan a su fin en el altar de bronce. Se ponen al fuego y son consumidas en el Espíritu.

¿Qué quiero decir con *se ponen al fuego y son consumidas en el Espíritu*? ¿Qué significa ser ofrecido sobre el altar de bronce como un sacrificio que ha sido puesto al fuego? Esta terminología describe cómo puede sentirse usted después de haberse dedicado a una vida de oración, cuando el Señor permite que afronte algunas situaciones que pondrán a prueba su fe. Debe recordar siempre que una vez que confiesa y declara que cree en las obras de Cristo y lo que Él ha hecho en su vida, cada obra del Señor en su vida será probada por fuego, como dice 1 Corintios 3:13-15. Algunas obras están hechas de paja, y otras de madera, pero únicamente la que soporte el fuego podrá ser usada por Dios.

Por ejemplo, las alhajas de oro se forjan colocándolas en el fuego. El propósito del joyero al hacer esto es que se desprendan las impurezas y las partículas de alquitrán y floten hacia la superficie. Luego saca el oro del fuego, raspa las impurezas y las partículas extrañas, y vuelve a colocarlo en el fuego. Hace esto repetidas veces hasta llegar a la parte más profunda de este trozo de oro. Durante este proceso, todo lo que haga que esta joya no brille, que no se la declare como oro puro y costoso, será quemado para que su valor aumente.

Dios está haciendo la misma obra de purificación en nuestras vidas. Cuando permitimos que Dios nos ponga "al fuego" (en situaciones quemantes), estamos cooperando con todo lo que Él está haciendo en nosotros. Estamos soltando toda impureza que nos impida ser un recurso más valioso para Dios y su obra. Cuando éstas se eliminan por fuego, nada puede estorbar nuestra oración, porque el proceso de forja nos fortalece para poder llevar peso en el Espíritu. Esto nos hace instrumentos valiosos en sus manos, no creyentes superficiales, sino los que han probado ser *verdaderos*. Cuando pasamos este proceso, somos intercesores auténticos. Auténticos guerreros de oración.

Una construccion sólida

Dios dio a Moisés instrucciones muy específicas para la construcción del altar en Éxodo 27:1-8. El altar debía ser "de cinco codos de longitud, y de cinco codos de anchura; será cuadrado el altar, y su altura de tres codos" (v. 1). El *cinco* es el número de la *gracia*, y el *tres* representa la *Divinidad*: Padre, Hijo y Espíritu Santo. Cuando se acerca al altar de bronce, se está sometiendo (demostrando) la obra de la Divinidad, ¡y será transformado por medio de su Palabra! Aunque usted venga al altar de bronce estrictamente en los términos de Dios, nunca estará solo. Jesús ya ha perfeccionado el fuego, lo cual significa que ha moderado la llama para facilitarla a todas y cada una de las personas que han de entrar. No existen dos personas que pasen exactamente por la misma prueba. Ninguno pasa por el mismo fuego. Dios atenúa la llama para que sólo queme lo que a Él no le sirve. No consumirá la parte de usted que sí desea usar.

Por tanto, ésta no es una llama destructiva, sino constructiva. Aunque este fuego lo libera de los elementos malos, permite que "lo que permanece" y "lo que es bueno" sea formado y moldeado hasta que se conforme totalmente a su imagen. Dios estará con usted, así como estuvo con Sadrac, Mesac y Abed-nego cuando fueron arrojados en el horno de fuego. (Lea Daniel 3:24-25.)

Dios dio medidas específicas para el altar. "Y le harás cuernos en sus cuatro esquinas; los cuernos serán parte del mismo; y lo cubrirás de bronce. Harás también sus calderos para recoger la ceniza, y sus paletas, sus tazones, sus garfios y sus braseros; harás todos sus utensilios de bronce. Y le harás un enrejado de bronce de obra de rejilla, y sobre la rejilla harás cuatro anillos de bronce a sus cuatro esquinas. Y la pondrás dentro del cerco del altar abajo; y llegará la rejilla hasta la mitad del altar. Harás también varas para el altar, varas de madera de acacia, las cuales cubrirás de bronce. Y las varas se meterán por los anillos, y estarán aquellas varas a ambos lados del altar cuando sea llevado. Lo harás hueco, de tablas; de la manera que te fue mostrado en el monte, así lo harás" (Éx. 27:2-8).

El altar de bronce estaba hecho de madera y luego cubierto con cobre (que en algunas versiones de la Biblia se traduce como "bronce"). La *madera* representa la *humanidad*, y cuando la humanidad está involucrada, hay limitaciones. El *cobre* simboliza el *juicio*, así que el altar de bronce es donde Dios expió las limitaciones del hombre mediante el derramamiento de sangre. En el antiguo Israel, los sacerdotes sacrificaban animales en este altar. Más tarde, Jesús se convirtió en el último Cordero sacrificial:

> Mas él herido fue por nuestras rebeliones, molido por nuestros pecados; el castigo de nuestra paz fue sobre él, y por su llaga fuimos nosotros curados. Todos nosotros nos descarriamos como ovejas, cada cual se apartó por su camino; mas Jehová cargó en él el pecado de todos nosotros. Angustiado él, y afligido, no abrió su boca; como cordero fue llevado al

matadero; y como oveja delante de sus trasquiladores, enmudeció, y no abrió su boca.

—ISAÍAS 53:5-7

Jesús fue colocado sobre el madero del sacrificio. Pasó por el fuego, murió en la cruz, *y no abrió su boca* (Ap. 13:8). ¡Esto nos da esperanza! Cuando usted se acerque al altar del sacrificio, su capacidad de sostener su confesión será probada. Pero si Cristo lo soportó con paciencia, usted también puede hacerlo. Muchos fallan en esta prueba y son presa de sus propias palabras (Mt. 12:37). Cuando se convierte en un sacrificio vivo, usted debe aprender a permanecer en silencio ante Dios y los demás. En 1 Pedro 2, se nos advierte: "Pues para esto fuisteis llamados; porque también Cristo padeció por nosotros, dejándonos ejemplo, para que sigáis sus pisadas" (v. 21).

Cuando Jesús murió, uno de los soldados romanos que lo crucificaron "le abrió el costado con una lanza, y al instante salió sangre y agua" (Juan 19:34). Esto no sólo confirmaba a Jesús como el Mesías, creo que también predijo el poder que la fuente de bronce (*el agua*) y el altar de bronce (*la sangre*) tendrían en la oración. Cuando usted muere a su carne, la fuente y el altar le permiten elevarse en el Espíritu y entrar en el lugar santo.

Dios está diciendo: "Cada día debes colocarte en oración sobre el altar del sacrificio, porque si no pones tu carne en el altar y te ofreces a ti mismo como sacrificio, estarás limitado en lo que puedas hacer para mí". ¿Qué es su *carne*? Todo lo que cree y siente, excepto lo que sea resultado de la voluntad de Dios y su Palabra dentro de usted.

El sacrificio siempre viene antes del servicio. Muchos sirven a Dios en el santuario –predican, oran, profetizan, e imponen manos– ¡pero no han estado en el altar de bronce! No se han detenido en el lugar del sacrificio para entregar todo a Dios... *aún siguen controlados por su propia voluntad.*

En el huerto de Getsemaní, Jesús oró hasta que "era su sudor como grandes gotas de sangre que caían hasta la tierra" (Lucas 22:44). Depuso su voluntad y dijo: "Padre, si quieres, pasa de mí esta copa; pero no se haga mi voluntad, sino la tuya" (v. 42). En este momento en la dimensión del Espíritu, Jesús había ido al altar del sacrificio. Estaba delante de Dios y dijo: "En mi carne, no quiero hacer esto. No puedo hacer esto... no obstante... quiero lo que tú quieres. ¡Sí, Padre! No voy a permitir que las limitaciones de mi carne impidan la operación sobrenatural de mi espíritu".

Antes de operar en la dimensión del Espíritu, en oración o de alguna otra manera, debe detenerse en el altar de bronce, y decir: "Dios, lo que sea que fuere, lo entrego". Jesús ya está allí, con su asombrosa gracia para hacerlo pasar por el fuego.

> Porque no tenemos un sumo sacerdote que no pueda compadecerse de nuestras debilidades, sino uno que fue tentado en todo según nuestra semejanza, pero sin pecado.
> —HEBREOS 4:15

Con frecuencia, oramos por otros desde el atrio. Permítame traerle claridad una vez más de parte del Espíritu Santo: si no ha entrado en el lugar santo y en el lugar santísimo, la única persona por la que puede orar es por USTED mismo. ¡No ha entrado en la dimensión de la intercesión! Aún está en el modo de autosacrificio.

Cuando ora por un ser amado desde el atrio (y desea recibir cierta respuesta de Dios), resulta fácil orar sin detenerse en el altar de bronce. Usted intenta entrar en la sala del trono de Dios, diciéndole lo que tiene que hacer, cuando, en lugar de eso, debería decir: "Señor, sea hecha tu voluntad". Permítame decir esto: si ora de esta manera, ¡no está orando de acuerdo con la voluntad de Dios!

Digamos que al orar dice algo así como: "Dios, haz algo con mi hijo... tengo los nervios destrozados. Si no vas a salvarlo, entonces mátalo; haz lo que tienes que hacer". *¿Qué clase de oración es ésa?* Dios no le dijo que orara por la gente "por cualquier medio que sea necesario". Entonces cuando su hijo tiene un accidente y pierde un ojo... ¡*usted* debe guiarlo de un lado a otro! ¡Y no tiene derecho a quejarse porque USTED oró para que eso sucediera!

Deshágase de su propia voluntad. Colóquese en el altar de bronce, y Dios lo guiará a la segunda y a la tercera dimensión en oración. Usted no llevará sus pensamientos, métodos e ideas al trono de Dios: recibirá conocimiento y revelación divinas de Él en cuanto a cómo debería orar. Es por eso que debe ir más allá de la oración del atrio.

Un sacrificio proporcional

El altar de bronce tenía una altura de tres codos, lo que simboliza la Divinidad. También era de la misma altura que el arca del pacto, que descansa detrás del velo en el lugar santísimo. La base del arca era de dos codos y medio, pero se extendió a tres cuando se montaron los querubines encima de la cubierta. Observe nuevamente el diagrama del tabernáculo de Moisés en la página 12; lo ayudará a visualizar lo que estoy describiendo aquí.

Creo que esto indica que la gloria de Dios será igual al sacrificio que usted haga en el altar de bronce. Si no hay comunión con Dios en el altar, no tendrá una conexión en el lugar santísimo. Para orar con eficacia, su sacrificio debe estar a la altura de la gloria que quiere experimentar con Dios en la intercesión. El apóstol Pablo habla acerca de esta proporción entre sacrificio y gloria en Romanos 5, cuando dice: "Para que así como el pecado reinó para muerte, así también la gracia reine por la justicia para vida eterna mediante Jesucristo, Señor nuestro" (v. 21).

En el capítulo 6, pasa a definir aún más la proporción entre sacrificio y gloria, diciendo que el favor y la misericordia de Dios no pueden multiplicarse y fluir en nuestra vida si permanecemos en pecado (vv. 1-2). En los versículos 4 y 5, vemos que se expresa claramente esta proporcionalidad: "Porque somos sepultados juntamente con él para muerte por el bautismo, a fin de que como Cristo resucitó de los muertos por la gloria del Padre, así también nosotros andemos en vida nueva. Porque si fuimos plantados juntamente con él en la semejanza de su muerte, así también lo seremos en la de su resurrección".

Hay demasiados creyentes que quieren gran poder con poco o ningún sacrificio. ¡No queremos renunciar a todo en el altar! ¡No deseamos morir o someternos a nada! Y tampoco queremos renunciar a nuestra vida de pecado. Pero sí deseamos experimentar todo lo que está en la tercera dimensión de la oración (en el lugar santísimo). ¡Nunca lo obtendremos! ¿Por qué? Cuando ignoramos las obras de Cristo, no tomamos en cuenta el patrón de Dios.

El peligro viene cuando cree estar operando bajo la luz de Dios, pero en realidad aún continúa funcionando bajo la luz *natural* (porque todavía está en el atrio). En el atrio, bajo la luz natural, la luz del día se termina y llega la noche. Eso significa que a veces puede ver su camino, y a veces no. A veces puede ver la victoria, y a veces no.

Es por eso que hay momentos en los que puede exclamar: "Voy hacia allí; puedo lograrlo". Pero hay otros en los que no logra ver la salida en un sombrero. *Está intentando hacer del atrio su morada.* Debe esperar hasta que el sol vuelva a salir, hasta que sus sentidos naturales comiencen a actuar. Por ejemplo, usted espera *recibir* su cheque de sueldo para *asegurarse* de que se paguen las cuentas. Cuando habita en el atrio, siempre tendrá que esperar una prueba *terrenal* para creer que tiene la victoria.

En la tercera dimensión, la luz es *sobrenatural.* Siempre resplandece, puesto que proviene de la gloria Shekiná de Dios. ¡Siempre tenemos victoria en la tercera dimensión de la oración! ¿Cómo sé esto? ¿Cómo podemos *nosotros* saber que este es el patrón de Dios? Vemos una demostración de la gloria Shekiná de Dios en el primer servicio de consagración del templo (Lv. 9:23-24). Cuando Moisés y Aarón salieron del tabernáculo después de encontrarse con Dios en el lugar santísimo "Y entraron Moisés y Aarón en el tabernáculo de reunión, y salieron y bendijeron al pueblo; y la gloria de Jehová se apareció a todo el pueblo. Y salió fuego de delante de Jehová, y consumió el holocausto con las grosuras sobre el altar; y viéndolo todo el pueblo, alabaron, y se postraron sobre sus rostros".

¡Sí, la llama original que encendía el altar de bronce venía directamente del cielo! El *Chumash* afirma que el fuego "descendía en el Lugar Santísimo y de allí iba al Altar de Oro, y luego al Altar de Bronce, haciendo que el incienso y las partes sacrificiales se elevaran en humo".[3]

¿Puede ver el patrón? En su primer servicio de consagración para Israel, Aarón realizó los sacrificios de acuerdo con el patrón que Dios reveló a Moisés (Lv. 1-8). Siguió el modelo, y la gloria de Dios se reveló a todo el pueblo. *Dios consumió el sacrificio y expió los pecados de Israel.* Después de este "día de obediencia", se ordenó a los sacerdotes: "Y el fuego encendido sobre el altar no se apagará, sino que el sacerdote pondrá en él leña cada mañana, y acomodará el holocausto sobre él, y quemará sobre él las grosuras de los sacrificios de paz" (Lv. 6:12).

Desde aquel día en adelante, la madera, que representa la humanidad, mantenía el fuego encendido. En otras palabras, Dios requiere que nos rindamos en el altar de bronce cada día y digamos: "Aquello que no te agrade, Señor, quémalo. Consume mi voluntad, deseos, emociones –todo lo que no esté alineado con tu voluntad". Somos la madera que mantiene encendido el fuego de Dios sobre el altar... *continuamente*, para que pueda extenderse hasta nuestro altar de oro (el altar del incienso). En los capítulos diez y once, examinaremos el altar de oro con mayor detalle.

LOS CUERNOS DE LA AYUDA

Con todo, Dios no espera que se ofrezca en sacrificio sin su ayuda. Él proveyó para usted colocando en las cuatro esquinas del altar de bronce cuatro cuernos, ¡que representan *salvación, fuerza y poder*! Entonces, cuando está sobre el altar del sacrificio, usted recibe salvación, fuerza y poder para hacer la divina voluntad. Llegará a ser fuerte en la oración y fuerte en la intercesión. ¿Por qué? Su carne está siendo consumida en el fuego de Dios, así que no puede estorbar sus oraciones.

Cuando entre en el lugar santo, habrá alcanzado total madurez en la oración. Podrá interceder con eficacia por otro porque no tendrá dudas acerca de su propio caminar. La batalla ha terminado una vez que recibe la voluntad de Dios en el altar de bronce, porque allí es donde recibirá salvación, fuerza y poder. Lucas 1:68-69 dice:

> Bendito el Señor Dios de Israel, que ha visitado y redimido a su pueblo, y nos levantó un poderoso Salvador en la casa de David su siervo...

¡Dios ha levantado el "Cuerno de salvación" como un poderoso y valiente Ayudador! Esto revela el ingrediente faltante en muchas de nuestras oraciones, y también por qué muchas de ellas no reciben respuesta. ¡La salvación es uno de los cuernos del altar de bronce! Cuando el fuego de purificación está consumiendo su carne (esto es, cuando afronta el desafío de caminar rectamente con Dios en medio de la tentación), debe recordar su salvación. Debe volver a las cuatro obras consumadas de Cristo y aprender a alabarle en medio del fuego. La salvación lo ayuda mientras ora.

¿Por qué tantos de nosotros intentamos hacer intercesión sin ayuda alguna de Dios? ¿Cómo pasamos de largo a nuestro Ayudador, nos deslizamos por debajo de la cortina de lino blanco, y nos metemos a escondidas en el tabernáculo, creyendo que vamos a recibir algo de Él? *¡Estamos orando sin ayuda!* ¿Cómo podemos pensar en pasar por la puerta y más allá del velo sin el sacrificio de sangre?

¡No puede orar con eficacia si ignora las obras de Cristo! El proceso de *perfeccionar* su salvación y madurar en la oración es sellado por la obra consumada de Cristo –el *Cordero inmolado antes de la fundación del mundo*– en el altar de bronce. La sangre de Jesús le trae salvación, fuerza y poder para vivir y orar de acuerdo con la voluntad de Dios.

Esto también se relaciona con los cuatro cuernos del altar. El número *cuatro* representa *la tierra y sus elementos,* los cuatro vientos y los cuatro puntos cardinales de la tierra. ¡Así que el poder de Cristo para ayudarlo en la oración es ilimitado! Se extiende a los cuatro puntos cardinales de la tierra. (También hay cuatro cuernos en el altar de oro que está en el lugar santo que nos ayuda a comprender que esta clase de ayuda nos acompaña de un nivel en Dios al siguiente.)

Jesús completó el patrón de la oración para ayudarnos en tiempo de necesidad. Su sacrificio fue grande y no puede ser ignorado: debemos aceptarlo. Debemos pasar por el fuego purificador de Dios voluntariamente y con fe en que Cristo nos ayudará. Romanos 11:22 nos advierte: "Mira, pues, la bondad y la severidad de Dios; la severidad ciertamente para con los que cayeron, pero la bondad para contigo, si permaneces en esa bondad; pues de otra manera tú también serás cortado".

El juicio de Dios comenzará "por la casa de Dios... primero comienza por nosotros" (1 P. 4:17). Pedro hace la pregunta: "¿Cuál será el fin de aquellos que no obedecen al evangelio de Dios? Y: Si el justo con dificultad se salva, ¿En dónde aparecerá el impío y el pecador?" (vv. 17-18). Tan importante es que reconozcamos la necesidad de "resolver" nuestra salvación en el altar de bronce, temiendo a Dios y honrando el sacrificio de Cristo.

> Por lo cual Dios también le exaltó hasta lo sumo, y le dio un nombre que es sobre todo nombre, para que en el nombre de Jesús se doble toda rodilla de los que están en los cielos, y en la tierra, y debajo de la tierra; y toda lengua confiese que Jesucristo es el Señor, para gloria de Dios Padre. Por tanto, amados míos, como siempre habéis obedecido, no como en mi presencia solamente, sino mucho más ahora en mi ausencia, ocupaos en vuestra salvación con temor y temblor, porque Dios es el que en vosotros produce así el querer como el hacer, por su buena voluntad.
>
> –FILIPENSES 2:9-13

¿Puede ver la revelación? ¡Únicamente en el nombre de Jesús –nuestra salvación– podemos yacer en el altar y completar el proceso de purificación! Confiar en Él mientras pasamos por el fuego fortalece nuestra fe para hacer sus obras y nos capacita para orar por otros. Entonces, cuando hagamos intercesión, y Dios responda nuestras oraciones, no nos volveremos orgullosos, olvidando el nombre que puso los cuernos de salvación, fuerza y poder en el altar de sacrificio. Como Pablo, debemos afirmar: "Porque no me avergüenzo del evangelio, porque es poder de Dios para salvación a todo aquel que cree; al judío primeramente, y también al griego. Porque en el evangelio la justicia de Dios se revela por fe y para fe" (Ro. 1:16-17).

A menos que hayamos resuelto nuestra propia salvación por medio de la fe en Jesucristo en el altar, no tendremos fe para orar por otros. Únicamente aquellos cuya fe los ha hecho justos pueden vivir también por fe (Ro. 1:17).

Repasemos... pasa por la puerta (de las cuatro obras de Cristo) en la salvación, y recibe fe para *hacer* constantemente la voluntad divina en el altar de bronce. La fe en Dios viene en forma sobrenatural cuando rinde su vida y se aferra a los cuernos. Rinde su voluntad y recibe salvación perfecta; recibe ayuda que le da fe para convertirse en un "sacrificio vivo". Este Ayudador estará con usted en cada nivel de oración e intercesión.

¡La salvación vence al enemigo! En el libro de Josué, capítulo 6, los hijos de Israel marcharon alrededor de los muros de Jericó y tocaron bocinas en obediencia a la orden de Dios. (En aquellos días, se utilizaban cuernos de carnero, que representaba *la salvación*.) Cuando el pueblo de Israel oyó la bocina, "gritó con gran vocerío, y el muro se derrumbó" (v. 20). El pueblo oyó a su Ayudador, y vieron cómo su enemigo cayó. *¿Necesito decir más?*

Cuando Dios dijo a Abraham que sacrificara a su único hijo, Isaac, el patriarca tuvo que romper con las tradiciones, ir en contra de su propia voluntad y sacrificar en un altar que él mismo había construido (Gn. 22:2,9). Abraham tuvo que recorrer el patrón de Dios —que más tarde Dios repitió al sacrificar a su propio Hijo, Jesucristo— para cortar el Nuevo Pacto y completar el patrón de una vez y para siempre (Juan 3:16). Abraham vio un carnero enredado en un matorral y lo ofreció en holocausto en lugar de su hijo. Recibió la ayuda *únicamente después de que hubo colocado a su hijo sobre el altar*. Al obedecer a Dios, Abraham completó su llamado para llegar a ser "padre de muchedumbre de gentes" (Gn. 17:4).

En otro ejemplo, el rey David ya había envejecido, y era tiempo de que uno de sus hijos lo sucediera en el trono. Su hijo Adonías había determinado que él debía ser el sucesor y, de hecho, ya le había arrebatado el trono y estaba reinando sin que su padre lo supiera. Sin embargo, Dios ya había prometido el trono a Salomón. Cuando David se enteró de las acciones de Adonías por Betsabé y Salomón, se levantó de su cama y dijo que elegiría al próximo rey ese mismo día. (Ver 1 R. 1:28-40.) Cuando Adonías oyó que David se había enterado de su engaño y se disponía a nombrar a su sucesor, tuvo mucho temor. Él sabía que su padre había puesto a Salomón en el trono ese mismo día, y temía por su vida a causa de su engaño.

Atemorizado, huyó al tabernáculo donde se asió de los cuernos del altar y clamó: "Júreme hoy el rey Salomón que no matará a espada a su siervo" (v. 51). Cuando Salomón supo de sus acciones, dijo a sus siervos: "Si él fuere hombre de bien, ni uno de sus cabellos caerá en tierra; mas si se hallare mal en él, morirá" (v. 52). Cuando Adonías fue llevado ante Salomón, el rey no le hizo daño, sino que le dijo que se fuera a su casa (v. 53).

¿Por qué se salvó Adonías? Fue porque se asió de los cuernos del altar, ¡su ayuda! Cuando temió por su vida, se asió de los cuernos... se arrojó sobre el altar de sacrificio.

Dios encendió el fuego en el altar de bronce, ¡y este mismo fuego se usaba para encender el candelero de oro y para mantener encendido el altar del incienso en el lugar santo! En otras palabras, las *llamas de intercesión* reflejarán su nivel de sacrificio en el altar de bronce. Su vida sometida a Dios mantendrá el fuego ardiendo. Si no se queda en el altar como madera nueva que es colocada diariamente allí, el fuego se apagará. Si esto sucede, no tendrá ninguna *iluminación* de la Palabra de Dios ni en el lugar difícil ni en el lugar santo.

Usted no puede interceder eficazmente sin la iluminación del sacrificio. Éste determina la profundidad y el peso de su adoración, así como su percepción espiritual. Ahora permítame preguntarle: ¿Qué está dispuesto a colocarse en el altar de bronce y entregarse a Dios?

CUIDADO CON EL FUEGO EXTRAÑO

Sólo el fuego de Dios es digno de usarse en el tabernáculo, en el patrón divino para la oración. No hay lugar para fuego extraño de otro origen. Los hijos de Aarón, Nadab y Abiú, perdieron la vida al intentar ofrecer fuego profano delante del Señor. Levítico 10:2-3 dice: "Y salió fuego de delante de Jehová y los quemó, y murieron delante de Jehová. Entonces dijo Moisés a Aarón: Esto es lo que habló Jehová, diciendo: En los que a mí se acercan me santificaré, y en presencia de todo el pueblo seré glorificado. Y Aarón calló".

El *fuego extraño* contamina la obra del santuario aún hoy. Tenemos *imágenes* de adoración, alabanza, altares, santificación, y santidad, pero negamos el poder de ellos (2 Tim. 3:5). Al igual que los hijos de Aarón, estamos ignorando el patrón para entrar en la presencia de Dios. Esto explica por qué muchos en la iglesia operan bajo *fuego extraño* y luchan en su caminar con Dios.

Creo que ésta es la razón por la que oímos tanto *fuego extraño,* canciones que se identifican con el mundo y la adoración carnal. La gente no ha santificado su voluntad en el altar. Así como Nadab y Abiú, han tomado sus incensarios (sus propias vidas), echaron su propia mezcla de incienso allí, y luego la encendieron. Han creado su mezcla personal, a la que llaman *verdadera adoración*. Desde el principio, Dios dice: "Yo no encendí ese fuego. Ése fuego no es del altar del sacrificio".

Si no se sacrifica en el altar antes de ministrar, está encendiendo un fuego *extraño*. Entienda esto: antes de que Dios enviara fuego del cielo para encender la llama del altar de bronce, Moisés y Aarón ya lo habían encendido cuando consagraron el tabernáculo. No conocían otra forma de hacerlo, y sus acciones fueron *aceptables* delante de Dios en ese punto. Sin embargo, una vez que el verdadero fuego descendió de Dios, el que el hombre encendía ya no era aceptable. (Ver Levítico 9.) Dios lo había reemplazado por su propio fuego sobrenatural.

¿Podría ser ésta la razón por la que no oramos con fervor? ¿Es por eso que sus oraciones no son "eficaces"? ¿Será por esto que nuestra oraciones no "pueden" mucho?

Los fuegos extraños pueden verse en todo lugar en el cristianismo hoy. Los han encendido personas que siguen esclavizadas a su carne mientras intentan servir al Señor. A menos que haya sacrificado todo en el altar, está tratando de hacer exactamente lo que usted quiere hacer, y está viviendo guiado por sus emociones, *y eso es encender su propio fuego*. Gálatas 5:17 dice:

> Porque el deseo de la carne es contra el Espíritu, y el del
> Espíritu es contra la carne.

Si no rinde cada área de su vida en el altar de bronce, se encontrará en el lugar santo, luchando con su carne contra Dios en lugar de hacer intercesión. Dios le dirá: "Ve a la izquierda."

Usted dirá: "Bueno, en mi espíritu siento que debo ir a la derecha".

Dios dirá: "Quiero que te quedes allí y ores un poco más por esta hermana en particular".

Usted dirá: "Bueno, es que tengo un poco de sed..."

Entonces, Él responderá: "No, no quiero que bebas todavía, quiero que sigas orando..."

Y usted interrumpirá, diciendo: "Pero Dios, sólo quiero ir a buscar un poco de jugo..."

No entregó su voluntad en el altar, entonces ¡cuando ora empieza a luchar contra lo que Dios le dice que haga! Después se levanta y va hablando en lenguas hasta llegar al refrigerador... *¿Qué?* Está caminando en desobediencia y rebelión.

Para convertirse en un verdadero intercesor, su voluntad debe consumirse en el altar de bronce, porque cuando entre en el lugar santo, solamente habrá lugar para UNA VOLUNTAD. Por eso, muchos se quedan trabados en "Hágase tu voluntad..." (Mt. 6:10). ¡Todavía seguimos batallando contra la voluntad de Dios!

El apóstol Pablo sabía que esto sucedería, y describió claramente cuál sería el resultado:

> Porque el deseo de la carne es contra el Espíritu, y el del Espíritu es contra la carne; y éstos se oponen entre sí, para que no hagáis lo que quisiereis. Pero si sois guiados por el Espíritu, no estáis bajo la ley. Y manifiestas son las obras de la carne, que son: adulterio, fornicación, inmundicia, lascivia, idolatría, hechicerías, enemistades, pleitos, celos, iras, contiendas, disensiones, herejías, envidias, homicidios, borracheras, orgías, y cosas semejantes a estas; acerca de las cuales os amonesto, como ya os lo he dicho antes, que los que practican tales cosas no heredarán el reino de Dios.
>
> –GÁLATAS 5:17-21

Una vez después de predicar en Bermuda, decidí quedarme una semana de vacaciones. Cuando mi madre estaba lista para regresar a los Estados Unidos, dijo: "Regreso a Estados Unidos, no vayan a subirse en esas bicimotos". Aun después de salir para subirse a un taxi, volvió a donde nosotros estábamos, me miró directo a los ojos, y dijo: "Nita, especialmente tú".

Ella sabía que yo era temeraria y podía desobedecer su consejo. Entonces *¿qué hice?* Me subí en una bicimoto, aunque ella me había dicho que no lo hiciera. Razoné: *Ella está llena de temor. Voy a dar una vuelta en bicimoto. Voy a buscar una en la playa ahora mismo.*

De más está decir, tuve un accidente y me tuvieron que llevar rápidamente al hospital para que me dieran algunos puntos. Cuando llegué a la sala de emergencias, muchas de las personas que esperaban ser atendidas me reconocieron de las reuniones en las que había predicado durante los últimos siete u ocho días. Ellos decían: "Allí va la profetisa; tienen que ayudar a la profetisa". Todos los que estaban conmigo decían: "Necesita ver a un médico".

La enfermera de admisión estaba sentada en su escritorio con la cabeza gacha, escribiendo. Todos decían: "Necesita ver a un médico". Yo sangraba profusamente. Entonces levantó la cabeza y dijo con calma: "¿Cómo se llama?"

Yo desvariaba... lloraba... y todos estaban preocupados. Los que estaban detrás de nosotros decían: "Necesita ver a un médico; ¡está sangrando!"

Sin inmutarse, la enfermera repitió: "¿Cuál es su nombre?"

Yo dije: "Juanita".

"¿Apellido?"

Respondí: "Bynum".

Entonces dijo: "Oh, usted es la evangelista".

"Sí."

"¿Cuál es su dirección?"

Estaba sangrando y las gotas caían al piso, pero a esa mujer no le interesaba quién era yo. Es como si me estuviera diciendo: "Antes de que la vea un médico, debe pasar por admisión. No me importa su título. En este punto, debo seguir los procedimientos antes de que la examine un doctor".

Iglesia, con Dios es lo mismo. ¡Debemos pasar por "admisión" antes de poder ministrar en intercesión! ¡Preséntese ante el altar de bronce y admita sus pecados ante Dios! "Soy mentiroso, un ladrón... Soy celoso, envidioso, indecente... No hago las cosas bien... No tengo integridad..." ¡Dios no podrá ayudarlo hasta que pase por admisión!

La primera pregunta que le hacen en admisión es: "¿Cuál es su nombre?" ¿Puede decirlo? "Celos, envidia, conflictos, confusión..." ¿Cuál es su nombre? No busque un sedante. Ni siquiera piense en tomarse un calmante. El altar de bronce es un proceso de muerte, no una cirugía. ¡Dios lo está poniendo al fuego y consumiendo ese pecado! ¡Le está sacando ese "fuego extraño" y reemplazándolo con el fuego de purificación!

Quizás piense: *No entiendo por qué debo pasar por tantas cosas. ¿No dijo que Dios lo había llamado a ser intercesor?* Todos los intercesores deben ser purificados en el fuego *antes* de poder ser portadores del fuego. ¡Debe conocer el poder del fuego que lleva! No puede ser portador del fuego para salvar la vida de otro, pidiendo que Dios quiebre el poder del enemigo en esa persona ¡hasta que Él haya podido quitar el pecado de usted!

¿Está pasando por fuego? ¡Bien! Eso quiere decir que va bien. Cada vez que se pone cómodo y grita: "¡Aleluya!", PUM... otra cosa lo golpea. Cada vez que dice: "Tengo la victoria!" PUM, otra cosa viene contra usted, alguien le pone los nervios de punta, y otra vez algo le sale mal. ¿Por qué? ¡Dios no quiere que crea que ya ha llegado! De hecho, en 1 Corintios 10:12, Pablo dice: "Así que, el que piensa estar firme, mire que no caiga".

Pero en el siguiente versículo, el versículo 13, se nos da una promesa para vencer las tentaciones a las que toda persona se enfrenta:

> No os ha sobrevenido ninguna tentación que no sea humana; pero fiel es Dios, que no os dejará ser tentados más de lo que podéis resistir, sino que dará también juntamente con la tentación la salida, para que podáis soportar.

Mírese en el espejo, lávese, y permita que Dios vuelva a colocarlo en el fuego de la purificación. ¡Debe asirse de los cuernos del altar, donde recibirá salvación, fuerza y poder! El apóstol Pablo aprendió a hacerlo. Entendía el propósito de la tentación y conocía el poder de Dios para ayudarlo a vencer. "Y para que la grandeza de las revelaciones no me exaltase desmedidamente, me fue dado un aguijón en mi carne, un mensajero de Satanás que me abofetee, para que no me enaltezca sobremanera; respecto a lo cual tres veces he rogado al Señor, que lo quite de mí. Y me ha dicho: Bástate mi gracia; porque mi poder se perfecciona en la debilidad" (2 Co. 12:7-9).

Conocer el propósito de Dios le permitía declarar: "Por tanto, de buena gana me gloriaré más bien en mis debilidades, para que repose sobre mí el poder de Cristo. Por lo cual, por amor a Cristo me gozo en las debilidades, en afrentas, en necesidades, en persecuciones, en angustias; porque cuando soy débil, entonces soy fuerte" (vv. 9-10).

En Levítico 9:24, cuando el fuego de Dios encendió el altar, el pueblo se postró en adoración. Cuando su fuego comience a tocar los santuarios en esta última hora, arrojará a la gente al suelo, y al altar

Creo que se acerca el día en que ya nadie tendrá que hacer llamados al altar.

Ninguno de nosotros *ha llegado*, no importa quiénes seamos o cuánto hace que somos salvos. Pero la gracia de Dios (simbolizada por el número cinco, el ancho del altar) y la voluntad divina (representada por el número tres, el Altísimo, la altura del altar) nos llevará hacia el otro lado del sacrificio. Quédese en el altar de bronce hasta que *Dios* lo saque de allí. Entonces estará preparado para avanzar al siguiente nivel de oración en las fuerzas y el poder de Dios. Cuídese: será llevado diariamente al altar de bronce.

Una advertencia final

Usted recibió salvación en la puerta y se lavó en la fuente de bronce, y rindió su voluntad a Dios en el altar de bronce. Si se baja del altar demasiado pronto, estará en peligro. Existe un procedimiento que me gustaría mostrarle respecto del servicio del tabernáculo. Usted debe esperar que la luz natural del día mengüe en el atrio, porque se supone que sus holocaustos deben arder en el altar hasta la mañana (Lv. 6:9), indicando que Él consume no solamente las cosas que se pueden ver, sino también las que están en los lugares oscuros y escondidos. ¡No se baje del altar mientras sus pecados y limitaciones aún están siendo consumidos!

Mientras la luz natural continúa brillando, puede percibir que está en comunión con Dios porque Él ha permitido que el sol resplandezca. Esto puede hacerle creer que ya está purificado. Quizás hasta pueda ver cómo llegar a la entrada del lugar santo. Pero una vez que el sol se ponga, todo lo que podrá ver es el fuego consumidor del altar. No apure este proceso.

Dios ordenó que los sacerdotes mantuvieran el fuego ardiendo en el altar de bronce. Si se baja demasiado rápido, no sólo podría volver a caer en pecado, sino que el fuego también podría apagarse. Debe esperar el tiempo perfecto de Dios para levantarse del altar y dirigirse al lugar santo.

Debe completar la tarea del atrio y seguir avanzando hacia el próximo nivel de la oración. Si cae, levántese y empiece de nuevo. Haga lo que sea necesario para seguir el patrón del Señor. Continúe avanzando, porque la Biblia dice que cuando caemos, debemos hacer nuestras "primeras obras" nuevamente (Ap. 2:5). Jesús nos dijo que trabajemos "entre tanto que el día dura; la noche viene, cuando nadie puede trabajar" (Juan 9:4).

No puede avanzar si está en la oscuridad espiritual: ¡no puede ver hacia dónde va! Por eso, quédese en el altar de bronce *hasta que Dios lo saque*. Entonces puede avanzar al lugar santo, donde las llamas de su salvación "consumada" traen iluminación sobrenatural en la oración.

CAPÍTULO 5

La vestidura fundamental:
La túnica de justicia

*C*UANDO DIOS DIO a Moisés las instrucciones para construir el tabernáculo, también le dio directivas muy específicas en cuanto a las vestiduras que Aarón y sus hijos habrían de usar para cumplir con sus deberes como sacerdotes en el tabernáculo. Así que en este capítulo también veremos que Dios usó las vestiduras sacerdotales para demostrar que nunca se contradice a sí mismo. ¿Cómo es esto? Porque cada una de las vestiduras armonizaba con los materiales y los colores que Dios había ordenado a Moisés que utilizara en el lugar santo y en la Puerta Oriental.

Los mismos colores y materiales que se usaron para construir el tabernáculo también se requerían para las vestiduras de los sacerdotes. ¿Qué significa esto para nosotros hoy? Lo que estemos experimentando en la oración debería ser un reflejo de nuestra vida cotidiana. Al igual que el tabernáculo, estas vestiduras representaban un espíritu de excelencia que Dios deseaba manifestar en las vidas de cada creyente... especialmente los que habían sido llamados a la oración.

A medida que explique las vestiduras, verá que cuando nos estemos preparando para entrar en el lugar santo, las vestiduras, estructura y mobiliario del lugar santo debe funcionar conjuntamente para traer resultados satisfactorios en la oración.

Comencemos por observar cómo fuimos hechos justicia de Dios y nuestra responsabilidad de mantenerla después de ser lavados y de habernos ofrecido a Dios como un sacrificio vivo.

Es importante que entendamos que la Palabra y el Espíritu siempre obran en armonía. Se *complementan* y *completan* mutuamente. Dios obra poderosamente en la dimensión del acuerdo. Jesús dijo: "Otra vez os digo, que si dos de vosotros se pusieren de acuerdo en la tierra acerca de cualquiera cosa que pidieren, les será hecho por mi Padre que está en los cielos" (Mt. 18:19).

En el versículo 18, Jesús dijo a sus discípulos: "De cierto os digo que todo lo que atéis en la tierra, será atado en el cielo; y todo lo que desatéis en la tierra, será desatado en el cielo". En otras palabras, todo lo que hagamos como reino de sacerdotes debe venir de la tercera dimensión. Usted no puede vivir como el diablo y esperar oír la Palabra de Dios en oración. Y, por cierto, ¡tampoco puede declarar nada en oración, y esperar que suceda, cuando no está de acuerdo con Dios!

¿Está en armonía con Dios? ¿Su vida está funcionando de acuerdo con el patrón de Dios? De lo contrario, nunca podrá ver o experimentar su gloria victoriosa. Cuando quebranta el patrón, usted ignora las obras de Cristo, *y su sacrificio fue demasiado costoso como para ser ignorado*. Cada parte de su nueva vestimenta espiritual de oración está hecha de acuerdo con las medidas de Dios. Usted debe estar vestido (espiritualmente) de manera apropiada para que Dios pueda encontrarse con usted en la oración.

El tabernáculo se construyó según las especificaciones de Dios. Como Él ha declarado que somos templo del Espíritu Santo, también debemos estar construidos de acuerdo con sus especificaciones. "Si Jehová no edificare la casa, en vano trabajan los que la edifican; si Jehová no guardare la ciudad, en vano vela la guardia" (Sal. 127:1).

¿Qué está construyendo Dios? Marcos 11:17 dice: "Y les enseñaba, diciendo: ¿No está escrito: Mi casa será llamada casa de oración para todas las naciones? Mas vosotros la habéis hecho cueva de ladrones". *¡Cuidado!* Cuando no cumple el patrón de Dios e ignora las obras de Cristo, ¡Dios lo llama ladrón! Usted ha hurtado las cosas sagradas del cielo para construir su propia casa y ha robado la presencia de Dios y las bendiciones sobrenaturales de entre su pueblo. Si vuelve a su propia manera de hacer las cosas *después de pasar por el fuego*, es un ladrón.

Cómo recibir las vestiduras sacerdotales

Comencemos por leer las instrucciones de Dios a Moisés sobre el establecimiento del sacerdocio y de las vestiduras sacerdotales en Éxodo 28:1-3:

> Harás llegar delante de ti a Aarón tu hermano, y a sus hijos consigo, de entre los hijos de Israel, para que sean mis sacerdotes; a Aarón y a Nadab, Abiú, Eleazar e Itamar hijos de Aarón. Y harás vestiduras sagradas a Aarón tu hermano, para honra y hermosura. Y tú hablarás a todos los sabios de corazón, a quienes yo he llenado de espíritu de sabiduría, para que hagan las vestiduras de Aarón, para consagrarle para que sea mi sacerdote.

Lo primero que Dios dijo a Moisés fue que trajera "a Aarón tu hermano, y a *sus hijos* consigo". Aarón representa el oficio de sumo sacerdote, y sus hijos representan el nivel sacerdotal inferior. Dios dijo a Moisés que los escogiera "de entre" los hijos de Israel. Esto nos dice que primero debemos ser *hijos de Dios* antes de poder operar en el *oficio del sacerdocio* y entrar en el tabernáculo hacia una experiencia en el lugar secreto.

Todos pueden entrar en el atrio por medio de la salvación, pero no todos honran a Dios siendo obedientes. Sólo los obedientes podrán recibir sus vestiduras sacerdotales y, en última instancia, entrar al lugar santo a través de la oración. "Muchos son llamados, y pocos escogidos" (Mt. 22:14). El camino de obediencia requiere que entremos por la puerta, nos lavemos en la fuente, y nos ofrezcamos como sacrificio en el altar de bronce en obediencia al patrón de oración de Dios. Ese camino nos permite pasar de muerte a vida y nos prepara para ser vestidos para la victoria en la oración intercesora. Jesús habló acerca de este camino en Juan 5, donde dijo: "El que no honra al Hijo, no honra al Padre que le envió. De cierto, de cierto os digo: El que oye mi palabra, y cree al que me envió, tiene vida eterna; y no vendrá a condenación, mas ha pasado de muerte a vida" (Juan 5:23-24).

Una vez que las vestiduras del sacerdocio y el tabernáculo estuvieron completos, Moisés realizó una ceremonia de investidura. En Levítico 8:1-9, descubrimos que Dios dio instrucciones a Moisés sobre cómo hacerlo. Le dijo: "Toma a Aarón y a sus hijos con él, y las vestiduras, el aceite de la unción, el becerro de la expiación, los dos carneros, y el canastillo de los panes sin levadura; y reúne toda la congregación a la puerta del tabernáculo de reunión" (vv. 2-3). Cuando Moisés hubo reunido a los israelitas en la puerta del tabernáculo de reunión, dijo a la congregación: "Esto es lo que Jehová ha mandado hacer" (v. 5). Después procedió a preparar a Aarón y a sus hijos para ponerles las vestiduras sacerdotales. Comenzó por lavarlos con agua (v. 6), como el Señor requiere que seamos lavados en la fuente de bronce. Luego ayudó a Aarón a ponerse las vestiduras del sumo sacerdote:

> Y puso sobre él la túnica, y le ciñó con el cinto; le vistió después el manto, y puso sobre él el efod, y lo ciñó con el cinto del efod, y lo ajustó con él. Luego le puso encima el pectoral, y puso dentro del mismo los Urim y Tumim. Después puso la mitra sobre su cabeza, y sobre la mitra, en frente, puso la lámina de oro, la diadema santa, como Jehová había mandado a Moisés.
>
> —LEVÍTICO 8:7-9

Las vestiduras sacerdotales representan todo lo que hacemos después de entrar en el lugar santo. Ya se trate de alabanza y adoración, predicación, bautismo o consejo —lo que sea que hagamos— debe corresponder a lo que Cristo es. Él es la puerta de cuatro colores: el blanco representa *su justicia*, el azul muestra *su divinidad*, el púrpura refleja *su realeza*, y el escarlata simboliza *su sacrificio final en la cruz*.

Nuestras obras deben corresponderse con las obras de Cristo en el tabernáculo. De lo contrario, Dios no se presentará, y el pueblo perderá sus bendiciones. Estar vestido con las prendas apropiadas para la intercesión es vital. En Mateo 22:11-14, descubrimos que si estamos vestidos incorrectamente, ni siquiera podemos entrar en la presencia del Rey, y ¡mucho menos servirle! "Y entró el rey para ver a los convidados, y vio allí a un hombre que no estaba vestido de boda. Y le dijo: Amigo, ¿cómo entraste aquí, sin estar vestido de boda? Mas él enmudeció. Entonces, el rey dijo a los que servían: Atadle de pies y manos, y echadle en las tinieblas de afuera; allí será el lloro y el crujir de dientes. Porque muchos son llamados, y pocos escogidos".

Somos un real sacerdocio, y debemos vestirnos como corresponde, de lo contrario Dios permitirá que "hombres comunes" nos aten de manos y pies. Muchas veces, el enemigo nos ata en la oración (en lugar de atarlo nosotros a él y a sus obras) porque estamos vestidos de manera inapropiada. Y cuando esto sucede, no podemos operar en las cosas de Dios o cumplir su voluntad en el reino del Espíritu.

Para estar completamente vestido para el servicio espiritual usted debe llevar las prendas apropiadas en la oración. Es fundamental que use la vestimenta espiritual correcta para presentarse ante el Rey. De otro modo, quedará atado en oración.

Ahora entiendo mucho más profundamente por qué Dios requiere que nos lavemos, purifiquemos y nos vistamos de manera apropiada antes de entrar plenamente en la oración intercesora. Dios mandó que Moisés confeccionara prendas especiales para los sacerdotes que servirían en el tabernáculo para que sus ropas estuvieran hechas a medida para reflejar la dignidad de su oficio y el más alto respeto hacia Él. Veamos cómo cada pieza de las vestiduras sacerdotales es importante para su vida de oración.

La túnica de justicia

Esta prenda fundamental representa *la justicia de Dios*. Es la razón por la que todas las demás piezas de la vestidura sacerdotal pueden cumplir su propósito. Veamos cómo estaba hecha esta túnica:

> Y bordarás una túnica de lino, y harás una mitra de lino; harás también un cinto de obra de recamador. Y para los hijos de Aarón harás túnicas; también les harás cintos, y les harás tiaras para honra y hermosura. Y con ellos vestirás a Aarón tu hermano, y a sus hijos con él; y los ungirás, y los consagrarás y santificarás, para que sean mis sacerdotes. Y les harás calzoncillos de lino para cubrir su desnudez; serán desde los lomos hasta los muslos. Y estarán sobre Aarón y sobre sus hijos cuando entren en el tabernáculo de reunión,

o cuando se acerquen al altar para servir en el santuario, para
que no lleven pecado y mueran. Es estatuto perpetuo para él,
y para su descendencia después de él.

–Éxodo 28:39-43

Todos los sacerdotes llevaban túnicas blancas, pero sólo el sumo sacerdote usaba prendas adicionales sobre su túnica. Note que la túnica es lo que permitía a los sacerdotes ministrar en el lugar santo; les permitía entrar en la presencia del Señor y no morir. Era la primera prenda que Moisés puso a Aarón (Lv. 8:7). Esta pieza hacia juego con la pared que rodeaba al atrio, así como el hilo de lino blanco que se utilizó en la primera cubierta del tabernáculo. (Estudiaremos esto con mayor detalle en el capítulo nueve.)

Permítame aclarar esto. Aunque todos los sacerdotes llevaban calzoncillos y túnicas, los hijos de Aarón (los sacerdotes inferiores) usaban la túnica como vestimenta principal. Aarón la llevaba puesta debajo de sus otras vestiduras, lo que confirma que existe más de un nivel en la oración. A los hijos de Aarón se les permitía servir en el atrio y en el lugar santo, pero no en el lugar santísimo. Los demás levitas realizaban tareas de apoyo en el tabernáculo y el sacerdocio, pero tenían prohibido tocar los *vasos santos* del santuario o el altar de bronce (Nm. 18:23).

Creo que Dios está diciendo que debe ponerse esta túnica como el fundamento de todo lo que hace en oración. Para estar preparado para llevar la carga del Señor, debe cubrir su desnudez, así como la túnica y los calzoncillos cubrían a Aarón y sus hijos. Una vez que ha sido salvo y se ha convertido en cristiano, se supone que debe entrar en la casa de oración (el tabernáculo de reunión) ya lavado y purificado, con su túnica en su lugar. Usted es responsable de mantener su salvación, asegurarse de tener esta túnica fundamental en su lugar en su vida de oración. Su primera responsabilidad es mantener el templo que está dentro de usted.

Si intenta hacer la tarea de un intercesor sin tener puesta la túnica de justicia, traerá iniquidad a la casa de Dios. Como resultado, Él no podrá usarlo para ayudar a ningún otro. No puede venir a la iglesia el domingo para recibir bendición y salir de allí para volver a una vida de pecado hasta volver a la iglesia la semana siguiente. Si lo hace, cada vez que entre a la iglesia traerá iniquidad, malas actitudes, espíritus de mentira, y engaño, esperando que Dios lo limpie. Dios está diciéndole a su pueblo: "¿Cuándo voy a tener un pueblo santo que entre en la tienda de reunión con su tabernáculo interior limpio, para que pueda darles algunas instrucciones?"

Este no es un pedido irrazonable. Judas 25-25 dice: "Y a aquel que es poderoso para guardaros sin caída, y presentaros sin mancha delante de su gloria con gran alegría, al único y sabio Dios, nuestro Salvador..." ¡Dios puede guardarlo continuamente de caer en pecado! Entienda esto: cuando reincide, usted ha *elegido* ceder a la iniquidad. Es por eso que hay tanta gente fluctuante en la iglesia, en comunión y fuera de ella. Si es un redimido, pero continúa pecando, ¡se está acercando al altar de Dios *lleno de cosas de las que debería estar libre!*

En Romanos 12:3, el apóstol Pablo nos advierte que debemos ser cuidadosos al mantener esta túnica de justicia cuando dice: "Digo, pues, por la gracia que me es dada, a cada cual que está entre vosotros, que no tenga más alto concepto de sí que el que debe tener, sino que piense de sí con cordura, conforme a la medida de fe que Dios repartió a cada uno".

Cuando Dios lo llama al servicio, le da un nivel de fe que se corresponde con su misión espiritual. Cuando le habla desde el tercer reino y lo coloca en el lugar señalado, usted permanecerá cubierto con su justicia si continua funcionando en ese mismo nivel de servicio. Pero hay muchos creyentes que aspiran a ser sumos sacerdotes sin tener la fe para operar en ese nivel. Debemos aprender a contentarnos y ser productivos para Dios en el lugar donde estamos. Recuerde... "Porque en el evangelio la justicia de Dios se revela por fe y para fe, como está escrito: Mas el justo por la fe vivirá" (Ro. 1:17).

Es vital que aprenda a rechazar sus sentidos humanos y aceptar la justicia de Dios. Su ropa interior espiritual –los calzoncillos y la túnica de lino blanco– lo ayuda a mantener cubierta su desnudez, esto es, su naturaleza humana sin Dios. Cuando entra en la presencia del Señor, estas prendas blancas le recordarán que Dios no necesita nada *sensual* de usted. La túnica de justicia lo ayudará a transitar por el camino de obediencia después de lavarse en la fuente y ofrecerse en el altar. *Mantener la justicia de Dios en su vida será inicialmente su mayor lucha en la oración.* Necesitará aprender a dejar de confiar en sus propios sentidos humanos, porque es su justicia lo que hará temblar a Satanás. ¿Por qué? Santiago 5:16 dice: "La oración eficaz del justo puede mucho".

Dios no necesita nada de sus cinco sentidos: lo que puede *ver, oler, gustar, oír* o *tocar*. Estos sentidos terrenales resultan inútiles en la dimensión espiritual de la oración, porque mientras está orando por la sanidad de alguien, sus sentidos le dirán que la persona sigue enferma. Sus sentidos le dirán que una persona aún está atada. Sus cinco sentidos mirarán las circunstancias imposibles y dirán: "Nunca he visto a nadie sobrevivir a esto... una persona en las últimas etapas del SIDA no puede curarse".

Por eso Dios pone una cubierta –que no deja ver– sobre su naturaleza terrenal al darle la túnica y calzoncillos blancos. Cuando lo prepara para entrar en el reino del Espíritu, sus sentidos naturales ya no son necesarios.

Cubrir las partes privadas también cubre la parte de nuestra naturaleza que pone confianza de género en nuestras capacidades como hombre o mujer. Ser hombre o mujer no hace a nadie *lo suficientemente fuerte* como para convertirse en un intercesor eficaz. Todos deben recibir fuerzas directamente de la naturaleza de Dios.

La naturaleza divina de Cristo cubre nuestra vieja naturaleza. El apóstol Pedro nos dice que Jesús nuestro Señor nos ha dado por su divino poder "todas las cosas que pertenecen a la vida y la piedad (...) mediante el conocimiento de aquel que nos llamó por su gloria y excelencia, por medio de las cuales nos ha dado preciosas y grandísimas promesas, para que por ellas llegaseis a ser participantes de la naturaleza divina, habiendo huido de la corrupción que hay en el mundo a causa de la concupiscencia" (2 P. 1:3-4).

Pero cuando caminamos en obediencia a Dios, Él nos capacita para esto: "añadid a vuestra fe virtud; a la virtud, conocimiento; al conocimiento, dominio propio; al dominio propio, paciencia; a la paciencia, piedad; a la piedad, afecto fraternal; y al afecto fraternal, amor" (vv. 5-7).

Si todas estas cosas permanecen en su vida, su vida de oración será fructífera. *Si mantiene su tabernáculo interior, siempre saldrá victorioso de su cuarto de oración.*

Pero Pedro también nos advierte acerca de los resultados de no estar firmes tras la cobertura de la justicia de Dios al vivir en desobediencia. Él dice: "Pero el que no tiene estas cosas tiene la vista muy corta; es ciego, habiendo olvidado la purificación de sus antiguos pecados" (v. 9). Pedro está describiendo a la persona que olvidó que ya ha sido lavada y limpia de pecado en la fuente y el altar de bronce. Pedro nos implora: "Por lo cual, hermanos, tanto más procurad hacer firme vuestra vocación y elección; porque haciendo estas cosas, no caeréis jamás" (v. 10).

En otras palabras, cuando usted es espiritualmente ciego, no puede estar ni en el lugar santo ni en el lugar santísimo. ¿Por qué? Porque carece de la naturaleza de Dios. No puede servir a un Dios divino desde su baja naturaleza. No existe una conexión en el Espíritu, porque la luz no tiene comunión con las tinieblas. Esto significa que cuando usted ore, Dios no se presentará. No minimice el valor de su túnica y sus calzoncillos blancos.

La parte más poderosa del pasaje de 2 Pedro 1 es el versículo 11, el cual nos revela lo que sucede cuando mantiene sus prendas de intercesión:

> Porque de esta manera os será otorgada amplia y generosa entrada en el reino eterno de nuestro Señor y Salvador Jesucristo.

Cuando está vestido con su túnica y sus calzoncillos blancos, esto crea una correspondencia en el reino del Espíritu y una entrada en la segunda y tercera dimensiones de la oración (que tienen lugar dentro del tabernáculo). Cuando avanza hacia estas dimensiones de la oración en favor de otros, saldrá habiendo obtenido para ellos el fruto del reino: "justicia, paz y gozo en el Espíritu Santo" (Ro. 14:17).

¿Está siendo llamado a un nivel más alto?

Al aprender sobre las vestiduras sacerdotales, Dios quiere que discernamos la diferencia entre alguien que simplemente ora y alguien que entiende que ha sido llamado a interceder. Mucha gente cree que a algunos creyentes se les manda orar, y que a otros no. Primera de Tesalonicenses 5:17 nos dice: "Orad sin cesar". Creo que todo cristiano ha sido llamado a orar, pero llega un momento en nuestras vidas en el que somos llamados a ir a un nivel más alto.

El Señor ha asignado tiempo en el reino del Espíritu para el crecimiento espiritual. Este progreso no puede medirse en años naturales. Algunos creyentes han sido salvos durante muchos años, pero actúan como si su edad espiritual fuera tan sólo de dos años. Cuando usted era niño, su madre ataba los lazos de sus zapatos, le ponía un babero, y hacía todo por usted. Cuando alcanzó la mayoría de edad, comenzó a limpiar su propia habitación, trabajar a tiempo parcial y pagar sus cuentas, porque con el crecimiento viene otro nivel de responsabilidad.

En el reino del Espíritu, el Señor está haciendo madurar a muchos creyentes más allá de sus edades naturales porque el tiempo es corto. Sin embargo, debe recordar que una vez que permite que Dios haga madurar su carácter y ponga un manto de oración sobre sus hombros, usted no puede decidir volver a ser un bebé espiritual cuando se topa con un bache en la carretera. Las cosas no funcionan así en el reino de Dios. Sería mejor no tocar jamás el manto de oración o venir al conocimiento de misterios ocultos de Dios (el poder de la justicia), que darse vuelta y mirar atrás. Quizás ni siquiera lo haya tocado. ¿Por qué digo esto? Usted es responsable por todo lo que oye de parte de Dios, ya sea que obedezca lo que ha oído o no. Una persona puede morir como el peor adicto del mundo a la cocaína crack, pero aun así Dios juzgará a esa persona por lo que oyó de Dios durante su vida. Dios se ha asegurado de que nadie abandone este mundo sin haber tenido una oportunidad de conocer el camino correcto. Si muere en pecado, es porque usted así lo ha elegido.

Una vez que viene al conocimiento de Jesucristo, automáticamente se convierte en enemigo de Satanás. Cuando caminó al altar, se arrepintió de todos sus pecados, y se convirtió en un creyente por fe, Cristo vino a vivir dentro de usted. Durante este encuentro sobrenatural, Dios permitió que su mente y corazón fueran elevados a la dimensión sobrenatural para poder oírlo y creer en Él. Todo lo que hizo en el pasado fue borrado. Ya no puede volver a vivir en la dimensión de su carne.

Una vez que se convierte en enemigo de Satanás, usted debe recibir su vestimenta espiritual, tomar sus armas, y aprender cómo usarlas. ¡Es una locura heredar un enemigo y no aprender a pelear! Demasiados cristianos son salvos, pero viven en derrota porque nunca se levantan contra los ataques del enemigo. Y como no saben pelear, hablan constantemente de lo que el diablo está haciendo. Si esto lo describe a usted, es tiempo de cambiar radicalmente su forma de pensar.

Debe dejar de hablar del diablo y preocuparse por que lo ataque. Lucas 10:19 nos da esta maravillosa promesa: "He aquí os doy potestad de hollar serpientes y escorpiones, y sobre toda fuerza del enemigo, y nada os dañará". Demasiados creyentes son destruidos –mientras están sentados en las iglesias– porque su tabernáculo interior está vacío. Viven en estado de confusión, y no tienen fuerzas para aceptar el llamado a la oración intercesora.

Recientemente, asumí la responsabilidad de cuidar a una de mis sobrinas. Cuando llegó (aunque es definitivamente una Bynum) comenzó a comportarse como loca y, en general, ignorante de su herencia. Cuando alguien no tiene conciencia de su línea de sangre ni de lo que eso significa, se debe reeducar para pensar como heredero.

No hace mucho, mi sobrina preguntó: "¿Cuándo vas a darme una llave?" Cuando vacilé, me presionó: "Actúas como si no confiaras en mí. Puedo colgármela del cuello".

En ese punto, tuve que ayudarla a entender que ella sólo tenía trece años. No estaba preparada para tener una llave de mi casa en la que hay incontables tesoros. Dije: "No, no puedes tener una llave hasta que vea que hayas cambiado tu forma de pensar".

Como intercesor, debe entrenarse para mantener la disciplina de su herencia. Esto le enseñará a discernir cada espíritu. Podrá mirar una situación y verla por lo que es en la dimensión eterna. Es más, cuando el enemigo trata de hacerle ver que una situación va a resultar de determinada manera, usted ya conoce la respuesta porque pertenece al reino de Dios.

¿Cómo lograr este entrenamiento fundamental? *Vístase para entrar en la presencia de Dios.* Ahora que ha atravesado los niveles del atrio a los que todos pueden acceder –el cojo, el quebrado, el arruinado y el indignado–, una nueva vida de oración está a punto de abrirse ante sus ojos. Recuerde que el atrio es para los que siempre deben lavarse una y otra vez por los mismos pecados e iniquidades. Tres años después de entrar por la puerta de la salvación, siguen diciendo: "Uy" sobre las mismas cuestiones con las que Dios trató cuando entraron por primera vez en el reino. Los creyentes que están satisfechos con este nivel de vida inferior esperarán fuera de los misterios de Dios hasta que el sumo sacerdote salga del lugar santísimo una vez por año para declarar que sus pecados han sido perdonados. Esperarán hasta que otros les cuenten sus experiencias en la presencia del Señor. Eso es trágico.

También hay personas que avanzan hasta el siguiente nivel de oración en el lugar santo, pero sólo disfrutan de entretenerse con la luz y el pan. Nunca van más allá de recibir las enseñanzas de otro acerca de tener una relación sobrenatural, cara a cara con Dios. Éstos son los que siempre necesitan que otro ore por ellos, pues nunca se gradúan para orar por otros. Dicen: "Ore por mí", porque su corazón está fuera del tabernáculo, y su nivel de justicia no permite que su propia visión llegue hasta la presencia divina.

Éstos son los que mienten y, sin embargo, gritan en la iglesia. Andan por ahí dormidos y, sin embargo, cantan en el coro. Éstas personas están tan sucias que maldicen y hacen toda clase de cosas abominables sin sentir una pizca de convicción. Asisten a la iglesia, pero nunca se acercan al lugar santísimo. Expresan temor reverente hacia Dios sin tener una relación con Él.

Cuando usted tiene una relación con Dios, le teme por su grandeza; pero lo ama tierna y profundamente. Cuando una parte suya olvida cuánto ama a Dios y quiere hacer lo incorrecto, la otra parte de usted dice: "Temo cometer un error". ¿Sabe por qué? Cuando realmente ha estado en la presencia de Dios, sabe por experiencia quién es Él. Eso autentifica todo lo que usted experimenta en lo sobrenatural y establece un fundamento que influye en sus decisiones cotidianas. Cuando realmente conoce a Dios, su amor por Él siempre lo traerá hacia el equilibrio.

Esto revela el problema que existe con mucha gente de la iglesia: *nunca ha tenido una experiencia con Dios.* Nunca ha tenido la experiencia de no poder dejar de llorar bajo su poder o de no poder dejar de hablar en lenguas. Nunca ha tenido la experiencia de que una luz entre en la habitación y el poder de Dios sacuda su cuerpo hasta el punto en que sólo puede permanecer en silencio bajo su poder admirable. Lo esencial es esto: *hasta que no tenga una experiencia verdadera en la presencia del Señor, usted no tiene realmente una relación con Él.* En cambio, se relaciona con su predicador o su evangelista favorito. Algunos incluso reducen su relación con Dios a audiocasetes o cintas que han escuchado o libros que han leído.

Cuando está en la presencia del Señor, su deseo más profundo es oír lo que el Espíritu Santo le está diciendo. Una vez se da cuenta de que sólo Dios tiene las respuestas a todas sus necesidades, entonces recibirá palabra fresca de Él. Este proceso de crecimiento desarraigará de usted el espíritu infantil.

Cuando el Señor comenzó a revelarme estas verdades, determiné que tendría ese tipo de relación con Él *de verdad.* Cuando llega a ese lugar, no necesita esperar a entrar en un edificio para celebrar a Dios. Podrá gritar y cantar canciones de adoración a Dios estando solo en su sala de estar. Y cuando vaya a la iglesia, le gente verá su pasión y sabrá que usted ha tenido una experiencia con Dios.

Demasiados creyentes vienen a la casa de Dios para *recibir el fuego* en vez de *traerlo.* Se han quedado estancados en el atrio y no pueden avanzar más porque no están apropiadamente vestidos. Debemos permitir que Dios cubra nuestras sensualidades con los calzoncillos de lino y nuestra naturaleza humana con su túnica de justicia o, *de lo contrario, no podremos avanzar en las cosas de Dios.*

¿ALCANZAMOS LA PERFECCIÓN?

Teniendo presente que las cosas que leímos en el Antiguo Testamento son una tipología de lo que Dios espera de nosotros espiritualmente, vayamos a Hebreos 7:11:

> Si, pues, la perfección fuera por el sacerdocio levítico (porque bajo él recibió el pueblo la ley), ¿qué necesidad habría aún de

que se levantase otro sacerdote, según el orden de Melquisedec, y que no fuese llamado según el orden de Aarón?

Hoy día, en el Cuerpo de Cristo se habla mucho sobre la *perfección*. Al respecto, el Señor me trajo claridad en oración y siento la
necesidad de expresarlo. Aunque la Biblia habla acerca de la perfección y el esforzarse por alcanzarla, *no somos perfectos*. Cuando leí este
pasaje, el Señor me reveló que la idea que el hombre tiene de perfección es la de hacer todo bien sin cometer ningún error. Óigame.
Mientras esté en su cuerpo natural, va a cometer errores y equivocaciones.

La perfección del Señor se relaciona con el hecho de tener comunión perfecta con Él. Cuando fue salvo, fue hecho justo sin tener que
hacer nada para recibirlo. Después de que se le entregó este regalo, es
su responsabilidad someterse a la instrucción divina para que el resto
de su cuerpo esté alineado con lo que recibió en su interior.

Aunque fue hecho justo, es muy probable que haya vivido muchos
años de acuerdo con un cierto patrón de su carne. Quizás se levanta
todos los días, fuma un cigarrillo y bebe una taza de café. Cuando
alguien le pone los nervios de punta, quizás haya desarrollado el
hábito de insultarlo de arriba abajo. Si alguien lo encierra en el trán-
sito mientras conduce hacia su trabajo, quizás se haya acostumbrado
a desviarlo hacia la banquina. Cuando hace esas cosas todos los días
—y de pronto recibe un regalo que lo convierte en justo delante de
Dios— debe entender que Dios le ha imputado a usted la justicia
divina. Tenemos un buen ejemplo de esto en Santiago 2:23:

> Y se cumplió la Escritura que dice: Abraham creyó a Dios, y
> le fue contado por justicia, y fue llamado amigo de Dios.

Cuando vemos la palabra *imputado (contado)*, significa *estar
incluido dentro de un cierto espacio, lugar o límite*. Es inclusiva.
También indica movimiento o dirección desde afuera hacia un
punto de adentro. Cuando algo le es contado, le da una oportunidad de pasar de un lugar exterior a un lugar interior. Ni siquiera
tiene que pedirlo. *Contado* significa que ha sido trasladado de un
estado a otro por Aquel que vive a través de usted.

Permítame explicárselo más detalladamente. *Imputado* también significa que se atribuye, acredita, proclama que una persona es justa en forma indirecta. *¿Qué significa en forma indirecta?* Es un acto realizado, recibido o sufrido en lugar de otro. En otras palabras, Jesús vino a la tierra, vivió su experiencia antes de que usted llegara aquí, y cuando fue a la cruz Él vivió de forma indirecta la experiencia por usted. Él tomó su lugar y permitió que usted entre en el espacio de Él. Por eso, la Biblia dice en 2 Corintios 5:17: "De modo que si alguno está en Cristo, nueva criatura es; las cosas viejas pasaron; he aquí todas son hechas nuevas".

Jesús murió en la cruz por nuestros pecados y nos hizo justos para que Él tenga derecho a vivir en la dimensión terrenal y darnos poder para vivir por medio de Él. Por eso, Jesús dijo en Juan 11:25: "Yo soy la resurrección y la vida; el que cree en mí, aunque esté muerto, vivirá". Cristo vive a través de cada persona que lo declara. Usted aceptó ese regalo cuando dijo: "Señor Jesús, ven a mi vida. Sálvame. Vive en mí. Mientras viva, prometo que voy a servirte". Ahora Jesús tiene pleno permiso para vivir en usted y caminar en la dimensión terrenal de forma indirecta a través de usted. Y no termina allí. Usted tiene derecho a caminar de forma indirecta donde Jesús caminó. Puede hacer lo que Él hizo. Puede echar fuera demonios y poner sus manos sobre los enfermos, pero debe permanecer en relación con Él por medio de la oración.

Necesita mantener una vida de oración para preguntarle lo que desea hacer por medio de usted. Cuando rendí mi vida a Él, morí a mí misma. Ahora cada día le pregunto: "¿Qué quieres que haga, Dios? ¿Qué quieres que diga? ¿Adónde quieres que vaya? ¿A quién quieres sanar a través de mí? ¿Qué demonio (esto es, fuerza) quieres que eche fuera?" Escúcheme. ¡No se espera que usted ande por ahí siendo apaleado por el diablo! Jesús venció a Satanás de una vez y para siempre. Murió en la cruz, se levantó de entre los muertos, se apoderó de las llaves de la muerte, del infierno y de la tumba y exhibió al diablo públicamente. Usted puede caminar en esa misma victoria.

Cuando se convierte en un hijo o una hija de Dios, el Espíritu de Dios comenzará a guiarle. Puedo ir camino al supermercado cuando el poder de Dios desciende sobre mí, y termino poniendo manos sobre alguien y veo cómo esa persona queda libre. No tengo que planearlo. No tengo que suplicar a Dios, porque no soy yo quien está haciendo la obra. Cristo está viviendo de forma indirecta a través de mí.

No es necesario que esté en el ministerio para que Cristo quiebre yugos de esclavitud a través de usted. En el pasado, para orar por alguien uno tenía que ser obispo. Tenía que ser ordenado antes de poder imponer manos sobre alguien. Y antes de poder dar a alguien una palabra de parte de Dios, había que tener la autorización del profeta. ¡Óigame! Dios está diciendo: "Ahora no. Ése es el viejo orden".

Ahora puede entrar en el lugar santísimo porque Cristo vive de forma indirecta a través de usted. Puede entrar solo. No tiene que pasar por el sumo sacerdote. Puede presentarse ante el trono de Dios, sabiendo que está sentado con Cristo a la diestra del Padre. Cuando esto suceda, usted podrá ver lo que Jesús ve y saber lo que Él sabe, porque vive en usted.

Cuando no tenemos visión, no logramos mantener nuestra túnica de justicia y cubrir nuestra sensualidad con los calzoncillos de lino. En el atrio, la mayoría no puede ver nada más que carne, carne, y más carne. En el mundo religioso, existen hombres "religiosos" que operan a través de sus cinco sentidos, por lo que siempre están intentando dominar y controlar manipulando quiénes son enaltecidos y quiénes no. El Salmo 75:6-7 dice que el enaltecimiento viene únicamente de Dios. Él exalta a una persona y humilla a otra, y la manera de ser promovido se basa en su justicia.

Es por eso que la túnica es la prenda fundamental en la oración. Es por eso que debe asegurarse de estar vestido apropiadamente antes de comenzar a orar. De otro modo, será derrotado antes de empezar. ¿Por qué? Porque si el diablo no ve su vestidura de justicia, le dará una buena paliza a la antigua. Permítame mostrarle un ejemplo de lo que estoy tratando de decirle. En Hechos 19:13-16, los siete hijos de Esceva (que era el jefe de los sacerdotes) intentaron echar fuera un demonio de un hombre y no tenían el poder sobrenatural para hacerlo. La Biblia nos dice que salieron corriendo desnudos y heridos. Usted no puede venir a Dios de cualquier forma que considere correcta. Por eso el Señor reveló un patrón. Cuando se convierte en intercesor, la limpieza es un requisito. Apocalipsis 1:13-16 describe cómo está vestido Jesús para interceder siempre por nosotros:

> Y en medio de los siete candeleros, a uno semejante al Hijo del Hombre, vestido de una ropa que llegaba hasta los pies, y ceñido por el pecho con un cinto de oro. Su cabeza y sus cabellos eran blancos como blanca lana, como nieve; sus ojos como llama de fuego; y sus pies semejantes al bronce bruñido, refulgente como en un horno; y su voz como estruendo de muchas aguas. Tenía en su diestra siete estrellas; de su boca salía una espada aguda de dos filos; y su rostro era como el sol cuando resplandece en su fuerza.

El lino fino resplandeciente significa justicia. Representa la justicia, piedad y rectitud de la conducta y las acciones de los santos, el pueblo santo de Dios. Ésos somos usted y yo. Por eso, si va a entrar en la presencia del Señor en oración, debe ponerse su nueva túnica de lino blanco (justicia). Todo lo que usted es y espera ser debe estar cubierto de justicia.

Permítame desglosar esto. Usted no puede seguir haciendo todas las cosas que solía hacer y a la vez andar por ahí diciendo que es justo. Por ejemplo, si se ha comprometido en una relación romántica, debe ponerse esa prenda de lino que cubre sus partes íntimas y decir: "Ahora somos salvos. No hacemos eso. Somos santos. Debemos casarnos". Cualquier otra forma de pensar no está ligada a la justicia. La justicia es purificación. Es una vida que enseña a cada individuo a vivir sin pecado.

Cuando se pone su túnica de justicia, ésa es su declaración. Puesto que Jesús es su justicia, cuando entre en el lugar santísimo para batallar en el Espíritu, el diablo deberá mirarlo y decir: "Aquí viene Jesús..." Y recuerde, en el nombre de Jesús toda rodilla debe doblarse. Todo espíritu demoníaco debe sujetarse a usted cuando lo ve vestido con la túnica de justicia. Isaías 61:10 dice:

> En gran manera me gozaré en Jehová, mi alma se alegrará en mi Dios; porque me vistió con vestiduras de salvación, me

rodeó de manto de justicia, como a novio me atavió, y como a novia adornada con sus joyas.

Cuando Cristo lo ha revestido de justicia, usted puede llegar a ser una poderosa arma contra el enemigo. Pero debe conocer sus derechos, debe saber que Dios lo ha constituido justo y declarar: "Mayor es el que está en mí que el que está en el mundo".

Permítame ayudarlo con algo. Supongamos que en su familia hay muchos alcohólicos y drogadictos. Quizás crea, de acuerdo con su genealogía y pasado familiar, que nunca irá a la universidad, tendrá una casa o hará nada positivo con su vida. Pero cuando el Señor interviene, quiebra todas las reglas, y hace en su vida algo que nunca se ha hecho en la historia de su familia. *Puede estar seguro de que su justicia es real.* Su vida se convierte en testimonio de este hecho.

¿SE HA PUESTO SU TÚNICA?

¿Va a permitir que el diablo lo derrote y lo mantenga en pecado o bajo una maldición generacional de su familia, cuando puede caminar en justicia y recibir todo lo que Dios tiene para usted? No sea como Esaú que vendió su primogenitura por un plato de lentejas.

El diablo sabe que no puede hacer nada para detener su destino a menos que usted renuncie a su justicia. Óigame. Si renuncia a su justicia, renuncia a su futuro. No podrá echar al diablo ni de un armario. Lo mirará de la misma forma en que miró a los hijos de Esceva en Hechos 19:13-16. Recuerde lo que les sucedió cuando trataron de echar fuera un demonio. El demonio saltó sobre ellos y dijo: "A Jesús conozco, y sé quién es Pablo; pero vosotros, ¿quiénes sois?" (v. 15). Los siete quedaron desnudos y fueron azotados por el enemigo. Como puede ver, no importa cuán dotado sea. Puede tener un don, un talento o un gran ministerio, pero la justicia de Dios es lo único que los demonios respetarán en un ser humano.

Si ha sido salvo y lleno del Espíritu Santo, debe saber que los demonios nos responden a sus lenguas. Las lenguas no son nuevas para el diablo, por lo que su lengua de oración, conocimiento de la Escritura, su adoración, danzas y exclamaciones no lo asustan. Lo que realmente lo espanta es cuando lo mira a usted y queda cegado por su justicia.

La luz que proviene del lugar secreto es insoportable para el enemigo. Así que cuando comienza a orar vestido con su túnica de justicia, el diablo tiene que andar a tientas a su alrededor porque no puede abrir los ojos y ver: la luz es demasiado brillante. Cuando el enemigo ve que usted anda en justicia, es como una persona que duerme en una habitación totalmente a oscuras durante dos días y luego entra alguien y abre las ventanas para que entre la luz del sol. La luz es tan insoportable que ni siquiera puede reconocer quién está en la habitación. Todo lo que puede ver es una luz que lo ha sobresaltado.

Recuerde que Santiago 5:16 nos dice que la oración eficaz del justo *puede mucho*. El mundo está en problemas, nuestra nación está en problemas, y la gente a nuestro alrededor está en problemas *porque no tiene la respuesta*. Usted sabe cómo recibir la respuesta, pero no podrá hacerlo hasta que se ponga su túnica y viva conforme a la justicia de Dios. Cuando ha sido llamado a ser intercesor, es espiritualmente responsable de todos los que conoce. Desde mi punto de vista, Dios no me permitió conocer a mi esteticista por el sólo hecho de conocerla y arreglarme el cabello. Él me hizo responsable por ella. Entonces tengo que vivir rectamente para que, si algún día me pide oración, yo pueda recibir la respuesta en nombre de ella. Es tiempo de revestirnos de justicia para tener una respuesta para cada hombre, mujer y niño.

Si entrena y disciplina su carne para caminar en justicia, la Biblia promete que Dios oirá su clamor y lo librará de TODAS sus angustias (Ver Salmo 34:17). Eso significa que cualquiera que sea la situación que esté atravesando, ¡usted va a salir! Sea lo que fuere que el enemigo pueda traer, no lo va a destruir. Cuando camina conforme a la justicia de Dios, ningún arma forjada por el enemigo prosperará contra usted.

Permítame concluir con el Salmo 15:1-5:

> Jehová, ¿quién habitará en tu tabernáculo? ¿Quién morará en tu monte santo? El que anda en integridad y hace justicia, y habla verdad en su corazón. El que no calumnia con su lengua, ni hace mal a su prójimo, ni admite reproche alguno contra su vecino. Aquel a cuyos ojos el vil es menospreciado,

pero honra a los que temen a Jehová. El que aun jurando en daño suyo, no por eso cambia; quien su dinero no dio a usura, ni contra el inocente admitió cohecho. El que hace estas cosas, no resbalará jamás.

Algunos están satisfechos con ir a un edificio a adorar a Dios, pero yo quiero habitar permanentemente en su monte santo. Eso quiere decir que estoy permitiendo que Dios me cubra con su justicia y edifique un tabernáculo sólido en mi espíritu. La "gente de iglesia" se contenta con morar temporalmente en su tabernáculo, pero los justos –ésos somos usted y yo– habitaremos en el monte santo para siempre. Dios no lo ha puesto en una posición temporalmente; está formando en usted la justicia para que pueda habitar permanentemente en un lugar de autoridad y victoria sobre el enemigo.

La persona que mora permanentemente en el monte santo de Dios quien vive de manera recta e irreprochable y se goza en hacer las cosas bien. Aunque alguien no se maneje correctamente con usted, de todos modos, usted debe hacer lo correcto. No pierda lo que Dios va a hacer en su vida, luchando contra sangre y carne. La vestidura de justicia lo eleva a la clase de "no importa", porque si hace todas "estas cosas" mencionadas en el Salmo 15:1-5, NUNCA SERÁ CONMOVIDO. El diablo puede venir, pero no podrá conmoverlo. Quizás se levante la tentación, pero no lo moverá. Puede que la tribulación sobrevenga, pero no lo va a derrotar. Su destino está "en el monte".

Tome un momento para orar conmigo:

Señor, vísteme con tu justicia. Llévame al monte. Haz lo que quieras hacer en mí. Señor, me he retrasado, dame un impulso y ponme al día otra vez. Haz lo que sea necesario para mantenerme en tu monte santo. Señor, quiero ser santo. Quiero ser justo. Dios ayúdame en este día. Entrena y disciplina mi carne en la justicia para poder convertirme en el intercesor que me has llamado a ser. En el nombre de Jesús, amén.

CAPÍTULO 6

Las vestiduras de perfección

*A*L DAR INSTRUCCIONES precisas y específicas para la hechura del tabernáculo y las vestiduras sacerdotales, Dios demostró que es meticuloso. Es un Dios sumamente detallista. Estos ejemplos del Antiguo Testamento nos ayudan a entender en medio de todo lo que está ocurriendo en nuestras vidas, que (hasta este día) podemos seguir entrando en la presencia divina en el lugar santísimo.

Al considerar el vestuario sacerdotal, continuaremos descubriendo por qué el Señor creyó apropiado que los sacerdotes se vistieran de cierta forma. Cada ítem estaba asociado con un elemento utilizado en la construcción del templo, pues el tabernáculo nunca fue planeado para operar aparte del sacerdocio. Cuando entendemos esto, también comprendemos que no basta con que el creyente asista a la iglesia. Como pueblo de Dios, debemos llegar a ser la iglesia, sobre todo si fuimos llamados a ser intercesores.

Primera de Corintios 6:19 nos dice que somos templo del Espíritu Santo. Esto quiere decir que, una vez hemos aceptado a Jesús como nuestro Salvador personal, debe haber un sacerdocio dentro de nuestro templo terrenal. Si no hay un sacerdocio operando dentro de nosotros, nos convertimos en personas que asisten a la iglesia, pero que no tienen justicia. Como resultado, no tenemos ni poder ni autoridad en nuestra experiencia cristiana. Cuando el sacerdocio está presente en su vida, entonces su templo pasa a estar en funcionamiento.

Hemos pasado por la puerta y aceptado las obras de Cristo. Nos hemos arrepentido de nuestros pecados y hemos sido lavados por la Palabra de Dios en la fuente de bronce. Hemos presentado nuestros cuerpos como sacrificio vivo, santo y agradable al Señor en el altar de bronce. ¡Ya no queremos vivir como en el pasado! Estamos vestidos con la túnica de justicia, la primera prenda que recibimos cuando somos aceptados en el real sacerdocio.

Quizás se pregunte: "¿Y ahora qué hago? ¿Es tiempo de pasar al siguiente nivel, que es entrar en el lugar santo?" Su túnica de justicia lo prepara para mantener la estructura de su templo (su cuerpo), pero si su propósito es entrar en el lugar santo, y debe ataviarse con todas las vestiduras del sacerdocio. Ahora examinaremos más detalladamente las prendas adicionales que usaban los sacerdotes.

Señirnos con la verdad

El cinto *Señirnos para la tarea*

Después de vestir a Aarón con la túnica (vestidura de justicia), Moisés lo ciñó con el cinto. "Y puso sobre él la túnica, y le ciñó con el cinto..." (Lv. 8:7). Había dos cintos en las vestiduras sacerdotales. El primero iba colocado sobre la túnica, y el segundo era parte del efod, hábilmente bordado con los mismos colores (Éx. 28:8). El cinto al que me refiero es el que se describe en Éxodo 28:39-40: "Y bordarás una túnica de lino, y harás una mitra de lino; *harás también un cinto de obra de recamador. Y para los hijos de Aarón harás túnicas; también les harás cintos, y les harás tiaras…*" (Énfasis añadido).

Cuando usted se pone las vestiduras de intercesión, este cinto de la verdad va sobre la túnica de justicia. Pero a diferencia del cinto del efod, éste no es visible al ojo desnudo. Este cinto ciñe sus lomos. Sostiene su túnica por debajo del manto azul, el efod y el pectoral. ¿Por qué lo llamo el cinto de la verdad? Había dos cinturones en la vestimenta sagrada de Aarón, así como se describe a la Palabra de Dios –la "Palabra de verdad" (2 Tim. 2:15)– como espada de dos filos en Hebreos 4:12. Para caminar en justicia debe abrazar la verdad y ceñirse con ella.

Este cinto también simboliza la *disposición*, cuando se ha ceñido, usted está activado para ser un siervo. Está presto a tiempo y fuera de tiempo, siempre listo para ir al mundo. En realidad, esta verdad lo impacta en dos niveles: porque la Palabra de Dios es verdadera, está preparado para trabajar para Dios en oración, y, segundo, ella obra constantemente en usted y por usted.

Cuando comienzo a interceder con mi cinto de la verdad en su lugar, sé que tendré días de lamento, gemido y llanto, pero entiendo que únicamente debo hablar la verdad en oración, lo cual sólo se puede hacer declarando la Palabra de Dios.

Cuando ore por alguien, no tendrá que decir: "Señor, ¿podrías salvarlo? Señor, ¿podrías sanarlo? ¿Podrías sacarlo del crack?" Usted está ceñido con la Palabra de verdad. Cuando ora, se supone que debe declarar *la verdad*, no el problema. Los cristianos inmaduros orar declarando el problema. Cuando se convierte en intercesor, ora declarando la respuesta. ¡Los intercesores no suplican! No tenemos que suplicar a Dios porque hablamos la verdad de su Palabra.

Un intercesor se acerca a Dios diciendo: "Dios, tú dijiste en tu Palabra que el fruto de mi vientre será bendecido. Declaro que así es en el nombre de Jesús. Declaro que mi hijo predicará el evangelio y que la unción de Dios estará sobre mi hija. Lo decreto en el nombre de Jesús. Ningún arma forjada contra ellos prosperará". Un intercesor no tiene razón para suplicar, porque la Biblia dice que si declaramos una cosa, nos será firme (Job 22:28). Cuando opera según la verdad y decreta una cosa en el reino del Espíritu, puede estar seguro de que ya fue hecha. No necesita esperar que se manifieste en la carne; usted puede seguir adelante y empezar a orar por otro. Ni siquiera necesita mirar atrás, porque sabe que ya lo ha decretado y declarado. Ha presentado su petición de acuerdo con la voluntad del Padre, y ha pedido con fe. Ha venido en el nombre de Jesús, está revestido de justicia, y ceñido con la verdad. ¿Cómo puede ser un perdedor en la oración? La Palabra de Dios decretada se debe cumplir.

No me estoy refiriendo a *pide lo que quieras y reclámalo* y que nada suceda. Estoy hablando del intercesor que ha atravesado el proceso, la persona que se ha puesto la túnica de justicia y se ha ceñido los lomos con la verdad. Cuando camina en justicia y conoce su Palabra (la Biblia), ¡puede decretar lo que Dios ya ha declarado en su Palabra y lograr resultados! Habrá días en que sus sentimientos le dirán que Dios no va a cumplir su Palabra. Habrá otros en que incluso sienta que ni siquiera es salvo, pero, como intercesor, usted no opera según sus sentimientos. Opera en el reino del Espíritu de acuerdo con la verdad de Dios.

Repita esto ahora mismo: "Estoy ceñido con la verdad. No me importan las mentiras que el enemigo pueda decir. Conozco la verdad. No me importa cuántas veces me equivoque. Conozco la verdad. Sé que mis errores me están entrenando en la justicia. Podré cometer equivocaciones, pero la verdad me corregirá. Quizás termine con un chichón en la cabeza, pero voy a salir adelante porque estoy ceñido con la verdad".

Usted se siente mal cuando comete un error porque es justo. Los injustos no sienten nada. Con usted no sucede lo mismo. La convicción viene sobre usted porque el cinturón de la verdad ha comenzado a apretarlo. Cada vez que hace algo mal, el cinturón de la verdad lo confronta. Lo sigue apretando cada vez más hasta que ya no puede negarlo. Óigame. Cuando se está entrenando para justicia, no tiene que sentirse desanimado.

La convicción viene porque le ha sido imputada la justicia, y su cinturón de la verdad la está activando. Por tanto, sabe que las mentiras, fornicación, y otras obras de la carne no tienen por qué tratar de ensuciar su vestidura de justicia y verdad. Cuando el enemigo le dice: "Nunca podrás dejar de hacer eso... ya es un hábito", usted puede decir: "¡De ninguna manera! Ése es un hábito de la carne, y yo estoy entrenado en justicia. Mi cuerpo carnal se está entrenando para caminar conforme a mi vestuario interior".

¿Cuál es la prueba de que usted está calificado para ser intercesor? En 1 Pedro 1:13, NVI, la Palabra nos dice: "Por eso, dispónganse para actuar con inteligencia; tengan dominio propio; pongan su esperanza completamente en la gracia que se les dará cuando se revele Jesucristo". En la versión Reina Valera, el versículo habla de "ceñir" los lomos de su entendimiento. Descubrí que *ceñir* significa "rodear, ajustar o apretar la cintura, el cuerpo, el vestido u otra cosa". Los *lomos* se encuentran entre sus costillas y el lugar donde comienza el hueso de la pelvis. Esta área del cuerpo se llama el *asiento de la fuerza.*

Cuando usted intercede, sólo Dios sabe cuánto va a permanecer allí, por lo que su cinto fortalece sus lomos. Recuerdo una vez que fui a Home Depot y observé que muchos de los obreros llevaban puestos gruesos cinturones negros parecidos a una faja. Detuve a uno de ellos y le pregunté: "¿Por qué usan eso alrededor de la cintura? Veo que todo el mundo lleva uno puesto".

Y me dijo: "Cuando uno camina sobre concreto por largos periodos, no hay impacto o sostén para sus pies. Esta banda ayuda a sostener las piernas y evita que uno se canse. Sostiene de la cintura para arriba".

Un piso de madera, en cambio, produce un impacto equilibrado, aunque no podría percibir este efecto a menos que lo estuviera observando con la ayuda de un microscopio muy potente. Los pisos ceden por el impacto de los talones contra la superficie. Cuando camina sobre un piso de concreto, éste no cede. Cuando el talón de una persona pisa el concreto, el impacto vuelve a subir por las piernas hacia la parte inferior de la espalda. La gente que trabaja largas horas sobre pisos de concreto usa fajas para sostener las vértebras inferiores, para que cuando el impacto suba por las piernas no provoque ningún daño.

Una vez entendí esto, me di cuenta de que interceder es como si estuviera de pie sobre un piso de concreto, porque está en un lugar duro. Y como sólo Dios sabe cuánto tiempo permanecerá orando, debe ir a su presencia ceñido.

Cuando se encuentra en un lugar difícil en oración, y parecería que el diablo no va a moverse, Dios le declarará en su Palabra: "No voy a permitir que tu mente reciba un shock. Voy a ayudarte a ceñir tu mente para que puedas estar firme, y no sentirás el dolor porque estás afirmado sobre mi Palabra". Sus vestiduras le permiten declarar la Palabra en lugar de gemir y quejarse todo el tiempo. Cuando sus amigos dicen: "Deberías olvidar esa situación, querido. Nada parece haber cambiado", usted podrá decir: "No importa, porque estoy ceñido. Estoy hecho para soportar el impacto. Tengo suficiente Palabra en mi espíritu".

Cuando ciñe los lomos de su entendimiento, puede permanecer largo tiempo en un lugar duro. Podrá gritar aunque nada parezca suceder en lo natural. Quizás desea darse por vencido en su carne, pero cuando ha ceñido los lomos de su entendimiento, cada vez que vea u oiga algo negativo, no lo conmocionará. Cada vez que los médicos le den un informe negativo, no lo conmocionará. Cada vez que el diablo interfiera en sus finanzas, no lo conmocionará. Por eso, puede declarar que ningún arma forjada prosperará contra usted. ¡Usted es a prueba de impactos!

Desde el punto de vista de la anatomía humana, lomo se define como: "a: las regiones abdominales superior e inferior y la región alrededor de las caderas; b: (1) la región púbica; (2) los órganos reproductores".[1] Esto habla de reproducción. Proverbios 23:7 dice: "Porque cual es su pensamiento en su corazón, tal es él". Cuando su mente está ceñida con la Palabra, usted tiene la capacidad de ser creativo y productivo para Dios, y recibirá lo que la Palabra le dice a su mente que puede tener. *Al ceñir los lomos de su entendimiento, usted protegerá todo lo que reproduzca en el Espíritu.* Piense en la creación. Dios apretó el paso en medio de la nada y creó un mundo nuevo. Este mismo Dios vive en usted. ¿Entiende la importancia que esto tiene en su vida de oración?

Filipenses 2:5 dice: "Haya, pues, en vosotros este sentir que hubo también en Cristo Jesús". Esto quiere decir que, si Dios puede pensarlo, declararlo, y eso se cumple, entonces usted puede ceñir su mente, decretar su Palabra en oración, ¡y ver resultados! Por eso, la batalla es tan dura en su mente. Por eso, el diablo trata de mantenerlo mentalmente deprimido. Él sabe que cuando usted comienza a ceñirla con la Palabra, podrá llamar "las cosas que no son, como si fuesen" (Ro. 4:17). Escuche atentamente. Cosechará de lo que siembre en su mente (Gl. 6:7). Si usted siembra Nehemías 8:10 en su mente, entonces podrá estar firme, sabiendo que "el gozo de Jehová es vuestra fuerza". Podrá danzar y regocijarse aunque parezca que en su vida todo se descontrola.

El manto azul

La siguiente prenda con la que Moisés vistió a Aarón fue el manto azul, que representaba posición y autoridad (Lv. 8:7). Este manto también se describe en Éxodo 28:31-35:

> Harás el manto del efod todo de azul; y en medio de él por arriba habrá una abertura, la cual tendrá un borde alrededor de obra tejida, como el cuello de un coselete, para que no se rompa. Y en sus orlas harás granadas de azul, púrpura y carmesí alrededor, y entre ellas campanillas de oro alrededor. Una campanilla de oro y una granada, otra campanilla de oro y otra granada, en toda la orla del manto alrededor. Y estará sobre Aarón cuando ministre; y se oirá su sonido cuando él entre en el santuario delante de Jehová y cuando salga, para que no muera.

Este manto es muy importante para nosotros. Los colores son sumamente significativos para Dios en la oración, porque eran una de las formas que Dios eligió para traer conocimiento de Sí mismo y del reino celestial a la raza humana. De esa manera, cuando operamos en el reino del Espíritu, las cosas que encontremos no serán extrañas para nosotros.

El azul representa *cobertura de autoridad*. También representa la *divinidad* y la *gracia*. ¿Por qué razón son importantes todas estas cosas? Usted debe orar firmemente aferrado a su camino de salvación. Esto significa que habrá madurado en Cristo y dejado atrás algunas de las cosas que solía hacer en su "carne". Habrá madurado al punto de que ya no tendrá que luchar espiritualmente con ciertas cosas. Ahora es cuando puede decirse a sí mismo: *No estoy tratando de vivir como si fuera salvo. Soy salvo. Es lo que soy, y no voy a volver atrás. No estoy intentando encontrar una astuta forma de escabullirme de la justicia, y no voy a sentarme a caballo sobre la cerca. No estoy viviendo tan cerca del mundo como para que la gente apenas pueda distinguir que soy salvo.*

Ésta es la gente que dice: "He estado allí, he hecho eso, me dieron una camiseta por eso, y no quiero volver. Ya sé que si me acuesto a dormir con alguien, voy a sentirme mal cuando me levante. Como resultado, no voy a poder alabar a Dios por dos o tres domingos".

Así es. Quizás se vea caer repetidamente en pecado, y puede ser que ya sepa por experiencias pasadas cuánto le llevará volver a Dios después de la caída. Tal vez piense: *Bueno, si hago esto, me llevará tres semanas volver a la iglesia, y me voy a sentir un poco hipócrita.* Cuando finalmente regresa a la iglesia, esa semana fingirá sentirse enfermo. Cuando la gente le pregunte qué le pasa, dirá: "Oh, no me siento muy bien hoy..." El hecho es que en realidad hizo lío, y no quiere tener que decirle a nadie lo que hizo. ¿Le suena familiar?

Se siente muy incómodo ese primer domingo de vuelta en la iglesia. Para el estudio bíblico del miércoles por la noche, comienza a sentir interés en la lección. El viernes a la noche, en la reunión de liberación, derrama unas cuantas lágrimas, pero todavía no se habrá quebrantado totalmente. Para cuando llegue el domingo, podrá ofrecer a Dios una alabanza de "ágape pobre". Ya para el siguiente domingo, habrá recuperado las fuerzas, esto es, hasta que vuelva a echarlo todo a perder.

A medida que madure en Cristo, llegará a un punto en que reconocerá los patrones, y dirá: *Ni siquiera siento ganas de descender por ese camino. Eso va a significar perder tres semanas.* Cuando llegue a ese punto, los antiguos pecados ya ni siquiera lo tentarán. Usted simplemente lo sabrá: *No puedo distraerme con esto. No puedo volver más allí. Requiere demasiada energía para volver. Estoy demasiado viejo para esto. Ya no soy un bebé de seis meses en el Espíritu.* A los seis meses, es tonto. Al año, no entiende. Luego a los cinco años, ya no es tan tonto. Para cuando llega a los siete u ocho, ni siquiera puede ir allí. Ya no puede seguir haciendo esas cosas.

Cuando Dios lo llama a ser intercesor, usted debe ser una persona que ha terminado con el pecado. Esto no significa que nunca volverá a cometer un error. Pero si lo hace, será porque el enemigo lo sorprendió con la guardia baja, porque usted ya no es tan tonto como para hacerlo. Cuando está seguro de su salvación, y ha ceñido los lomos de su entendimiento con la Palabra, el diablo tendrá que acercarse subrepticiamente para hacerlo pecar. Puesto que usted es fiel en la oración y está comprometido con la familia de la fe, el diablo sólo podrá engañarlo si lo toma desprevenido.

Cuando haya madurado en esta relación de oración, se dará cuenta de que, cada vez que peca deliberadamente, pierde terreno. Sabrá que no puede cumplir su tarea como intercesor hasta que haya echado a cada demonio de su propia vida. Asegúrese de haber enfrentado a cada demonio y tentación carnal en su propia vida con la ayuda del Espíritu Santo antes de ir por ahí declarando: "Dios me llamó a ser intercesor". ¡Cerciórese de recorrer el camino hacia su propia liberación con temor y temblor! (Ver Filipenses 2:12-13.) Si no lo hace, cuando llegue al velo frente al lugar santísimo, el diablo le habrá lanzado un dardo encendido que penetre en su mente y lo engañe diciéndole algo como: "¿Cómo puedes orar por otros cuando hay cosas impuras en tu propio espíritu?"

Descubrimos por qué Jesús pudo libertar a los cautivos en Juan 14:30:

 ...viene el príncipe de este mundo, y él nada tiene en mí.

¡Es por eso que Jesús pudo derrotar al enemigo! Y es por eso que usted ha recibido autoridad en la tercera dimensión. Satanás no puede traspasar su manto de autoridad y detener lo que Dios está haciendo en su vida. ¿Puede ver el patrón? El diablo no pudo detener el plan que Dios tenía por medio de Jesucristo. Como era parte del propósito y el plan de Dios, el diablo pudo perseguir a Jesús, azotarlo toda la noche, llevarlo a la cruz, y traspasar su costado. Pero no pudo estorbar el propósito de nuestro Señor *porque en Cristo no había asidero para la maldad.*

Cuando usted entra en intercesión, la única arma que el diablo debería poseer contra usted es su pasado, y él nunca ganará la batalla cuando intente jugar al juego "del pasado" con usted. Si lo trae a su mente mientras está orando, usted ya ganó. Cuando él le recuerde su pasado, *¡usted recuérdele el pasado de él!* Diga: "Recuerdo cuando fuiste arrojado del cielo, ¡y todos ocuparon tu lugar en la alabanza y la adoración! Recuerdo cuando Cristo te exhibió públicamente, te despojó de tu autoridad, y te quitó las llaves de la muerte, del infierno y de la tumba. Y lo más importante, recuerdo que vives en el infierno, ¡y ni siquiera lo controlas, porque Jesús tiene las llaves!" ✳

Si comienza a hablarle de esta manera, el diablo debe huir de usted. Puede orar recordando que Cristo le ha dado poder y autoridad para hollar cabezas de serpientes y escorpiones y toda obra de maldad del diablo. Puede recordar que absolutamente nada podrá dañarlo. Puede decirle al diablo que se está extralimitando y haciendo mucho ruido, y que la única razón por la que puede hacerlo es porque usted aún se encuentra en el atrio. Si continúa cumpliendo el patrón de oración, una vez que esté en el lugar santo, ni siquiera podrá oír al diablo.

Dios está tratando de que atravesemos el atrio donde vivimos y oramos según costumbres, tradiciones y denominaciones. ¡Él nos guía hacia el reino del Espíritu adonde el diablo no puede seguirnos! Cuanto más profunda es nuestra relación con Dios, tanto más se debilita la voz del enemigo. En el atrio, la voz del enemigo suena fuerte en sus oídos, pero cuanto más obedezca y active sus vestiduras, más podrá oír de Dios, y la voz del diablo se hará cada vez más distante. Esto significa que ha progresado lo suficiente en su purificación como para que el diablo no pueda seguirlo.

Entrar en el siguiente nivel de purificación lo ordena como un auténtico intercesor. Lo equipa para desplazarse en el reino del Espíritu donde el enemigo no puede seguirlo, porque sólo los puros de corazón podrán recorrer esa distancia y ver a Dios (Mt. 5:8). Únicamente los justos, los que visten la túnica y el cinto y saben cómo ponerse el manto de autoridad, pueden entrar en las dimensiones profundas de la oración y la intercesión.

El manto azul también representa la *divinidad*. El intercesor que viste el manto de la divinidad incorruptible de Cristo debería mantenerse en una posición de *orar por medio de* en vez de *orar por*. Necesitamos cambiar nuestra terminología. Solemos decir: "Estoy orando por (al respecto)". El Señor ha estado tratando conmigo sobre eso. En vez de decir: "Estoy orando por esto", debo decir: "Estoy orando por medio de esto". Cuando ora *por* algo, significa que todavía está esperando que Dios lo haga. Cuando ora *por medio de* algo, quiere decir que ya fue hecho cuando declaró la Palabra por primera vez en oración.

Existe una gran diferencia entre ir *hacia* una puerta y pasar *por* ella. Puedo ir hacia una puerta y no pasar por ella hacia el otro lado. Pero cuando declara que está pasando por una puerta, está diciendo que está en proceso de llegar al otro lado hasta su destino.

Cuando abraza la divinidad de Dios en su manto sacerdotal, significa que el resultado de la situación por la que está orando no tendrá nada que ver con el hombre. La respuesta será la divina intervención de Dios, que ya ha obtenido en oración. Cuando posee ese espíritu divino, podrá saber que la vida de una persona será desatada del yugo de la cocaína crack. ¿Por qué? Usted posee la unción que crea, recrea, construye y reconstruye. La creatividad vive dentro de usted. El mismo Dios que habló y creó los cielos y la tierra, hablará otra vez, a través de usted, y, como resultado, la vida de las personas, su iglesia e incluso su propio espíritu nunca serán los mismos. Cuando intercede activa el espíritu divino por medio de su manto azul.

No tiene que entrar a su cuarto de oración con la esperanza y el deseo de que Dios oiga su petición. *Puede entrar sabiendo que Dios cumplirá su Palabra.* ¿Por qué? Porque usted ya posee todo lo que Él requiere para cambiar la situación. Hebreos 11:6 dice: "Pero sin fe es imposible agradar a Dios; porque es necesario que el que se acerca a Dios crea que le hay, y que es galardonador de los que le buscan". Cuando posee el espíritu divino, puede declarar la palabra, y las cosas comenzarán a moverse y cambiar. ¡La autoridad divina para sanar cuerpos enfermos y cambiar vidas reside en usted en este preciso instante!

El manto sacerdotal no sólo le da autoridad en la oración, sino que también lo cubre mientras ora. Lo protege. ¡El diablo no tiene ningún punto de apoyo en su espíritu mientras ora porque su alma está ligada a Dios! Puede tratar de atacarlo exteriormente, pero nunca podrá impedir que haga lo que fue llamado a hacer. Dios los cubre mientras usted ora.

Declare esto ahora: "Camino en autoridad. Camino con un espíritu divino. Ando en divinidad, y estoy cubierto. El Espíritu del Señor va a obrar en mí, porque he sometido mi vida a Dios".

¿Por qué no tiene la victoria?

¿Cuales son las razones por las que gran parte del pueblo de Dios no tiene victoria en la oración? Los ingredientes que llevan a la falta de poder en la oración consisten en el *desánimo* y el *cansancio*. En 2 Corinitos 4:1, Pablo expresa claramente estas razones:

> Por lo cual, teniendo nosotros este ministerio según la misericordia que hemos recibido, no desmayamos.

El desánimo y el cansancio lo harán sentir sin brío, abatido, vacilante y lleno de temor. Como intercesor, la única forma en que puede llegar a desanimarse y cansarse es cuando uno o más de estos ingredientes han venido a residir en usted. Pablo nos dice que esto sucede cuando no renunciamos "a lo oculto y vergonzoso" (v. 2). Y se nos insta a no andar "con astucia ni adulterando la palabra de Dios" (v. 2). Debemos declarar la verdad abierta, clara y sinceramente.

Si no ha renunciado a las artimañas —extender cheques sin fondos, no pagar sus diezmos, repetir chismes, robar elementos de la mesa de casetes de su iglesia, insultar a la gente, enojarse porque alguien se sentó en su asiento favorito, y cosas por el estilo— entonces está usando mal la Palabra de Dios. Debe renunciar a todo "lo vergonzoso" que haya en su vida si espera obtener resultados en la oración. Por eso algunos que declaran: "El gozo del Señor es mi fortaleza", no están experimentando gozo.

En lugar de declarar gozo cuando vienen a la casa de Dios sin su túnica y su manto, estos creyentes deben ir y ponerse sus vestiduras. En otras palabras, deben ir ante la persona que han ofendido y arrepentirse. De otro modo, están manejando mal la Palabra de Dios y usando la Escritura para intentar justificar sus propios defectos. Y si una escritura no resulta aplicable, buscarán otra: "Bueno, su gracia me basta... su poder se perfecciona en mi debilidad". Si eso no funciona, volverán a la reconocida frase de referencia de: "Él me ama".

Aunque es verdad de Jesús nos ama, permítame llevarlo a Apocalipsis 3:19 donde declara en qué consiste su amor: "Yo reprendo y castigo a todos los que amo; sé, pues, celoso, y arrepiéntete". ¡Jesús lo ama cuando arranca la rabia de usted! ¡Lo ama cuando lo reprende y lo convence de pecado! ¡Lo ama cuando le hace ver sus fallas!

La verdadera prueba de que Dios lo ama no consiste en que a usted se le ponga la carne de gallina durante un servicio. No es porque usted llore. Es porque Él expone sus malas acciones. Identifica las razones por las que tiene temor en vez de fe. Cuando se acerque a Él en oración, Él lo ayudará a entender por qué ha estado tan lleno de dudas e incredulidad. ¡Entonces lo amará como nunca antes! Dios muestra su amor purificando su vida para que sus oraciones no tengan estorbo.

USTED TIENE UNA DOBLE PORCIÓN DE PROTECCIÓN

Prosigamos. Éxodo 28:29-32 nos dice que el cuello del manto sacerdotal que Moisés dio a Aarón estaba reforzado. Se tejió un borde extra alrededor de la abertura del cuello para evitar que se deshilachara o rasgara. La confección del borde era tan fuerte que si alguien hubiera intentado arrancar el manto al sumo sacerdote, le habría roto el cuello. Cuando vemos esto simbólicamente, su manto de autoridad ha sido diseñado de forma que nunca se lo puedan arrancar.

Puesto que simboliza el oficio de autoridad y divinidad, el manto se convierte en la fuerza de su relación con Dios en la oración. La justicia es su vía de acceso, y el cinto de la verdad es lo que le permite estar firme, pero cuando usted entra en la presencia del Señor, el enemigo nunca podrá hacer temblar la autoridad de Dios. ¡No puede quitarle su manto! Muchos cristianos no son conscientes de la autoridad que tienen en Dios; ¡no se dan cuenta de que viven en divinidad y consagración por virtud de sus vestiduras espirituales!

Mientras conserva las vestiduras que Cristo le ha dado, usted es el símbolo mismo de la autoridad para todo enemigo de la cruz. Esto significa que cuando usted ora revestido de autoridad, el enemigo ya sabe que no puede ganar. Sabe que no puede atemorizarlo para que deje de orar atormentándolo con sueños y visiones satánicas, mostrándole figuras diabólicas en la pared, haciéndole oír voces o ruidos extraños, y cosas por el estilo.

La verdad es que yo también he tenido algunas de estas experiencias, de repente una puerta se cierra, sin que haya nadie. De pronto, siente una brisa fría, aunque no hay ninguna puerta o ventana abierta. Ésta es una de las tretas que Satán usará para perseguirlo para que deje de orar. Pero cuando ora vistiendo su manto espiritual de autoridad y está revestido de justicia con el cinto de la verdad firmemente ceñido, declara eso al enemigo: que no logrará atemorizarlo para que deje de orar. No saldrá hasta tener una respuesta de parte de Dios.

Es por eso que debería entrar en la presencia del Señor dándole alabanzas por la victoria. Cuando observa sus vestiduras y ve las obras de Cristo, y luego observa los colores de la puerta del tabernáculo, puede declarar que Él es redentor. Sabe sin duda alguna que es libertador, su Salvador, que le da autoridad sobre todo espíritu demoníaco.

Entra por sus puertas alabando a Dios con autoridad: "Dios, te alabo porque eres *Jehová-Yireh*, mi proveedor". "Señor, te agradezco porque Tú eres mi justicia". "Dios te doy la gloria porque eres el estandarte que vela por mí". "Te agradezco porque eres *Jehová-Rafa*, mi sanador". Aunque esté viniendo a Dios para interceder por alguien que padece alguna enfermedad en su cuerpo, antes de llegar al trono tiene que empezar a bendecir a Dios en el atrio. Comienza dándole alabanzas porque sabe quién es Él.

Debe contener la autoridad de Dios en su alabanza antes de poder llegar a la intercesión. Si no puede alabarlo con autoridad, tampoco podrá expresar la autoridad de Dios en oración. Recuerde que Él es "es galardonador de los que le buscan" (Heb. 11:6). ¿Puede ver el patrón? Creer que *Él es* representa mi alabanza de su autoridad. Una vez que llego al lugar santísimo, entonces comienzo a entender que *Él es galardonador* de los que le buscan con diligencia. Pero primero debo creer que Él es y alabarlo de esa manera.

No pierda tiempo orando hasta que pueda creer que Dios va a hacer algo. Por eso, muchos salen de su cuarto de oración sin respuestas. ¡Es porque entraron en la oración incorrectamente! Usted debe acercarse al trono de la gracia con confianza, no preguntándose tímidamente si Dios va cumplir su Palabra. Yo no pierdo tiempo preguntándome si Dios va a hacer lo que dijo que haría. Comienzo a orar esperando que Dios me diga qué debo hacer después. Hay una gran diferencia en la oración cuando usted conoce su autoridad.

Si el Espíritu Santo le dice que se levante todos los días a las 6:00 a.m. y salte en una sola pierna, hágalo. No me interesa que alguien pueda entrar en la casa y decir: "¿Por qué está saltando de esa forma? No tiene sentido".

Sólo dígale: "No importa. Sé quién es Dios, y Él me dijo que saltara de esta forma, así que lo estoy haciendo a su manera, no a la mía". Si Dios le dice que haga algo durante su tiempo personal de oración, haga exactamente lo que Él dice.

Dios elige hacer milagros de muchas maneras diferentes para evitar que convirtamos su poder en una fórmula. Piénselo. No hay en la Biblia dos milagros que hayan sido exactamente iguales. En esto, Dios está diciendo: "Voy a hacer que me busques a Mí, para que pueda revestirte de justicia, afirmarte en la verdad, y fortalecerte con autoridad. Después voy a hacer que esperes hasta que te diga exactamente cómo quiero hacerlo".

Dios no permitirá que nadie tenga el monopolio de sus caminos divinos. Nadie podrá controlar la liberación. Algunas personas la reciben mediante la risa. Él libera a otros a través de las lágrimas. Algunos son liberados al ser sacados a la calle y otros cuando caen al suelo bajo el poder de Dios. ¡Los caminos de Dios están más allá de lo que podemos averiguar!

Cuando Jesús se enteró de que Lázaro estaba muriendo, no se apresuró porque había una emergencia humana. (Ver Juan 11:1-44.) Cuando vinieron a decirle: "¡Lázaro está muriendo! Es mejor que te apures, Jesús, ¡se va a morir!", Jesús estaba ocupado haciendo lo que el Padre lo guiaba a hacer. No dijo: "Consíganme un caballo para que pueda llegar allí rápido, de lo contrario, Lázaro va a morir". Jesús conocía su autoridad. Así que su respuesta fue: "Oyéndolo Jesús, dijo: Esta enfermedad no es para muerte, sino para la gloria de Dios, para que el Hijo de Dios sea glorificado por ella" (v. 4).

Cuando Jesús llegó a Betania cuatro días después de que Lázaro había muerto, ordenó a la gente que rodara la piedra de la tumba. Luego "alzando los ojos a lo alto, dijo: Padre, gracias te doy por haberme oído. Yo sabía que siempre me oyes; pero lo dije por causa de la multitud que está alrededor, para que crean que tú me has enviado.

Y habiendo dicho esto, clamó a gran voz: ¡Lázaro, ven fuera!" (vv. 41-43). ¿Y quién dijo que no deberíamos gritar cuando oramos?

Jesús reconoció al Padre en alabanza y después declaró vida a través de su Palabra. No permitió que el temor de la carne lo apremiara. Como intercesor, usted tampoco debería permitirlo. Cuando el diablo trata de manipularlo con temor e intimidación, no escuche. Manténgase firme en oración de acuerdo con la voluntad de Dios, sabiendo que el Espíritu escudriña la mente de Dios y le revelará lo que usted debe hacer.

Dios le está diciendo: "Estoy quebrando tu codependencia de la gente y las situaciones perfectas. Estoy tratando de ayudarte a entender que yo permití que tu situación empeorara hasta este punto, porque estoy cansado de que dependas de otro. Ven a mí, y te daré descanso".

Dios está tratando de darle un manto de autoridad. No rechace este manto. No intente buscar un camino fácil. Reconozca que Dios ha permitido que se encuentre en esta situación sin salida para que Él pueda intervenir y darle poder para vencerla. ¡No tenga temor de esa situación sin salida! No se apresure a presentar su propia solución rápida. No tiene que apurarse ni preocuparse cuando se enfrenta a desafíos a cada paso, porque conoce a SU DIOS. El mismo Dios que pagó el pagaré de su automóvil pagará la renta de otro. El Dios que sanó su cuerpo hará lo mismo por otro. Si conoce a SU DIOS, ¡puede operar con la autoridad que Dios le dio!

Como intercesor y parte del real sacerdocio, su tarea no es preocuparse y quejarse. Su tarea es mantener la presencia del Señor en la habitación. Cuando el enemigo trata de frustrarlo, sólo recuérdele que no puede hacer nada respecto a lo que Dios ya ha hecho por medio de sus oraciones. Operar en su autoridad significa que puede estar firme y declarar que Dios ya ha hecho un camino donde no lo había. Su misión es bendecir a Dios y alabarlo, porque cuando permite que la alabanza fluya de su boca, está diciéndole al diablo: "No voy a perder mi autoridad".

Deténgase ahora mismo y alabe a Jesús por ser su autoridad. Dé gloria a Dios porque Él es su autoridad, y Él no puede ser y jamás será sacudido. Cuando bendice a Dios, usted está diciéndole al diablo que todo lo que intente en su contra no funcionará. ¡Usted sigue teniendo poder! ¡Sigue teniendo autoridad!

Agradezca a Dios que su manto azul le da autoridad sobre el enemigo, y que nada se lo puede arrancar. Cuando el diablo intente empujarlo en alguna dirección fuera de la autoridad de Dios, su manto no se le saldrá. Si intenta desviarlo hacia otro lado, no se le aflojará. Aunque él intente derribarlo, calumniarlo, entrometerse con su familia, sus finanzas, su mente o su ministerio, su mandato o su manto de autoridad nunca se desprenderá.

Habiendo hecho todo, usted podrá estar firme y dar la alabanza a Dios. Jamás se saque su manto, creyendo las mentiras del enemigo y renunciando a su autoridad. Mientras tenga puesto su manto, puede recuperar todo lo que el enemigo le haya robado.

EL EFOD

Después de recibir el manto azul, la siguiente vestidura que recibió Aarón fue el efod (Lv. 8:7). "Y puso sobre él la túnica, y le ciñó con el cinto; le vistió después el manto, y puso sobre él el efod, y lo ciñó con el cinto del efod, y lo ajustó con él". De acuerdo con Éxodo 28:8, el efod estaba hecho de oro (*deidad*), azul/turquesa (*divinidad*), púrpura (*Aquel que es de la realeza*), escarlata (*servidumbre* y *humanidad*), y lino fino torcido blanco. Observe una vez más que el efod tiene un cinto cosido, lo que hace que el sacerdote esté doblemente ceñido para la oración intercesora; este cinto podía ser visto por los otros.

El efod lo viste con la vestidura que representa al mediador Jesucristo y su poder para llegar a ser un siervo. Antes de ser entretejido con los otros colores, el cordón de oro debe ser golpeado. Así que, cuando lo viste con el efod, esto confirma las pruebas y obstáculos que ha vencido para llegar a este nivel. Su oro dice: "Ya he pasado por el fuego y he sobrevivido a lo peor. Ahora estoy listo para lo que se me cruce en mi camino de oración".

En Lucas 12:35, Jesús dijo a sus discípulos: "Estén ceñidos vuestros lomos, y vuestras lámparas encendidas". Este pasaje nos advierte que debemos mantener el aceite del Espíritu, la unción de Dios, sobre nosotros. También dijo a sus discípulos que esperaran con expectación, "semejantes a hombres que aguardan a que su señor regrese de las bodas, para que cuando llegue y llame, le abran enseguida". ¿Por qué deberíamos esperar con expectación con nuestros lomos ceñidos y nuestra unción en su lugar? El versículo 37 nos dice la razón: "Bienaventurados aquellos siervos a los cuales su señor, cuando venga, halle velando; de cierto os digo que se ceñirá, y hará que se sienten a la mesa, y vendrá a servirles".

Cuando el Espíritu del Señor nos encuentra ceñidos, responde ciñéndose para nosotros, para que podamos relajarnos a su mesa. Esto significa que tenemos un papel que cumplir en el proceso de la oración. Nuestro primer paso en el proceso es rendirnos a Dios. Después tenemos que orar hasta que el Espíritu Santo venga y se haga cargo. Él se ciñe y comienza a servirnos, respondiendo nuestras oraciones y ministrándonos respecto a lo que hemos traído a Él.

Como un reino de sacerdotes, se nos ha ordenado entrar en su reposo (Heb. 3:7-11). Sólo cuando descansamos en el Señor, podemos servir a los demás como Él nos sirvió a nosotros. En Juan 13, vemos un ejemplo de Cristo, quien se ciñó como siervo para poder operar en el Espíritu y servir a las necesidades espirituales de otros. Era justo antes del comienzo de la fiesta de la Pascua, y Jesús tenía muy presente que estaba muy cerca el tiempo de su muerte sacrificial en la cruz. (Ver Juan 13:1-5.) Él sabía que una vez volviera a su Padre en el cielo, sus discípulos se quedarían sin su presencia terrenal.

Se reunió con sus discípulos para cenar juntos por última vez. "Y cuando cenaban, como el diablo ya había puesto en el corazón de Judas Iscariote, hijo de Simón, que le entregase, sabiendo Jesús que el Padre le había dado todas las cosas en las manos, y que había salido de Dios, y a Dios iba, se levantó de la cena, y se quitó su manto, y tomando una toalla, se la ciñó. Luego puso agua en un lebrillo, y comenzó a lavar los pies de los discípulos, y a enjugarlos con la toalla con que estaba ceñido" (Juan 13:2-5).

Este ejemplo de Juan muestra la *humildad* y la *servidumbre* de Cristo. Como intercesor, usted debe tomar voluntariamente la carga del Señor —llevar sobre sí las situaciones o circunstancias de otras personas— y convertirse en un servidor de ellos en oración. No debemos preocuparnos solamente de las cosas que nos interesan a nosotros. Es necesario que tengamos "este sentir que hubo también en Cristo

Jesús" (Flp. 2:5). Él es nuestro ejemplo de humildad. ¿Cómo respondía a las necesidades de otros? En Filipenses 2:6-8, encontramos la respuesta a esa pregunta: "El cual, siendo en forma de Dios, no estimó el ser igual a Dios como cosa a qué aferrarse, sino que se despojó a sí mismo, tomando forma de siervo, hecho semejante a los hombres; estando en la condición de hombre, se humilló a sí mismo, haciéndose obediente hasta la muerte, y muerte de cruz".

En 1 Samuel 30:1-20, los amalecitas invadieron Siclag, le prendieron fuego, y se llevaron cautivas a las mujeres. Cuando vieron la destrucción, David y los que estaban con él lloraron hasta que ya no tuvieron más fuerzas para llorar. Entonces, David llamó a Abiatar el sacerdote para que le trajera el efod, y clamó al Señor. La Escritura dice: "Y él le dijo: Síguelos, porque ciertamente los alcanzarás, y de cierto librarás a los cautivos" (v. 8). David no solamente recuperó todo, sino que también se apoderó de todas las ovejas y el ganado del enemigo de Israel (v. 20). Cuando David se humilló bajo la unción sacerdotal del efod y consultó al Señor, recuperaron todo lo que había sido robado del pueblo.

El efod de Cristo lo ayuda a servir a otros, especialmente a los que son débiles o de un estatus menor –*por su gracia*– para ayudar a que el inmaduro alcance madurez. He oído a intercesores decir: "Dios me mostró esto acerca de cierta persona en particular", que después se dan vuelta y dicen: "Pero no tengo paciencia con eso". Si éste es su caso, ¿cree que esta actitud agrada a Dios? Esta actitud no refleja que usted esté realmente ceñido con el efod del Señor.

Había dos piedras de ónice en las hombreras del efod. Estas piedras tenían grabados los nombres de las doce tribus de Israel, pero aparecían en un orden distinto del que tenían en el pectoral. En el efod los nombres estaban grabados según el orden de nacimiento. Pero estos mismos nombres estaban inscritos en una pieza sujeta a las vestiduras llamada el *pectoral* según la voluntad de Dios.

Permítame aclarar esto por revelación. Usted puede saber algo de alguien y llevar esta carga sobre sus hombros. Quizás sepa cómo ella nació en el Espíritu, cómo se encuentra ahora, y esté familiarizado con su entorno familiar (por ejemplo, todos sus tíos eran alcohólicos, y por eso ahora ella es alcohólica, y así sucesivamente). Sabiendo estas cosas, usted debe atar este pedido de oración a su corazón (pectoral), y buscar que Dios revele su voluntad. Usted confronta dos descripciones de la persona por la que está orando. Primero, cómo llegó al reino, y, segundo, la voluntad de Dios para la vida de esa persona. Cuando sale de su cuarto de intercesión con una palabra de parte del Señor, Dios ilumina y perfecciona lo que usted trajo ante Él. En otras palabras, usted mira sobre sus hombros y ve lo que ella era, después mira el pectoral... y da gloria a Dios por lo que ha hecho.

Segunda de Corintios 4:18 dice: "No mirando nosotros las cosas que se ven, sino las que no se ven; pues las cosas que se ven son temporales, pero las que no se ven son eternas". Cuando se pone el efod en oración, puede tener la confianza de que Dios "es poderoso para hacer todas las cosas mucho más abundantemente de lo que pedimos o entendemos", no según el poder de lo que ve, sino según *su poder*, que actúa en usted por la humildad de su servidumbre (Ef. 3:20).

EL PECTORAL

El pectoral fue la siguiente pieza de la vestidura que Aarón recibió en Levítico 8:8: "Luego le puso encima el pectoral, y puso dentro del mismo los Urim y Tumim". Esta prenda es vital para ser intercesor. Dentro de la misma, había un pedazo de pergamino que contenía el nombre de Dios, representado por el Urim y el Tumim. (Ver Éxodo 28:28-30.)

Urim significa "luces", y *Tumim* quiere decir "perfecciones". Muchos creen que Dios se comunicaba con el sumo sacerdote haciendo que letras individuales de los nombres tribales se iluminaran en un orden específico. Cuando el sumo sacerdote leía las letras en el orden correcto, recibía una respuesta completa y verdadera de Dios para la nación de Israel.[2] El "Inefable Nombre" de Dios dentro del pectoral traería la dirección divina a la tierra.

El pectoral también representa la gente que usted lleva a Dios en oración, simbolizada por las doce piedras preciosas. Este pectoral se colocaba sobre el pecho del sumo sacerdote, indicando que llevaba las cargas del pueblo cerca de su corazón cuando servía en el tabernáculo.

Comparo esto a una lista de pedidos de oración. Dios "ata" sobrenaturalmente a estas personas a su pecho para que sus cargas permanezcan cerca de su corazón. Cuando usted ora, la luz penetra en la situación y Dios comienza a perfeccionar lo que usted le ha llevado a Él en oración. Ésta es otra manera de saber cuando Él realmente lo ha "ceñido" en intercesión. ¿Puede usted llevar un nombre hasta la victoria?

La mitra

Hemos llegado a la última pieza de las vestiduras, la mitra, la prenda de la cabeza. Levítico 8:9 afirma: "Después puso la mitra sobre su cabeza, y sobre la mitra, en frente, puso la lámina de oro, la diadema santa, como Jehová había mandado a Moisés". Moisés puso la mitra, o turbante, sobre la cabeza de Aarón. Era como un sombrero, con una característica distintiva: la diadema santa. Ésta era en realidad una lámina de oro atada en el frente de la mitra (Éx. 28:36-38). Su inscripción decía: "SANTIDAD A JEHOVÁ" (v. 36). Esto simbolizaba que la nación de Israel estaba completamente dedicada a Dios y a su servicio. También recordaba a los sacerdotes que nunca debían dar por descontada su santidad cuando cumplían sus deberes. En todo momento, debían conducir sus vidas como era digno del nombre del Señor.

Creo que la mitra puede compararse con el "yelmo de la salvación" en Efesios 6:17. Es una parte importante de la armadura espiritual que se usa para batallar en oración: "Y tomad el yelmo de la salvación, y la espada del Espíritu, que es la palabra de Dios; orando en todo tiempo con toda oración y súplica en el Espíritu, y velando en ello con toda perseverancia y súplica por todos los santos" (vv. 17-18).

La mitra lo ayuda a velar y orar. Dios la ciñe sobre su cabeza después que ha puesto todo en su lugar, para que nunca se olvide de orar y vivir de una manera que sea digna de su llamado a ser un intercesor. Recuerde Efesios 4:1-3:

> Yo pues, preso en el Señor, os ruego que andéis como es digno de la vocación con que fuisteis llamados, con toda humildad y mansedumbre, soportándoos con paciencia los unos a los

otros en amor, solícitos en guardar la unidad del Espíritu en
el vínculo de la paz.

Usted es un tabernáculo viviente

Cuando está completamente vestido, ha sido equipado para estar firme
como un real sacerdote delante de Dios. Habiendo sido convocado
para servir a otros mediante la oración, y vestido con las vestiduras de
la preparación, está listo para ser ungido para su tarea y para entrar en
el lugar santo. Para ir del altar de bronce a la puerta del tabernáculo,
debe ser santo. Para entrar en la dimensión de lo santo, debe concor-
dar, ponerse de acuerdo con Dios: la misma vida, la misma mente,
el mismo espíritu. Usted es la luz del mundo, y, como tal, llevará
la carga del Señor en oración. Ahora que ha entrado en este divino
acuerdo, trabajará en armonía con Dios y otros.

Los colores y elementos que usted está a punto de ver en el lugar
santo también están presentes en sus vestiduras sacerdotales, lo cual
crea una concordancia en el reino del Espíritu. Ahora todo el mundo
debería poder ver la "nueva persona" que es usted, *hasta el enemigo.*
Óigame. Él sabrá que su tiempo es corto, porque usted está yendo al
campo de la intercesión. Se ha lavado en la fuente de bronce y se ha
purificado en el altar de bronce, ahora usted ha sido ataviado para
entrar en el siguiente nivel.

> ¿Y qué acuerdo hay entre el templo de Dios y los ídolos?
> Porque vosotros sois el templo del Dios viviente, como Dios
> dijo: Habitaré y andaré entre ellos, y seré su Dios, y ellos
> serán mi pueblo.
>
> —2 Corintios 6:16

Tenga cuidado... si su vida no refleja las características de su vestidura sacerdotal, entonces el sacerdocio –y la unción para ser intercesor– no estarán sobre usted. Si no hay armonía entre los *colores* de
su vida y los del lugar santo, no experimentará el verdadero fluir del
Espíritu en oración, y no verá resultados.

Haga "firme [su] vocación y elección" en este día, porque usted
es el templo del Espíritu Santo, un tabernáculo viviente, que respira,
lo que le da entrada a su divina presencia y permite a Dios entrar en

cada situación que lleve ante Él. Puede acercarse a Dios ahora mismo; no tiene que esperar a llegar al cielo para tener una relación con Él. *Vaya a Él en su hombre espiritual.* Éste es el partido final, espíritu a Espíritu, a través del patrón de Dios para la oración:

> Mas la hora viene, y ahora es, cuando los verdaderos adoradores adorarán al Padre en espíritu y en verdad; porque también el Padre tales adoradores busca que le adoren. Dios es Espíritu; y los que le adoran, en espíritu y en verdad es necesario que adoren.
>
> —JUAN 4:23-24

Al adorar a Dios en el reino del Espíritu y en verdad, se irá acercando al lugar santo, manteniendo el fuego de su sacrificio en el altar de bronce. De pronto, descubrirá que el poder de Dios es verdaderamente real. Su antigua vida de oración habrá quedado atrás. *De pronto...* todas las cosas habrán sido "hechas nuevas" (2 Co. 5:17).

CAPÍTULO 7

La puerta del tabernáculo

N EL PROCESO de la profecía y el tiempo, Dios fue llevando a la humanidad al punto de recibir a Jesucristo. Vemos esto cuando Aarón y sus hijos comenzaron a servir diariamente en el tabernáculo porque sus nuevas vestiduras los clasificaban como personas que operaban con la autoridad de Dios, así como nosotros actuamos con la autoridad de Cristo. Cuando el pueblo veía a estos hombres, sabían exactamente quiénes eran y lo que habían sido llamados a hacer. Reconocía que el poder de Dios descansaba sobre sus sacerdotes. Su vestimenta sacerdotal servía a la manera de un estatuto. Cada vez que la gente veía a Aarón o a sus hijos, sabía quiénes eran en Dios por lo que llevaban puesto. Cuando usted ha pasado por el atrio, las vestiduras sacerdotales que Dios le pone serán visibles a los demás e identificarán el poder de Dios que opera en su vida.

Jesús fue el último y definitivo sumo sacerdote. Después que hizo el sacrificio perfecto, ya no hubo necesidad de otro cordero sacrificial que cumpliera este rol. Entonces, cuando leemos que Aarón y sus hijos operaban en el templo, deberíamos entender que al establecer una relación con Cristo, nos hemos convertido en hijos de Dios y nos estamos preparando para asumir el rol sacerdotal de intercesor.

Recuerde que se requieren un sumo sacerdote y sus hijos para cumplir el servicio del templo.

Como hijo o hija del reino que es, Cristo debe vivir en su corazón para que esté calificado para entrar por la puerta al lugar santo. Cristo era *el camino* a la puerta que conducía al atrio. Una vez que se ha lavado en la fuente de bronce y sacrificado en el altar de bronce, Jesús se ha convertido en *la verdad* que habita en su hombre espiritual. Puede acercarse confiadamente al trono de Dios, porque el Sumo Sacerdote vive en usted (Heb. 4:14-16). Jesús ya está adornado con la túnica, los calzoncillos, el cinto, el manto, el efod, el pectoral, el Urim y el Tumim y la mitra. Entonces cuando usted se "viste" de Cristo, tiene puesto el atavío de consagración para servir en el lugar santo. Debo repetir esta afirmación: cuando usted acepta la obra de Cristo en el atrio, se ha puesto el atavío de consagración.

Permítame explicar esto más detalladamente. Durante el servicio de investidura en el Antiguo Testamento, Moisés lavó, vistió, y ungió a Aarón y a sus hijos parea servir en el sacerdocio. También ungió el tabernáculo y todo lo que había en él. (Ver Levítico 8.) Después, Dios les ordenó que permanecieran en la entrada del tabernáculo durante siete días para completar su investidura (Lv. 8:31-33). El proceso completo los consagró para el sacerdocio.

Capte el significado de lo que Dios nos está diciendo. Muchos creyentes pierden tiempo haciendo cosas religiosas. Muchos dicen cosas como: "Voy a iniciar un ayuno de veintiún días porque quiero estar consagrado". ¡No! Lo que lo consagra es estar vestido apropiadamente bajo la unción. Cuando se viste con todo lo que Cristo es, sabiendo sin sombra de duda que Cristo habita en usted, asegurándose de que la iniquidad no lo despoje de sus vestiduras sacerdotales, caminará en el constante poder de la consagración.

No tiene que hacer un ayuno para estar consagrado. ¡Se supone que debe andar en el poder de la consagración todos los días! Usted ha recibido autoridad en Cristo porque se ha vestido con las prendas apropiadas. Es por eso que Isaías 61:10 dice: "En gran manera me gozaré en Jehová, mi alma se alegrará en mi Dios; porque me vistió con vestiduras de salvación, me rodeó de manto de justicia, como a novio me atavió, y como a novia adornada con sus joyas". ¡Sus vestiduras espirituales le dan poder!

Siempre debe tener cuidado de mantener su actitud respecto del poder de Dios en el interior. Una vez que ha pasado por el atrio, la parte *religiosa* de usted puede sentir que ha recibido poder en Dios *por virtud de sus propias obras*. Por ejemplo, es fácil tener pretensiones de superioridad moral después de haber completado una consagración de veintiún o cuarenta días, porque cree que se ha ganado un lugar más profundo en Dios.

Lo que me encanta de Dios es que Él no necesita nuestras obras. ¡Necesita que tengamos fe en nuestra salvación! Por eso, toda persona que es realmente salva puede echar fuera un demonio o abrir los ojos de un ciego. No necesita ser evangelista u obispo para orar y ver que alguien se sane de cáncer. El único requisito es tener al sumo sacerdote en lo profundo de su espíritu. Cuando mantiene sus vestiduras, ¡puede reprender al diablo y caminar en el poder *instantáneo* de Dios!

Día tras día, estoy aprendiendo que permanecer apropiadamente vestida es una decisión que debo tomar por medio de la Palabra (la Verdad) y no según mis emociones. Por eso, el enemigo se esfuerza tanto para lograr que sigamos operando según nuestras emociones, porque éstas determinan los sentimientos, y éstos, a su vez, determinan la reacción. Pero cuando estamos revestidos de justicia y ceñidos con el cinto de la verdad, podemos saber que toda vez que el diablo hable, es una maravilla mintiendo. En otras palabras, quizás siente que su cuerpo está enfermo, pero cuando conoce la verdad de la Palabra, puede vivir conforme a la realidad de que por sus llagas usted es curado (Is. 53:5).

A medida que avanza hacia un nivel más profundo en oración, no puede moverse por sentimientos. Debe aprender a caminar de acuerdo con su nueva vestimenta.

Conserve sus vestiduras

Nunca debe olvidar que el fundamento de cada prenda es la túnica de justicia. Por esto, es responsabilidad del Espíritu Santo controlarlo y asegurarse de que su justicia sea auténtica. Una vez mientras estaba orando en el lugar secreto (un lugar de oración), Dios me dijo: "Es necesario que te exponga a la maldad para probar tu espíritu y ver si la justicia realmente ha nacido en ti". Usted no sabe que su corazón está a cuenta con Dios mientras todo está perfectamente bien a su alrededor.

Dios tiene que permitir que los verdaderos creyentes sean confrontados con pruebas reales, porque nuestro andar con Él no se basa en lo que pueda suceder exteriormente. Por eso, es vital que mantenga sus vestiduras. ¿La justicia ha nacido realmente en usted o va a la iglesia todas las semanas (quizás hasta habla en lenguas, salta, grita, y cosas por el estilo), pero no tiene verdadera salvación? Creo que Dios permite que sucedan cosas para ver cómo va a reaccionar usted. Prueba su espíritu para dar a luz la justicia en usted, porque sólo puede usar a los justos para traer su reino a la tierra por medio de la oración. ¡Un verdadero intercesor debe mostrar constantemente la justicia del Señor! Es por eso que Aarón y sus hijos tuvieron que ser investidos antes de poder servir en el lugar santo.

Usted puede llegar a la puerta del tabernáculo, pero no estar capacitado para entrar. Puede ir al lugar de oración, pero no estar capacitado para recibir una respuesta de Dios. Puede ir al altar e intentar interceder, pero no puede intercambiar lugares con alguien que está destinado a morir a menos que usted sea justo.

Pero si realmente ha cuidado sus vestiduras, cuando ore, el poder y la sabiduría de Dios operarán a través de sus oraciones, y usted recogerá una "cosecha". Santiago 3:17-18 dice: "Pero la sabiduría que es de lo alto es primeramente pura, después pacífica, amable, benigna, llena de misericordia y de buenos frutos, sin incertidumbre ni hipocresía. Y el fruto de justicia se siembra en paz para aquellos que hacen la paz".

Como intercesor, su tarea es recibir la sabiduría de lo alto, porque esa sabiduría es genuina, no trae duda. Existe una gran diferencia entre decir: "Señor, creo que lo vas a hacer", y recibir la pura sabiduría de lo alto que manifiesta todo buen fruto y produce una cosecha. Cuando opera según esta sabiduría conforme a la justicia de Dios, puede orar con paz. No la perderá cuando vea a alguien morir de cáncer. La paz de Dios estará con usted, porque si la muerte es el camino que Dios eligió para sanar, entonces, aunque esté sufriendo, su espíritu está en paz.

Por esto creo que se necesita este proceso para salir de la oración del atrio y pasar por la puerta que conduce a la intercesión en el lugar santo. Como "el justo", ahora usted refleja la justicia de Dios, lo que significa que debe despojarse de toda forma de fariseísmo. La mayoría de la gente tiene la imagen de que quienes tienen verdadera autoridad se creen muy justos y buenos. ¡Esto no es necesariamente así! Los que tienen verdadera autoridad simplemente reconocen la justicia que está dentro de ellos. Están llenos de la Palabra hasta tal punto que viven piadosamente confiados y con dominio propio. Ésta es la clase de creyente que puede afrontar una situación y decir: "Puedo manejar esto. No es cosa difícil para Dios", y cumple la tarea para el reino.

Por otro lado, creo que debemos ser conscientes de que, en este punto, podríamos deslizarnos hacia una actitud de superioridad moral si no regresamos una y otra vez al altar de bronce. Creerse muy justo y bueno es extremadamente peligroso, porque el enemigo usa engaños para tratar de que los creyentes se muevan en cierta forma de espiritualidad sin estar personalmente liberados. Hace esto confrontándolos solamente con situaciones que pueden afrontar. ¡Esto los mantiene convencidos de que son victoriosos cuando ni siquiera están involucrados en la guerra! En realidad, no están haciendo frente al enemigo; por lo tanto, él no los pone ante nada que no puedan manejar. Nunca los enfrenta con cosas que hagan que dependan de Dios.

Demasiados seres han sido cristianos durante años y creen que son victoriosos, pero no podrían estar más lejos de la verdad. Eso es fariseísmo en su máxima expresión. El enemigo también trata de mantener a estos creyentes alejados de otros creyentes que podrían desafiarlos a avanzar hacia otro nivel. Él sabe que si eso sucediera, ellos clamarían a Dios. Óigame. Si nunca tiene que depender de la fuerza del Señor, es porque su justicia no proviene de Dios. Por eso, tenemos absoluta necesidad de llevar la túnica de lino blanco bajo las demás vestiduras sacerdotales. Ésta cubre nuestras limitaciones y desnudez humanas. Al vestirnos con la túnica y todas las otras prendas,

Dios demuestra que quiere que nuestras vidas sean testimonio de que *Él es nuestro guardador*.

Cuando camina hacia la puerta del lugar santo, debe caminar con las fuerzas del Señor, sabiendo que si fuera por usted, habría fallado en cada una de las pruebas del atrio.

EL VERDADERO PODER DE LA GRACIA

Es por medio de la gracia de Dios que podemos andar en la justicia de Cristo. Creo que muchos creyentes están fuera del contexto de la Palabra de Dios en materia de caminar en la gracia. La gracia es la fuerza del Señor, es lo que nos da poder para vencer. También es un regalo inagotable de Dios. "Pero él da mayor gracia. Por esto dice: Dios resiste a los soberbios, y da gracia a los humildes" (Santiago 4:6).

Esto es bastante claro ¿no? La *gracia* es el poder del Espíritu Santo para ayudarnos a vencer las tendencias pecaminosas de la carne. Romanos 5:20 explica que aunque somos totalmente incapaces de vivir rectamente cumpliendo la ley, la gracia de Dios nos da victoria sobre el pecado:

> Pero la ley se introdujo para que el pecado abundase; mas cuando el pecado abundó, sobreabundó la gracia.

Tristemente, mucha gente dice *conocer* al Señor, pero en realidad no lo conocen, sólo *conocen acerca de Él*. Puede parecer que están actuando desde el lugar santo. Quizás algunos enseñan la Palabra, pero no viven purificados. Enseñan la Escritura según el nivel elemental en el que viven diariamente. Enseñan una versión de la Biblia y un conocimiento limitado de la gracia de Dios, lo que hace que la gente viva conforme a la carne y se sienta cómoda.

Como hijos e hijas en el reino de Dios, nunca deberíamos sentirnos cómodos viviendo habitualmente en pecado, pensando: "*Lo que haga está bien, porque el Señor es misericordioso y compasivo*". La verdad es ésta: *Cuando abunda el pecado, sobreabunda la gracia*. Eso significa que cuando está ante una oportunidad de pecar, Dios le da cada vez más gracia (poder del Espíritu Santo) para que usted pueda vencer esa tendencia hacia el mal.

En el diccionario Webster's, la primera definición de gracia es: "una agradable o una atractiva cualidad de atributo". En mi opinión, esto habla de que Dios me ha atribuido e imputado su justicia. Me ha dotado de atractivo. Me ha dado gracia para vestir su justicia como mi cobertura.

La segunda definición de *gracia* es: "misericordia, clemencia o perdón". Muchos creyentes han decidido vivir en este nivel de gracia. Piensan despreocupadamente: *Sé que Dios me llamó a ser un intercesor. Pero yo voy a seguir haciendo travesuras. Voy a seguir fornicando, mintiendo y obedeciendo toda tendencia pecaminosa porque Dios tendrá misericordia. Está bien, porque Dios entiende. Sabe que no soy perfecto.* ¿Ve el error de esta forma de pensar? ¡Esta gente pone tanto énfasis en la misericordia y la gracia que la justicia de Dios no puede transformar sus vidas!

La tercera definición de *gracia* es: "dado gratuitamente, favor inmerecido del amor de Dios". Si bien la gracia de Dios nos da un favor inmerecido para salvación (y en otras áreas de nuestras vidas), muchos lo han usado como una muleta espiritual. Dicen: "Dios nos ama. Él da gracia y misericordia. Mientras estoy fornicando, Señor, sigue dándome gracia. Cuando mienta, recibiré tu gracia, Señor". ¡Los que viven de esta manera ni siquiera están intentando salir de su vida de pecado! ¿Cómo puede Dios usar a esta gente con eficacia en la oración para liberar a otros?

Después llegué a la cuarta definición de *gracia*: "la influencia del Espíritu de Dios que opera en un ser humano". ¿Puede ver esto? Cuando abunda el pecado, la influencia del Espíritu de Dios que está dentro de usted comienza a aumentar, para que no caiga en las obras del diablo. Romanos 6:1-5 dice:

> ¿Qué, pues, diremos? ¿Perseveraremos en el pecado para que la gracia abunde? En ninguna manera. Porque los que hemos muerto al pecado, ¿cómo viviremos aún en él? ¿O no sabéis que todos los que hemos sido bautizados en Cristo Jesús, hemos sido bautizados en su muerte? Porque somos sepultados juntamente con él para muerte por el bautismo, a fin de que como Cristo resucitó de los muertos por la gloria del Padre, así también nosotros andemos en vida nueva. Porque

si fuimos plantados juntamente con él en la semejanza de su
muerte, así también lo seremos en la de su resurrección.

Cuando nos "vestimos" del Señor, Jesucristo, ¡podemos vivir
habitualmente en novedad de vida! Los cristianos deben abandonar
el modo de pensar que dice: "Voy a seguir pecando porque Dios me
va a perdonar", y abrazan la *gracia* que dice: "Cuando el pecado gol-
pee a mi puerta, el poder de Dios me va a elevar y encender desde
adentro. ¡Dios me ha dado poder para hacer frente a esta tendencia pecaminosa!" ¿Puede ver esto? Cada vez que dice *no* al diablo,
está actuando bajo la gracia. ¡La misericordia de Dios lo guardará de
morir en el desastre! ¡Tener gracia significa tener poder con Dios por
medio de su justicia! Así es como puede entrar confiadamente en el
lugar santo.

Con la gracia de Dios actuando en su vida, le será posible conservar sus vestiduras sacerdotales. En Efesios, Pablo se refiere a esas vestiduras como la armadura de Dios. Él nos desafía: "Por tanto, tomad
toda la armadura de Dios, para que podáis resistir en el día malo,
y habiendo acabado todo, estar firmes. Estad, pues, firmes, ceñidos
vuestros lomos con la verdad, y vestidos con la coraza de justicia" (Ef.
6:13-14).

Debe "ponerse" algo para poder estar firme. No podrá hacerlo
meramente porque hable en lenguas o asista a la iglesia varias veces
por semana. *Podrá permanecer firme cuando esté vestido para la batalla.*
El enemigo reconoce la ropa. Quisiera reiterar la historia de Hechos
19:14-16, cuando los hijos de Esceva (que no tenían una relación con
Jesús) intentaron echar fuera demonios en su nombre, y el enemigo
les arrancó sus ropas. Quedaron frente al enemigo desnudos (en la
fuerza de su humanidad: no vestidos con la justicia de Cristo), lo que
dio al enemigo autoridad para quitarles las ropas.

Hechos 19:5 dice: "Pero respondiendo el espíritu malo, dijo: A
Jesús conozco, y sé quién es Pablo; pero vosotros, ¿quiénes sois?"
El diablo únicamente pone al descubierto quién es usted. Él sabe
cuando no está revestido de justicia. Sabe cuando no está actuando
bajo la unción del Señor. ¡El enemigo sabe automáticamente cuando
está actuando sin haberse purificado! Si no está preparado para dejar
que la gracia de Dios viva a través de usted, es mejor que lo piense

dos veces antes de anunciar que es un intercesor. Debe estar totalmente vestido para orar, porque el diablo sabe cuando usted no está actuando conforme a la verdad.

Muchos cristianos están pretendiendo ser intercesores, venir al altar, hablar en lenguas extravagantes, y cosas por el estilo. Cuando usted es intercesor, puede hacerlo sin ir hasta el edificio de la iglesia para orar. Por tanto, debe andar conforme a la justicia del Señor con oración en su espíritu, dondequiera que se encuentre. Entonces el diablo sabrá, cuando usted se levante por la mañana, que va a derribar su reino. El sólo hecho de que usted abra los ojos cada día debería ser una amenaza para el reino del diablo.

La oración y la intercesión no tienen nada que ver con ir a la iglesia a orar. No tiene que ver con encontrarse con su grupo de oración. La intercesión tiene que ver con la justicia que ha nacido en usted al punto tal que ya no sigue actuando carnalmente. En cambio, ha tomado la carga del Señor. Cuando es intercesor, puede encontrarse en la tienda de comestibles cuando súbitamente Dios pone a alguien en su espíritu. Cuando eso suceda, no tendrá tiempo de correr hasta la iglesia. Debe tener poder de Dios en usted, para que siempre que esté bajo la unción del Señor pueda orar y echar fuera al diablo –ya sea en la tienda, la sala de su casa, en su trabajo– en cualquier lugar.

Es por eso que el Señor no puede confiar la oración a muchos. Cuando una iglesia anuncia que van a tener un musical o vendrá a ministrar un predicador famoso, la casa se llena. Pero deje que la iglesia diga: "Vamos a tener una reunión de oración". ¡Sólo se presentarán unos pocos, porque únicamente los justos pueden oír el llamado a la oración! Si no está entre *los justos*, no puede oír sonar la alarma. Realmente no sabe que el mundo está en problemas y que Jesús es la única respuesta. ¡Solamente los justos pueden llevar la carga del Señor en oración!

El Sumo Sacerdote lo está llamando

Como un verdadero intercesor, usted nunca puede dejar de orar. Quizás vaya conduciendo por la autopista cuando el poder de Dios viene sobre usted, y tendrá que hacerse a un lado y detenerse para orar. Cuando es un verdadero intercesor, el Espíritu Santo puede llevarlo al reino del Espíritu en cualquier momento del día o la noche. Un intercesor no tiene un horario de trabajo fijo. No siempre duerme durante toda la noche. Un intercesor dirá: "Señor, adonde tú me guíes, te seguiré". Un intercesor dirá: "Dios, lo que quieras que haga, adonde quieras que vaya, lo que quieras que diga... estoy dispuesto".

El Sumo Sacerdote lo guía a la intercesión. Lo conduce al lugar santo, porque es el único que está facultado para llevarlo al trono de Dios. El Sumo Sacerdote lo lleva a orar a favor de su familia. El Sumo Sacerdote lo empuja continuamente al lugar secreto, la era de la oración, a favor de su vecindario.

Cada vez que pienso que he terminado de orar por algo, el Sumo Sacerdote me lleva a interceder a favor de alguien más. Después me guía a orar por el presidente o por líderes de otros países. A veces, me guía a orar por necesidades personales. El Sumo Sacerdote me conduce continuamente al lugar santo. Por eso, debo cuidar mis vestiduras, porque Jesús me está guiando, y Él está completamente vestido. Debo permanecer en armonía con Él.

Resista

La historia bíblica de Sadrac, Mesac y Abed-nego nos da un ejemplo perfecto del poder para estar firmes. (Ver Daniel 3:19-27.) Estos tres jóvenes se negaron a postrarse y adorar la estatua de oro. Su negativa enfureció al rey Nabucodonosor, y ordenó que se los arrojara a un horno calentado siete veces más de lo acostumbrado. Mandó que los hombres más fuertes de su ejército los ataran y los arrojaran en el horno de fuego ardiendo (vv. 19-20). "Entonces estos varones fueron atados con *sus mantos, sus calzas, sus turbantes y sus vestidos*, y fueron echados dentro del horno de fuego ardiendo (v. 21, énfasis añadido).

El fuego estaba tan caliente que mató a los hombres que los habían arrojado al horno. Ahora vea lo que sucedió después:

> Entonces el rey Nabucodonosor se espantó, y se levantó apre-
> suradamente y dijo a los de su consejo: ¿No echaron a tres
> varones atados dentro del fuego? Ellos respondieron al rey:
> Es verdad, oh rey. Y él dijo: He aquí yo veo cuatro varones
> sueltos, que se pasean en medio del fuego sin sufrir ningún

daño; y el aspecto del cuarto es semejante a hijo de los dioses. Entonces Nabucodonosor se acercó a la puerta del horno de fuego ardiendo, y dijo: Sadrac, Mesac y Abed-nego, siervos del Dios Altísimo, salid y venid. Entonces Sadrac, Mesac y Abed-nego salieron de en medio del fuego. Y se juntaron los sátrapas, los gobernadores, los capitanes y los consejeros del rey, para mirar a estos varones, cómo el fuego no había tenido poder alguno sobre sus cuerpos, ni aun el cabello de sus cabezas se había quemado; sus ropas estaban intactas, y ni siquiera olor de fuego tenían.

—DANIEL 3:24-27

El rey Nabucodonosor mandó a los hombres más fuertes que los ataran. En el ámbito natural, una persona puede ser *atada* por el enemigo en el atrio. Pero Nabucodonosor cometió un error fatal: aumentó la intensidad del fuego por el número siete. Siete es el numero de la perfección de Dios. Sin darse cuenta, *perfeccionó* el fuego, lo que significa que no podía consumir a Sadrac, Mesac y Abed-nego porque el fuego perfecto únicamente puede consumir lo que se interpone en el camino de Dios. Sólo consume la carnalidad, y ellos eran espirituales. Sus corazones eran rectos delante de Dios.

En lugar de caer a un fuego consumidor, fueron echados a un fuego que había sido transformado en el fuego del Espíritu Santo, ¡y por eso Jesús se les apareció en el horno! Ésta es la revelación. Nabucodonosor arrojó a tres personas en el horno. El número *tres* simboliza al Padre, el Hijo y el Espíritu Santo. Cuando Jesús se presentó en medio del fuego, pasó a ser el número *cuatro*, que representa el número de cuernos del altar del incienso, y del altar de bronce. En ambos altares, los cuatro cuernos representaban progreso espiritual, de salvación, fuerza y poder (el altar de bronce) a poder, autoridad y realeza (el altar del incienso).

Cuando Sadrac, Mesac y Abed-nego cayeron en el fuego como un grupo de tres, lo hicieron representando al Padre, Hijo y Espíritu Santo, pero Dios no terminó allí. Él quería demostrar su poder. Cuando Jesús se apareció en medio del fuego como número cuatro, tomó el control. Ellos estaban completamente vestidos, pero Jesús entró y los cubrió con su vestidura. Lo mismo le sucederá cuando entre en el lugar santo con toda la vestidura que se le entregó en el atrio.

Imagine si Nabucodonosor hubiera dicho: "Calienten el fuego seis veces más". El número *seis* habría representado el número del hombre. Si el rey les hubiera dicho que calentaran el fuego dos veces más, habría sido lo mismo que decir *siete*, el número perfecto de Dios. Lo que quiero decir es esto: *cuando el diablo cree que está creando un fuego para destruirlo, en realidad está orquestando la victoria a favor de usted.*

Aunque los hombres que los echaron en el horno murieron a causa de las llamas, Sadrac, Mesac y Abed-nego no sufrieron daño alguno. Ni siquiera se chamuscó un sólo cabello de sus cabezas. Dios ya había preparado a estos tres siervos justos para el fuego. ¡Sus vestiduras fueron hechas sobrenaturalmente a prueba de fuego! ¿Por qué? Sadrac, Mesac y Abed-nego ya estaban totalmente vestidos cuando vinieron los soldados a llevarlos. Sabían que debían cuidar sus vestiduras, porque estaban viviendo en Babilonia, la tierra de sus enemigos. *Ésta debe ser su posición como creyente y como intercesor.* Debe permanecer en guardia en todo momento, velando, orando, y guardando su relación con el Señor, porque está viviendo en un mundo malvado que no es su hogar eterno. Espiritualmente hablando, esto significa que debe permanecer completamente vestido con sus vestiduras sacerdotales.

Recuerde que la túnica era la prenda exterior para los sacerdotes inferiores y una prenda interior para el sumo sacerdote. Cuando piensa sobre esto en un nivel espiritual, Sadrac, Mesac y Abed-nego entraron en el fuego en el oficio y la autoridad de sumos sacerdotes. ¡Es por eso que las chispas del fuego mataron a los hombres no purificados que los habían arrojado al horno! Óigame. Quienes no están apropiadamente vestidos para la oración intercesora no podrán estar firmes y adorar a Dios en cada situación, ¡los que guardan sus vestiduras sacerdotales saldrán victoriosos!

Cuando esté vestido apropiadamente para la oración intercesora, podrá resistir en medio de cualquier situación. Cuando viene la persecución, puede estar firme y decir a quienes lo persiguen: "Tengan cuidado, las chispas del fuego de Dios perfeccionado en mi vida les harán daño. Es peligroso tocar al ungido de Dios". De hecho, tendrá que alejarse de ellos y decir: "Voy a alejarme de ustedes, porque están a punto de hacerse daño".

La Biblia nos dice que el rey Nabucodonosor vio "cuatro varones sueltos, que se pasean en medio del fuego" (Dn. 3:25). Observe que tan pronto las cuerdas quedaron expuestas al fuego, se quemaron. Las ropas de Sadrac, Mesac y Abed-nego representaban la unción sacerdotal, y las sogas representaban los deseos carnales de un rey extranjero para atar las obras del Señor. *¡En ese fuego perfeccionado, sólo un Rey podía reinar!* Nada que viniera de un *viejo rey* que reinaba desde la dimensión carnal podía tomar autoridad sobre el reino eterno de Cristo. Las cuerdas que el enemigo usó para atarlos se destruyeron porque provenían de la dimensión natural. ¡Pero el fuego ni siquiera tocó sus vestiduras! Ni siquiera olían a humo. Ésa es definitivamente una victoria sobrenatural.

Cuando estaban en medio del fuego, todo lo que no había sido probado por el proceso divino –lavado en la fuente de bronce y purificado en el altar de bronces– se quemó. Lo que había sido probado y verificado por Dios permaneció. Debería alabar a Dios por eso, porque Él hace lo mismo hoy por quienes obedecen su voz. ¡Hay gran poder en ser vestidos por el Sumo Sacerdote! ¡Nada en absoluto podrá hacerle daño!

CAPÍTULO 8

El aceite de la santa unción

*A*HORA QUE ESTÁ completamente vestido para la batalla, entiende los requerimientos de cómo debe estar vestido para tener garantía de victorias constantes en sus tiempos de oración. Ahora comprende que el Señor no solamente desea que sepa quién es Él (y como estar calificado para orar), también quiere que entienda cada nivel y cada posición en que usted se halla cuando va entrando en su presencia.

Dios no desea que usted esté confundido respecto a su *postura* en la oración, su *lugar* en la oración y sus *vestiduras* de oración. Sabiendo esto, en este capítulo pasamos a examinar uno de los elementos más vitales del tabernáculo: el aceite de la santa unción. Como Dios es un Dios muy detallista, ordenó específicamente a Moisés que instituyera hombres en el oficio de perfumadores, a quienes el Señor ordenó que se convirtiesen en los fabricantes del aceite para el tabernáculo. También ordenó que el aceite de oliva fuera utilizado como base fundamental del fragante santo aceite de la unción usado para ungir los elementos del tabernáculo y los sacerdotes (Éx. 30:24).

El aceite de oliva utilizado para mantener encendido el candelero se preparaba prensando la rama de olivo para exprimir el aceite. Otros componentes e ingredientes se le agregaban para crear el aceite de la santa unción para ungir el tabernáculo y sus elementos, así como también a Aarón y sus hijos. Cada ingrediente de este aceite fragante representa una característica distinta de la liberación del poder de Dios.

Este aceite representa la iluminación del Señor desde su tabernáculo en usted, su intercesor. Este aceite es necesario en todo lugar donde el Señor le requiera que invoque su divina presencia, sea que lo envíe a un hospital para orar por una persona enferma o un preso, a una institución de salud mental para orar por alguien necesitado o lo guíe a tener una sesión personal de consejo con una persona que sufre problemas emocionales. Cada vez que sienta esa unción para orar y llevar a alguien al lugar santo (la presencia del Señor donde se revela su respuesta), necesitará el aceite de la santa unción.

A medida que lea este capítulo entenderá por qué el Señor requiere que usemos el aceite de la santa unción. Sabrá por qué estos ingredientes son importantes si es que va a ser un intercesor eficaz y experimentar tiempo de oración de calidad en la presencia divina. Al mirar atrás hacia la investidura de Aarón y sus hijos realizada por Moisés, es importante entender que después de que Aarón y sus hijos fueron lavados y recibieron sus nuevas vestiduras sacerdotales, Moisés los ungió con el aceite de la santa unción. Luego, después de su consagración de siete días, descendió fuego del cielo mientras participaban de su primer servicio sacerdotal.

Al someterse diariamente para ser un tabernáculo del Espíritu Santo, cada elemento de su templo está ungido. Ha pasado a través de la Puerta Hermosa (Puerta Oriental), aceptando a Cristo como su Salvador personal. Constantemente, viene a recibir la Palabra del Señor, lavándose en la fuente de bronce. Ahora tiene dentro de usted el altar de bronce, sobre el cual ha sometido su voluntad al Señor. Ahora... está listo para dar el siguiente paso del patrón.

Mientras se prepara para entrar en el lugar santo, puede tomar de ese fragante aceite santo y ungirse usted mismo. Ahora puede entrar y completar el patrón del Señor, orando a favor de otro, ¡y en ese momento (de acuerdo con la Escritura) el fuego descenderá desde el cielo sobre su sacrificio!

Éxodo 28:41 revela el proceso de cuatro pasos:

Y con ellos vestirás a Aarón tu hermano, y a sus hijos con él; y los ungirás, y los consagrarás y santificarás, para que sean mis sacerdotes.

Dios dijo a Moisés que los *vistiera*, los *ungiera*, los *ordenara* y los *santificara*, y después, *"para que sean mis sacerdotes"*. Levítico 8 nos cuenta que después de lavar y vestir a Aarón para el servicio, Moisés ungió el tabernáculo y luego derramó el aceite sobre la cabeza de Aarón. Después vistió a los hijos de Aarón con sus vestiduras, sacrificó un becerro y un carnero, y roció la sangre y el aceite de la unción sobre todos ellos. (Ver Levítico 8:1-30.)

El aceite utilizado para ungir a Aarón y sus hijos es muy importante. Tiene gran significación cada uno de los ingredientes que componían el aceite de la santa unción, por eso Éxodo 30:22-30 nos dice cómo se debía preparar:

> Habló más Jehová a Moisés, diciendo: Tomarás especias finas: de *mirra excelente* quinientos siclos, y de *canela aromática* la mitad, esto es, doscientos cincuenta, de *cálamo aromático* doscientos cincuenta, de *casia* quinientos, según el siclo del santuario, y de *aceite de olivas* un hin. Y harás de ello el aceite de la santa unción; superior ungüento, según el arte del perfumador, será el aceite de la unción santa. Con él ungirás el tabernáculo de reunión, el arca del testimonio, la mesa con todos sus utensilios, el candelero con todos sus utensilios, el altar del incienso, el altar del holocausto con todos sus utensilios, y la fuente y su base. Así los consagrarás, y serán cosas santísimas; todo lo que tocare en ellos, será santificado. Ungirás también a Aarón y a sus hijos, y los consagrarás para que sean mis sacerdotes.
>
> —ÉNFASIS AÑADIDO

Dios determinó que eran necesarias las especias finas, puesto que una *mezcla impura* dificultaría la unción. Hoy en día vemos muchas *imitaciones* de la verdadera unción. Muchos cristianos piensan que pueden hacer cualquier cosa, ponerse cualquier cosa, y que sin embargo pueden decir: "Estoy ungido". La Escritura nos dice algo distinto. Dios tiene ingredientes específicos que, al mezclarse juntos, son sagrados y desatarán su poder sobrenatural cada vez.

Como intercesora, he llegado a entender que hay cosas que no puedo tocar porque alterarían mi unción. Ésa es una de las formas en las que cuido mis vestiduras. Hebreos 12:1 dice: "Por tanto, nosotros también, teniendo en derredor nuestra tan grande nube de testigos, despojémonos de todo peso y del pecado que nos asedia". Cuando está apropiadamente vestido y se le cruza una *imitación* en el camino –incluso un mensaje subliminal, su espíritu dirá: *Error... no puedo digerir esto. Se ve, suena, y parece ser de Dios, pero le falta algo.* Usted no tocará lo que podría robar su eficacia para Dios en la oración.

La mirra

El primer ingrediente mencionado en el aceite de la santa unción era 500 siclos de mirra líquida. Para las mujeres de los tiempos bíblicos, la mirra era un *purificador*. También se la utilizaba como fluido para embalsamar. Al usar mirra, Dios estaba diciendo: "No sólo tengo que purificar tu unción, también tengo que embalsamar lo que mato para que cuando lo veas nuevamente en el reino del Espíritu, no te afecte".

Una vez tuve que someterme a una cirugía importante que requería tres incisiones separadas. Durante ese tiempo, el Señor me dijo: "Aunque ministras en la Palabra, siempre llegará un momento en el que tendrás que andar en una fe sobrenatural".

Cuando me dijo esto, yo me estaba preparando para predicar en un evento importante. Recuerdo que dije al Señor: "No sé si voy a poder predicar", porque una de las incisiones aún no había cicatrizado. Había un agujero de tres pulgadas que todavía no había sanado. Cuando fui al médico me dijo que cubriera la herida con gasa blanca, esterilizada y purificada. Así que cada doce horas debía sacar la gasa, porque eso eliminaría todas las impurezas que estaban adheridas a ella. Nunca voy a olvidar cuando me dijo: "Hay algo extraño aquí, por lo que la incisión no cerrará hasta que ese cuerpo extraño salga".

Después continuó diciendo: "Usted va tras la belleza, yo voy tras la purificación". Eso realmente me impactó. Muchos creyentes buscan el ministerio, pero no buscan a Dios. Buscan predicar y profetizar, mientras se dicen a sí mismos: *Un día, voy a estar allí arriba con el resto de la gente famosa.* El Señor diría a esos creyentes: "Tú vas tras la belleza, pero yo busco tu purificación. No puedo sanarte y prepararte para servir correctamente hasta que salga el cuerpo extraño".

Como parte del aceite de la santa unción, la mirra es un ingrediente esencial. Representa nuestra necesidad de ser purificados para el servicio a Dios.

LA CANELA AROMÁTICA

El segundo ingrediente eran 250 siclos de canela aromática. Esto habla de *nuestra actitud y de cómo tratamos a otros*. ¿Ha conocido gente llena del Espíritu Santo, pero mala como una víbora? Les falta un ingrediente esencial de la unción. Permítame preguntarle: ¿cómo actúa cuando la gente no lo trata bien? Porque le aseguro: usted no tiene idea de lo que tiene dentro hasta que se enfrenta con un problema. Por ejemplo, digamos que desarrolló una idea genial para su iglesia, y otro corrió y se la presentó a su pastor como si la idea le perteneciera. ¿Podría notarse en su vida el ingrediente de la canela aromática?

¡A veces Dios permite que la gente diga mentiras de usted únicamente para enseñarle a callarse la boca! ¡El ministerio es para creyentes maduros, que fueron lavados, purificados y santificados en la sangre y quebrantados bajo la unción! De lo contrario, su ministerio no sobreviviría. Como sacerdote intercesor, debe aprender a luchar con el espíritu de una mentira, no con la persona que miente. Debe asir la mentira por el cuello y confrontarla, sin dejar de alabar a Dios. Debe aprender a abrazar a la gente y ser amable con ella cuando sabe que han estado hablando de usted. Ésa es la canela aromática, porque no puede crecer en oración a menos que aprenda a odiar el pecado y a amar a la gente.

Sea honesto consigo mismo. En este mismo momento, hay gente a su alrededor que a usted no le importa o no le habla. *Debe darse cuenta de que la única forma de ser ungido con el aceite santo es que lo calumnien, que hablen de usted y que lo maltraten.* ¡La propia persona a la que usted no le habla *es su unción!* Entonces, como he dicho desde el púlpito en muchas ocasiones, debe enviar tarjetas de agradecimiento a todos sus enemigos. Diga a cada uno: "Gracias por mantenerme sobre mis rodillas... porque tú, mi enemigo, ¡me has ungido!"

Un día, el Espíritu Santo me dijo: "Tu liberación descansa en el poder de tu decisión de pelear contra el enemigo en lugar de luchar con la gente. Puedes crear el espíritu de la unción tan fuerte alrededor de tus enemigos que hará que sean humillados por tu quebrantamiento". La Palabra nos dice: "Cuando los caminos del hombre son agradables a Jehová, Aun a sus enemigos hace estar en paz con él" (Pr. 16:7). Si no puede hacer eso, ¡no tiene verdadera victoria! Óigame. Necesita encontrar a su enemigo y amar a esa persona hasta la vida eterna. Recuerde, el diablo es el que quiere impedir que el propósito de Dios se cumpla en su vida.

¡Oh, sí! La canela aromática es una parte esencial de la unción... porque representa su respuesta y actitud hacia otros.

EL CÁLAMO AROMÁTICO

El tercer ingrediente eran 250 siclos de cálamo aromático. También se lo conoce como "caña olorosa". Se desarrolla en las riberas de los ríos, y crece constantemente sin importar su edad. Representa la *madurez* que usted debe desarrollar para estar preparado para ser un intercesor. El Salmo 1:1-3 nos compara con la caña de cálamo, diciendo: "Bienaventurado el varón que no anduvo en consejo de malos, ni estuvo en camino de pecadores, ni en silla de escarnecedores se ha sentado; sino que en la ley de Jehová está su delicia, y en su ley medita de día y de noche. Será como árbol plantado junto a corrientes de aguas, que da su fruto en su tiempo, y su hoja no cae; y todo lo que hace, prosperará".

Éste es otro ingrediente que aromatiza el aceite de la unción, porque cuando pasamos por el atrio y estamos a punto de entrar en el propósito de Dios en el lugar santo, el enemigo intenta hacernos blanco de sus ataques como nunca antes. Entonces para ayudarnos aguardar nuestras vestiduras, Dios nos da una doble porción de unción de fragancia y madurez, mucho más allá de la medida normal que vemos y experimentamos en lo natural. Si queremos ser intercesores eficaces, no podemos tener un espíritu crítico, ni rezongar, refunfuñar, quejarnos o chismear acerca de cualquier cosa o persona que no se ajusta a nuestras opiniones y deseos.

Si no está estabilizado en Dios es porque no le ha permitido guiarlo a través del proceso de purificación en su camino al lugar secreto en oración e intercesión. No ha cuidado sus vestiduras en oración. Cuando omite dar un paso en Dios, se vuelve inestable en la unción. A menos que haya sido ungido con el cálamo aromático de la madurez espiritual, ¡Dios no podrá plantarlo en medio de una situación complicada que necesite de su intercesión! Si el cálamo aromático de la madurez espiritual no es parte de su unción, ¡no podrá crecer al encontrarse con cada pieza del mobiliario interior del lugar santo! De hecho, ¡ni siquiera podrá pasar por la puerta! Si no tiene cálamo aromático como ingrediente de su unción intercesora, se quedará estancado en la oración. No podrá avanzar hacia dimensiones más profundas en el espíritu.

LA CASIA

El último ingrediente del aceite de la santa unción era 500 siclos de casia, que se agregaba a la mezcla en proporción igual a la cantidad de mirra. Es muy probable que la casia provenga de una planta relacionada con la canela (parte de la corteza interior de esa planta, que es *fragante* y *aromática*). La casia debía ser molida hasta convertirla en polvo antes de poder mezclarse con la mirra líquida junto con los demás ingredientes. Esta especia simboliza la *completitud* de su unción. Demuestra que todo lo que ha recibido del *río* del Espíritu Santo en oración ha formado el *fundamento* para su unción. La casia representa el hecho de que la gente ya no lo ve: su forma, su estilo de ministerio, su personalidad, y sus emociones, todo fue molido para luego mezclarlo en el fragante aroma de la presencia divina en su interior. *Cuando está ungido con casia, ha aprendido a caminar en el Espíritu, y a vivir, moverse y ser en Dios.*

Cuando Dios lo unge con el aceite de la santa unción, esto confirma que Él lo ha hecho pasar por los canales necesarios para que el enemigo no pueda estorbar la misión que Dios determinó que usted cumpliera en el lugar santo. Puesto que fue ungido con este aceite especial, no sólo opera como el templo del Espíritu Santo, sino que, espiritualmente hablando, también cumple el oficio de sacerdote.

Cuando se prepara para entrar en el nivel de intercesión, este aceite lo ungirá a usted, su Biblia, y el lugar donde está arrodillado.

Finalmente, se está preparando para entrar en el lugar santo y acercarse al altar de incienso donde se hace la verdadera intercesión. Pronto entrará en la presencia de Dios. Está siendo ungido para acercarse al altar del incienso –que representa *poder, autoridad* y *realeza*– con el espíritu correcto y los ingredientes correctos. Ha experimentado *salvación, fuerza* y *poder* y ha pasado a un nivel más profundo de la unción. Ya no está en el lugar donde necesita salvación. Ahora está en el lugar donde se alista para pelear a favor de otro. Está asumiendo poder y autoridad en el reino del Espíritu donde tendrá una posición para regir y gobernar lo que sucede en la vida de otra persona, *y todo esto tiene lugar en el altar de oro.*

Nadie puede arrebatarle su unción, si el hombre no lo ungió, ¡tampoco puede quitársela! Quizás usted no le guste a la gente, ¡pero nunca podrán quitarle la unción que está sobre su vida! Lo mismo se aplica al enemigo.

Pero recuerde, si no mantiene sus vestiduras, puede darle lugar al diablo. Cuando tiene agujeros en su armadura, se vuelve vulnerable a las maquinaciones del enemigo. Por no guardar su unción, se le escurrirá a través de los agujeros que permitió en su propia armadura. Así que manténgase apropiadamente vestido, y el aceite de la unción lo preparará para servir fielmente en el lugar santo de la oración.

CAPÍTULO 9

La protección divina:
Las cubiertas del tabernáculo

CUANDO DIOS LO trae al lugar santo, usted debe tener presente el mobiliario del tabernáculo y cómo cada elemento se le relaciona en la oración. Ésta será la siguiente parte de su proceso de aprendizaje. Pero algo muy importante que debe entender es que Dios nunca lo llamará a interceder a favor de los santos y batallar contra el enemigo sin protección y cobertura.

El atrio está abierto al viento, las tormentas y otras condiciones climáticas que pueden arreciar en su camino a medida que aprende a someter su vida a Dios. Sin embargo, una vez que entra en el lugar santo, está cubierto. ¿Sabe cuál es su cobertura? ¿Es consciente de que tiene la garantía de que al interceder los espíritus demoníacos no lo atacarán? ¿Qué seguridad tiene de que el enemigo no lo derrotará?

He oído a muchos creyentes decir cosas como: "Cuando comencé a orar, me sobrevino un ataque terrible de Satanás". Óigame. Aunque el enemigo arroje dardos, ¡la Escritura afirma que "ninguna arma forjada contra ti prosperará" (Is. 54:17)! Dios dejó esto firmemente en claro cuando diseñó las vestimentas sacerdotales y las cubiertas del tabernáculo.

A medida que estudiemos cada cubierta (cortina), verá una clara conexión con las vestiduras de los sacerdotes. Dios pone un fuerte acento en las vestiduras y cubiertas. Esto confirma nuevamente que usted nunca debería batallar en intercesión sin estar apropiadamente vestido, porque sus vestiduras lo identifican como un poderoso soldado en el reino del Espíritu. Éstas envían un mensaje de su parte a Satanás en el mismo instante en que se acerca a la entrada del lugar santísimo.

Comencemos por observar el tabernáculo más detenidamente. Tenía dos secciones: el lugar santo y el lugar santísimo. La Escritura nos dice que las dimensiones del tabernáculo eran de diez codos por diez para el lugar santísimo, y de diez codos por veinte para el lugar santo.[1] Cuando usted multiplica estos tres números juntos (10 x 10 x 20), el total es 2,000. Proféticamente, esto confirmó a mi corazón –al igual que a muchos otros en el Cuerpo de Cristo– que cuando la Iglesia entró en el año 2000, entramos en un tiempo divino de intercesión.

Dios estableció el tabernáculo originalmente por medio de Moisés para que hubiera un lugar en el que su presencia *habitara* en medio de su pueblo (Éx. 25:8). ¿Cree usted que el enemigo podría permanecer en cualquier lugar donde Dios haya decidido habitar? ¡Rotundamente no! La presencia de Dios lo cubrirá cuando usted intercede, mientras permanezca apropiadamente vestido. ¡No vuelva a la vida del atrio! Ya sabe que allí no hay cobertura. Pero el diablo no puede seguirlo hasta el lugar santo, y no tendrá terreno desde donde lanzar un ataque contra usted en tanto mantenga sus vestiduras.

La única forma en que puede acercarse a usted es si existe una puerta abierta en su vida, algo que no haya resuelto, como por ejemplo temor, vergüenza, resentimiento, etc. Cuando Jesús oró en el huerto, aunque Satanás vino, no pudo quedarse allí porque Jesús estaba en proceso de rendir su voluntad. Cuando dijo: "...no se haga mi voluntad, sino la tuya", todo lo que Satanás pudiera haber planeado iba a ser echado por tierra. Recuerde: las visitas de Satanás son solamente distracciones temporales. No puede quedarse dónde no hay lugar para él. Satanás es un espíritu sin cuerpo. Necesita una vida en la cual vivir y actuar. Cuando sus visitas son rechazadas, ¡tiene que irse! Merodear en la atmósfera no lo lleva a ninguna parte. Necesita un cuerpo en el cual operar. Entonces, declárele ahora mismo: "¡Ni mi cuerpo, ni mi mente, y ciertamente tampoco mi espíritu! ¡Vete ahora!"

La primera cubierta del tabernáculo:
LINO FINO TORCIDO Y LANA

Si se encontrara justo frente a la entrada del lugar santo, y mirara a su alrededor, vería que el lugar santo y el lugar santísimo eran las partes del tabernáculo que requerían una cubierta. Éxodo 26:1-14 nos da una lista de las cuatro cubiertas (dispuestas en capas) del tabernáculo.

La primera cortina estaba confeccionada de "lino fino torcido" blanco, y tres colores diferentes de lana: azul [turquesa], púrpura y carmesí (v. 1). A esta capa de la cubierta se la clasificó como "el tabernáculo" y estaba hecha del mismo material de base utilizado para el efod sacerdotal en Éxodo 28:6. La diferencia entre ambos se observa en el hecho de que el efod tenía un cordón de oro fino entretejido con los otros cuatro cordones, y las cortinas del tabernáculo no. Las cortinas tenían cuatro, no cinco, cordones entretejidos en un patrón ornamentado de querubines, así como figuras de un león, un águila y un buey, que podían observarse de ambos lados de la tela (discutiremos estas figuras más adelante).[2]

Aquí en el diseño de las cortinas vemos una vez más los colores de la obra consumada de Cristo, que pusieron el fundamento para las cubiertas del tabernáculo. La primera tela mencionada es el *lino blanco*, que habla de las vestiduras de justicia y salvación dadas a los santos según Isaías 61:1-3, 10. En Apocalipsis 3:5, se revela la promesa de Dios para los justos:

> El que venciere será vestido de vestiduras blancas; y no borraré su nombre del libro de la vida, y confesaré su nombre delante de mi Padre, y delante de sus ángeles.

Cuando entre en el lugar santo con su vestidura de justicia debajo de las otras prendas, Jesús le dirá: "Estás entrando en este tabernáculo de oración revestido de justicia, por lo que te reconozco como mío". Dios está obligado a proteger lo que le pertenece (Juan 10:28-29).

Completamente ataviado con sus vestiduras sacerdotales, se encuentra frente a la puerta del lugar santo e inmediatamente mira hacia arriba y ve que los mismos colores cubren el tabernáculo, creando aun otra correspondencia en el Espíritu. Su fundamento como intercesor es la cobertura fundamental del lugar donde habita la presencia de Dios para extender su reino a las naciones. Sabiendo esto, puede interceder declarando que cuando "dos" se unen y se ponen de acuerdo en algo, Dios no solamente cumplirá su Palabra, ¡también estará en medio de ello! "Otra vez os digo, que si dos de vosotros se pusieren de acuerdo en la tierra acerca de cualquiera cosa que pidieren, les será hecho por mi Padre que está en los cielos. Porque donde están dos o tres congregados en mi nombre, allí estoy yo en medio de ellos" (Mt. 18:19-20).

Imágenes divinas en la primera cubierta del tabernáculo

La primera cubierta del tabernáculo en Éxodo 26:1 no sólo muestra las cuatro obras de Cristo a través de sus colores, sino también las imágenes de querubines, el león, el águila y el buey (toro), según Ezequiel 1:4-10 y Apocalipsis 4:7.[3] Las imágenes del león, el águila y el buey corresponden a uno de los colores en las obras de Cristo, y cada una de ellas es relevante en la oración. Es por eso que estaban intrincadamente bordadas en el diseño de esta primera (fundamental) cubierta. Permítame hacer una pausa para observar que el rostro de hombre se menciona tanto en Ezequiel como en Apocalipsis, pero no está bordado en la cortina... en cambio, está representado por el blanco, el color que habla de nuestra justicia en Cristo. (Tenga en mente, sin embargo, que esta cubierta sólo puede verse estando dentro del tabernáculo. En otras palabras, cuando avance hacia lugares más profundos en oración, comenzará a ver la plenitud de todo lo que ha sido puesto al alcance de usted en Cristo.)

Los *querubines* son muy diferentes a los ángeles. Dios ordenó que se recamaran querubines en la tela porque son *una manifestación de todo lo que Él es*. Los ángeles trabajan en favor de Dios sirviendo a la humanidad. Viven alrededor del trono de Dios, lo exaltan continuamente y reflejan su gloria. Los querubines bordados en las cortinas del tabernáculo representan la obra entramada de los querubines que lo cubren cuando intercede y manifiestan las intrincadas obras y operación del Espíritu Santo en nombre del Padre y del Hijo. Mientras ora, los querubines le recuerdan la vida, ministerio, muerte, sepultura y resurrección del Señor Jesucristo.

La imagen del *león* corresponde al púrpura en las obras de Cristo. Habla de *la justicia que le ha sido imputada a usted como parte del real sacerdocio*. El león le recuerda su linaje real y le dice que ahora está operando conforme a la autoridad que lo transformó en el atrio. Por esto, puede acercarse con confianza al trono de la gracia.

El *águila* corresponde al azul. Le recuerda que Dios lo capacita en su espíritu para tocarlo a Él en el reino celestial. El azul habla de *operar en lo sobrenatural*. Cuando ve el águila, tiene la seguridad de que Dios lo llevará en sus alas y le mostrará los misterios del cielo para que traiga su reino al ámbito terrenal.

La imagen del *buey* (toro) corresponde al rojo. A los bueyes se les sacrificaba por los pecados del sumo sacerdote o la nación. Esta imagen simboliza el hecho de que debe permanecer humillado delante del Señor para recibir y llevar sus cargas de intercesión por la iglesia. Un toro embiste hacia la muerte, así que, a medida que el Espíritu lo guía a usted hacia su posición final en la oración en el lugar secreto, su espíritu embiste hacia Dios, sabiendo que ninguna carne puede ver su rostro y vivir.

Cuando entra en el lugar santo vestido con sus vestiduras sacerdotales, tiene lugar una correspondencia poderosa en las regiones celestes. Identificarse con los colores e imágenes de la primera cubierta lo identifica con todas las obras de Jesucristo, confirmando que usted pertenece allí legítimamente. Usted no está entrando ilegalmente en el reino del Espíritu. Está en divino acuerdo con la voluntad Dios, ¡y ningún arma forjada contra usted prosperará!

Satanás tiene que respetar esos límites. Sin embargo, si ha entrado ilegalmente al lugar de intercesión, tiene derecho a atacarlo, porque usted está pasando por alto una parte del patrón.

Si trata de entrar ilegalmente en el lugar de intercesión, con algo de usted que represente a Satanás, él tendrá derecho a controlar su mente, atacarlo, poseerlo, y aniquilarlo completamente. *Pero cuando ha entrado legalmente al lugar de intercesión, de acuerdo con el patrón que Dios ha establecido, Satanás no puede entrar allí.*

LA SEGUNDA CUBIERTA DEL
TABERNÁCULO: PELO DE CABRA

La segunda capa de la cobertura del tabernáculo estaba hecha de pelo de cabra (Éx. 26:7). Esta capa de las cortinas, clasificada como la "tienda", estaba ubicada encima de la primera cubierta. Las cabras se usaban para expiar los pecados de personas individuales, desde gobernantes hasta gente común. (Ver Levítico 4:22-5:13.) Esto significa que como intercesor, recibirá la gracia para llevar la carga del Señor por cualquiera, en cualquier lugar, en cualquier momento sin ser escandalizado o afectado por el pecado de una persona.

¿Cómo es posible? Podrá hacerlo recordando lo que Jesús hizo por cada uno. "Al que no conoció pecado, por nosotros lo hizo pecado, para que nosotros fuésemos hechos justicia de Dios en él" (2 Co. 5:21). Porque Jesús se hizo pecado para que nosotros fuésemos hechos justicia de Dios, usted puede esperar que esta misma gracia esté a su alcance cuando intercede por otros. ¡Usted puede creer que cuando ora Dios trae liberación total!

Puesto que la cubierta de pelo de cabra se colocaba directamente encima de la primera cortina del tabernáculo, le asegura que sus pecados han sido cubiertos; por esta razón, no debería permitir que el enemigo le recuerde constantemente lo que usted era. Ésta es una de las tácticas de batalla más comunes de Satanás. Intentará atacarlo diciéndole cosas como: "No eres realmente salvo". "No eres justo". "Crees ser algo, crees que realmente oyes a Dios, pero recuerda cuando eras..." ¡Satanás no tiene derecho a hacer esto! ¡Manténgase vestido con sus vestiduras sacerdotales! Sométase a Dios, resista al diablo, y no tendrá otra opción más que huir de usted (Santiago 4:7). Usted puede callar absolutamente la voz del enemigo cuando entra en el ámbito del lugar santo.

LA TERCERA CUBIERTA DEL
TABERNÁCULO: PELO DE CARNERO

La tercera cubierta del tabernáculo se nos da en Éxodo 26:14. Estaba hecha de pieles de carnero teñidas de rojo, y era una de las dos últimas capas, a las que se referían como "cubiertas". El carnero se usaba para ofrendas expiatorias (Lv. 5:14-26). Además, otros dos carneros eran parte de los sacrificios presentados cuando Aarón y sus hijos fueron investidos para el sacerdocio (Éx. 29:15-28). Después de sacrificar el primer carnero como ofrenda elevada a Dios, el segundo carnero sacrificial fue llamado "el carnero de la perfección".[4] Aarón y sus hijos recibieron el pecho de ese carnero como porción suya (v. 26).

Una de las primeras veces que se muestra el poder del carnero en la Escritura es cuando Abraham se estaba preparando para sacrificar a su hijo Isaac (Gn. 22:1–14). En esta historia, Dios proveyó el carnero como un sustituto para Isaac en el altar de Abraham. Cuando Abraham obedeció a Dios, recibió la bendición de las naciones (vv. 15-19).

Cada aspecto del carnero es poderoso. Es un *sacrificio*, un *sustituto*, *provisión* para nuestra mesa, y un *símbolo de consagración* para el servicio divino. No es de extrañar que Dios ordenara que ésta fuera la tercera cubierta. Confirma y completa el patrón divino, así como Padre, Hijo y Espíritu Santo son uno. Esto significa que usted puede tener victoria perfecta en la oración cuando depende del Señor y de las cosas que Él ya ha establecido en el cielo y en la tierra. Usted puede permanecer y resistir en oración e intercesión porque, de una vez y para siempre, Jesús hizo el sacrificio perfecto.

> Por lo cual puede también salvar perpetuamente a los que por él se acercan a Dios, viviendo siempre para interceder por ellos. Porque tal sumo sacerdote nos convenía: santo, inocente, sin mancha, apartado de los pecadores, y hecho más sublime que los cielos; que no tiene necesidad cada día, como aquellos sumos sacerdotes, de ofrecer primero sacrificios por sus propios pecados, y luego por los del pueblo; porque esto lo hizo una vez para siempre, ofreciéndose a sí mismo. Porque la ley constituye sumos sacerdotes a débiles

hombres; pero la palabra del juramento, posterior a la ley, al Hijo, hecho perfecto para siempre.

—Hebreos 7:25-28

Finalmente, a través de esta cubierta de pieles de carneros, Dios le habla a usted en Isaías 1:18: "Venid luego, dice Jehová, y estemos a cuenta: si vuestros pecados fueren como la grana [*como el color de las pieles de carnero teñidas de rojo*], como la nieve serán emblanquecidos; si fueren rojos como el carmesí, vendrán a ser como blanca lana". Recuerde esto cuando interceda. Nunca olvide la obra perfecta que Cristo hizo por usted. Por el sacrificio que hizo con su propia sangre, usted podrá mantenerse firme fielmente a favor de otros.

La cuarta cubierta del tabernáculo: piel de tejón

La cuarta y última cubierta del tabernáculo estaba hecha de pieles de tejones (en otras versiones aparece como delfín o marsopa) (Éx. 26:14). Esta capa era la última *cubierta* que proveía protección a cada una de las otras capas. Estas pieles probablemente se usaban también para cubrir los elementos del tabernáculo cuando los israelitas se trasladaban de un lugar a otro. Las pieles de tejones eran lo suficientemente fuertes como para proteger cada una de las otras capas del tabernáculo del calor, las tormentas y la suciedad. Nada podía traspasar esa piel.

Cuando se había colocado la piel de tejón sobre el tabernáculo, no importaba cómo estuviera el clima afuera: la gloria seguía estando en su interior. No importaba adónde llevaran el tabernáculo, las pieles de tejones lo protegían de cualquier intrusión o ataque exterior. Ésta es una confirmación final de que cuando mantiene sus vestiduras e intercede, estará protegido de cualquier ataque exterior del diablo.

La piel de tejón era en realidad una cubierta de transición, usada no sólo cuando el tabernáculo descansaba en un lugar, sino también mientras se trasladaba a una nueva ubicación. Debe tener esto presente a medida que descubra a Dios en la oración intercesora. Usted es un templo viviente del Señor. Mientras aprende a moverse en las cosas de Dios y descubre el reino de lo sobrenatural, debe confiar en que la piel de tejón está allí para protegerlo de las artimañas del enemigo, porque las experiencias sobrenaturales pueden ser difíciles de comprender.

ACERQUÉMONOS CONFIADAMENTE

Hay un último aspecto acerca de las cubiertas del tabernáculo que realmente me ministró. Para las dos primeras cubiertas, la cortina de lino fino bordado y la de piel de cabra, se dan medidas específicas (Éx. 26:1-13). Sin embargo, cuando leemos respecto a las pieles de carneros y de tejones, no hay medidas. Esto habló a mi espíritu, revelándome que no había medidas porque el sacrificio de Cristo no puede ser medido. Su sustitución divina en favor de usted no puede ser medida. Su capacidad para consagrarlo en su presencia no puede ser medida. Y finalmente, su protección divina contra las tretas de Satanás es inconmensurable.

Deberíamos levantar las manos y dar gloria a Dios porque hemos aceptado a Jesús como nuestro Salvador personal, además de sus obras en la puerta y porque ahora el Espíritu de Dios vive en nosotros. Juan 3:34 dice: "Porque el que Dios envió, las palabras de Dios habla; pues Dios no da el Espíritu por medida". Esto significa que el Señor ha dado su Espíritu a Jesucristo sin medida, y mientras poseemos el Espíritu de Cristo no hay límite en cuanto a lo que podemos hacer en Él a través de la oración.

Me asombro constantemente al pensar en la fe asombrosa de Jesucristo. ¡Él llegó a cubrir toda longitud, profundidad y altura para protegerlo y asegurarse de que usted estaría cubierto en oración! Sabiendo esto, puede avanzar hacia niveles más profundos en intercesión hacia el lugar secreto, y conforme lo haga, podrá incluir cada pieza del mobiliario del tabernáculo con confianza.

Acérquese confiadamente al trono de Dios, porque el precio ya fue pagado a su favor. Isaías 55:1 dice: "A todos los sedientos: Venid a las aguas; y los que no tienen dinero, venid, comprad y comed. Venid, comprad sin dinero y sin precio vino y leche". Créame, Satanás no quiere que usted reciba las revelaciones y misterios contenidos en esta palabra. Quiere que usted crea que someterse al llamado de la oración intercesora en el lugar santo es una tarea demasiado difícil, pero ése es uno de sus mayores engaños.

Por lo que Cristo ha hecho, usted puede venir libremente a la presencia del Señor. El precio ya fue pagado por usted. La obra ya fue hecha. Puede pasar por la puerta, que le abrió "el camino" en el atrio. Está completamente vestido. Ahora que ha pasado por la puerta del tabernáculo, que es "la verdad": está totalmente cubierto para convertirse en un intercesor eficaz.

Ahora es tiempo de avanzar dentro del tabernáculo. Es tiempo de dar un paso más para acercarse a su posición final en la oración en el lugar secreto.

CAPÍTULO 10

El lugar santo

ientras usted se prepara para entrar en el lugar santo, habiendo sido lavado, vestido, ungido y consagrado, debe recordar una vez más que Jesús dijo: "Yo soy el camino, y la verdad, y la vida; nadie viene al Padre, sino por mí" (Juan 14:6). Debe recordar que entró al atrio a través de la puerta de su obra consumada. Él se transformó en *el camino* para que usted viera su verdadero reflejo en la fuente de bronce y sacrificara su voluntad en el altar de bronce. Ahora en la puerta del tabernáculo, usted está por ingresar al campo de la intercesión. Ha iniciado un caminar más profundo con el Señor bajo la nueva unción que Él ha derramado sobre su vida.

Pero, como dije anteriormente, en este nuevo nivel usted aún debe aproximarse al Padre por medio de Jesucristo. La puerta tiene los mismos cuatro colores que estaban en la entrada: blanco, azul, púrpura y escarlata. Pero ahora han adquirido un significado más profundo.

Veamos cómo se aplica esto a su caminar diario. Según 1 Corintios 1:30 y Apocalipsis 19:7-8, el *blanco,* el tejido de lino fino habla del Señor, quien se ha convertido en nuestra justicia. Ahora, su justicia puede ser vista claramente en usted por otros. Es el fundamento y la certeza de victoria para cada carga que usted reciba de Dios en oración. El *azul* [turquesa], el color del cielo, habla de Jesús como el segundo hombre, el Señor del cielo. Él le fue revelado en la entrada, y ahora se manifiesta a usted diariamente como la Palabra viva. Cuando la gente lo vea a usted de pie en la puerta del tabernáculo, comenzará a ver el reino y la voluntad de Dios confirmados en la tierra a través de usted.

El *púrpura* es el color de la realeza, lo cual significa que usted puede ser identificado claramente como embajador de la familia real de Jesucristo. Cuando la gente lo vea en lo natural, verá más allá del título, género o nacionalidad, la totalidad de sus raíces bíblicas. Los principados y las potestades en el reino del Espíritu también comenzarán a reconocer la herencia que usted tiene y se inclinarán ante su linaje real. El último color es el *escarlata,* el cual habla de la sangre expiatoria que Jesucristo derramó para que usted sea salvo y tenga acceso a una relación más profunda con Él. También significa que la batalla ya fue librada y ganada para usted en el reino del Espíritu. Ahora mientras comienza a hacer intercesión, completamente ataviado con sus vestiduras sacerdotales, podrá experimentar que la sangre de Jesús va delante de usted y libera a los cautivos.

En el lugar santo, el reino de la verdad absoluta, Dios requiere que la gracia de su Hijo se manifieste en usted. ¿Por qué? Esta puerta, el primer velo del tabernáculo, no era simplemente una entrada a un sitio cerrado. Esta puerta dejaba fuera a los hombres comunes (naturales). Lo que es más importante, era el único pasaje que conducía a la presencia manifiesta de Dios en el lugar secreto.

¿Está listo para entrar a su luz admirable?

Primera de Pedro 2:9 dice: "Mas vosotros sois linaje escogido, real sacerdocio, nación santa, pueblo adquirido por Dios, para que anunciéis las virtudes de aquel que os llamó de las tinieblas a su luz admirable".

Como servidor de Dios en oración, usted ha sido llamado a entrar a su luz admirable. Su destino final es la luz eterna. Ahora debe caminar sabiendo que ha salido del atrio donde la luz sólo es temporal, porque el vivir en la luz temporal es para los creyentes carnales y los no salvos. Como intercesor, las obras de Cristo deben revelarse progresivamente en y a través de usted. Usted no puede volver atrás jamás.

Mientras se prepara para entrar al lugar santo, sepa que comenzará a operar en la luz sobrenatural a la vez que aprende a tomar la carga del Señor. Así que recuerde... Dios no lo ha llamado a su luz admirable sólo para que se siente allí, observe o tenga temor de este nuevo nivel y regrese corriendo a la *zona cómoda* del atrio. Hay un propósito divino para usted y gracia para satisfacer cada necesidad precisamente más allá de esa puerta.

Había dos razones por las cuales los sacerdotes entraban al lugar santo. La primera era cumplir el servicio al Señor. Al realizar el servicio del templo, se aseguraban de reemplazar regularmente los panes de la proposición, los cuales representaban la Palabra de Dios. Mantenían la menorá (lo que podríamos considerar la lámpara) llena de aceite de oliva, el cual representaba la luz del Señor y el aceite de la unción. También mantenían ardiendo el fuego en el altar del incienso, que representa el lugar de adoración y rendición total, asegurando que la gloria del Señor era mantenida en toda esa área.

La segunda razón por la cual entraban era para postrarse ante Dios en oración.[1] Ambos propósitos hablan de un alto grado de separación y devoción a Dios. El altar de oro representa un lugar, tiempo y posición en oración donde usted se separa de todos los demás. Puede hallarse en una habitación con cincuenta personas, pero una vez que usted haya pasado por todas las etapas del proceso –la entrada, el atrio, la fuente de bronce y el altar de bronce– podrá experimentar el aceite de la unción. La Palabra del Señor se tornará viva para usted en el altar de oro, y una adoración verdadera e inexplicable comenzará a elevarse de su espíritu.

Este es su lugar de separación. Esta es también la razón por la cual la oración se puede practicar en cualquier lugar. Usted podría estar en su auto y tener una experiencia de oración innegable. Podría estar sentado en la iglesia, una hermosa tienda o una celda de una prisión, y tener esta experiencia. ¿Por qué? *Porque Dios está posicionando espiritualmente su corazón para la oración eficaz.* Es así como sabemos que estamos encaminados al lugar secreto, porque la separación es la esencia del proceso de la trilla.

Trillar significa "separar los granos o semillas de la paja golpeando los tallos o las cáscaras". El proceso divino de la trilla realmente comienza cuando usted ingresa por la entrada del atrio en oración. Entonces, el proceso de arrepentimiento personal en el atrio lo separa a usted de una vida de pecado a una vida de obediencia a Dios. Ahora que usted ha entrado al lugar santo, la separación continúa mientras comienza a vivir dentro del propósito de Dios. Cada pieza del mobiliario del tabernáculo profundiza su experiencia de intercesión.

Mientras continuamos estudiando el significado profético de los elementos del tabernáculo, comencemos dándole otra mirada a la posición del tabernáculo y todo su mobiliario. En el diagrama del tabernáculo de la página 12, puede ver que el altar de bronce y la fuente de bronce estaban ubicados entre la Puerta Oriental del atrio y la puerta del tabernáculo. El mobiliario dentro del lugar santo tenía ubicada la mesa de los panes de la proposición al norte, el candelero de oro al sur, y el altar de oro del incienso (y el arca de Dios en el lugar santísimo) al oeste de los elementos exteriores. Esto revela la importancia del mobiliario del tabernáculo.

Como recordatorio, mirando desde afuera, a través de la puerta Oriental al lugar santo, ¡la ubicación del mobiliario completa la forma e imagen de la cruz! Por medio de estas imágenes, Dios está expresando nuevamente que desea que nunca olvidemos la obra que su Hijo, Jesucristo, realizó en la cruz en el Gólgota. Ya hemos visto su obra consumada expuesta en la entrada, la puerta del tabernáculo, y las cubiertas. Ahora vemos que hasta el mobiliario está ubicado en forma de cruz. En otras palabras, nuestro patrón de oración intercesora solamente es posible por lo que Jesús ya hizo y estableció para nosotros.

Por ese motivo, debo reiterar que es imposible que un pecador sea un intercesor. ¡La única oración que Dios oye de un pecador es la oración de arrepentimiento! Puede estar pensando: *Oí orar a un pecador, y Dios hizo algo por esa persona.* Por favor, comprenda que cuando un pecador ora, la voluntad del Señor también está en movimiento, porque él es soberano. En el caso de la oración de un pecador, Dios hace lo que ya decidió hacer. Él no recibe órdenes de un pecador. Cuando usted ve que la mano de Dios se mueve de esta manera, su soberanía está en acción, es decir, sólo hace lo que ya había planeado hacer.

La mesa de los panes de la proposición

Ahora, demos una mirada al contenido de su lugar santo. Cuando usted entre al lugar santo, a su derecha encontrará la mesa de los panes de la proposición (Éx. 25:23-30). Esta mesa fue construida de madera de shittim (acacia) y cubierta de oro. La madera de acacia era incorruptible. Era la misma madera que utilizaron para construir el arca del pacto. Podría resistir tormentas, calor o cualquier condición rigurosa. El hecho de que estuviera recubierta de oro significa que representa a *la humanidad* (madera) *cubierta por la deidad de Jesucristo* (oro). En esta representación, vemos –una vez más– otro nivel de cobertura *dentro* del lugar santo.

La mesa de los panes de la proposición también representa *la Palabra de Dios*. Tenía una incrustación con una corona, que simbolizaba la corona de la realeza. Todo el tiempo había en la mesa doce piezas de pan especialmente preparadas. Estos panes eran cocidos los viernes y se reemplazaban cada sábado, y milagrosamente permanecían tan calientes y frescos el día de reposo como lo estaban cuando fueron preparados. Al final de los siete días, cuando los panes eran reemplazados, todavía estaban frescos para repartirlos entre los sacerdotes.

La corona hablaba de la responsabilidad que un rey tiene de proveer para la seguridad y prosperidad de la nación. Los israelitas creían que disfrutarían de prosperidad debido al significado de la mesa de los panes de la proposición. Como intercesor, el pan significa que usted puede recibir diariamente una palabra fresca de Dios. La gente por la cual usted intercede prosperará mientras el Rey del universo envíe provisión celestial a través de usted por medio de la oración, siendo vital que lea la Palabra todos los días.

En el Nuevo Testamento, cuando la gente pidió pan a Jesús, él dijo: "Porque el pan de Dios es aquel que descendió del cielo y da vida al mundo" (Juan 6:33). Cuando pidieron que Jesús les diera una provisión continua de ese pan, él explicó lo que quería expresar diciendo "Yo soy el pan de vida; el que a mí viene, nunca tendrá hambre; y el que en mí cree no tendrá sed jamás" (v. 35). Por tanto, ¡quien ora tiene íntima comunión con Cristo y nada le falta!

Como intercesor, usted debe tener ilimitados recursos del Pan de vida del cielo presentes en su interior mientras cumple el servicio del Señor en la mesa de los panes de la proposición. Cuando los discípulos se sentaron con Cristo en la última cena, Él reveló el proceso por el cual el pan de vida (la Palabra de Dios) se transforma en el pan que sustenta. "Y mientras comían, tomó Jesús el pan, lo bendijo y lo partió, y dio a sus discípulos, y dijo: Tomad, comed; esto es mi cuerpo. Y tomando la copa, y habiendo dado gracias, les dio, diciendo: Bebed de ella todos; porque esto es mi sangredel nuevo pacto, que por muchos es derramada para remisión de los pecados" (Mt. 26:26-28).

La fuente de bronce le da nueva vida mientras lo limpia por el poder de la Palabra. Entonces, cuando usted entra al lugar santo, el pan de la proposición se transforma en el pan del sustento cuando comienza a comer de la Palabra de Dios de acuerdo con Juan 6:53-57. Este es el nivel de alimentación de la Palabra que mantiene fresco en su espíritu todo lo que Dios dice:

> Jesús les dijo: De cierto, de cierto os digo: Si no coméis la carne del Hijo del Hombre, y bebéis su sangre, no tenéis vida en vosotros. El que come mi carne y bebe mi sangre, tiene vida eterna; y yo le resucitaré en el día postrero. Porque mi carne es verdadera comida, y mi sangre es verdadera bebida. El que come mi carne y bebe mi sangre, en mí permanece, y yo en él. Como me envió el Padre viviente, y yo vivo por el Padre, asimismo el que me come, él también vivirá por mí.

Como intercesor, usted debe *comer* de Cristo para transformarse a su semejanza y estar preparado para batallar en el reino celestial. Tiene que digerir regularmente la Palabra para mantener el estilo de vida transformada. El pan de la proposición es su fuerza. Después de que el profeta Elías derrotó a los profetas de Baal, huyó de la malvada reina Jezabel (Ver Reyes 19:4-8). Cuando se detuvo, cansado de su viaje, se quedó dormido. Mientras Elías dormía, un ángel del Señor preparó pan y agua para él y lo despertó, diciendo: "Levántate y come" (v. 7). Cuando Elías comió por segunda vez, anduvo cuarenta días fortalecido por ese pan. *Vea la revelación; fue después de comerlo por segunda vez que él pudo salir por un tiempo prolongado en la fuerza del Señor.*

Por esta razón, Salmo 34:8–10 dice: "Gustad, y ved que es bueno Jehová; dichoso el hombre que confía en él. Temed a Jehová, vosotros sus santos, pues nada falta a los que le temen. Los leoncillos necesitan, y tienen hambre; pero los que buscan a Jehová no tendrán falta de ningún bien".

Cada vez que usted guste (coma) de la Palabra, va a ser buena, y definitivamente fresca. Por eso, usted necesita entender la mesa de los panes de la proposición antes de entrar en intercesión al altar de oro del incienso. Es aquí donde usted recibirá la palabra del Señor con respecto a los individuos por quienes está por interceder. Los doce panes están expuestos continuamente, porque Dios desea que sepa que la palabra del Señor sobre cualquier situación siempre estará a su alcance.

Por ejemplo, digamos que usted entra en intercesión por un asunto específico y termina orando diez días acerca de esa persona o situación particular. Cada día que usted va a Dios en oración, tiene una nueva oportunidad de recibir una palabra fresca mientras el Espíritu del Señor está obrando y la situación es transformada para su gloria. Si usted le pregunta al Señor, él hasta le hará comprender mejor lo pronto que vendrá la liberación.

Es en la mesa de los panes de la proposición donde el intercesor (el guerrero de oración) debe aceptar y ser partícipe de la Palabra de Dios, porque es aquí donde la Palabra se transforma en su espada. En esta mesa, usted no sólo recibe fuerzas, sino que también forja (afila) su arma sobrenatural. Este es el lugar donde la Palabra se convierte en poder a medida que el Señor le permite a usted usarla a favor de otros.

Ahora que se encuentra en el lugar santo, usted ha ingresado al ámbito de la iluminación divina, el lugar donde está justificado y capacitado para orar en favor de otros.

EL CANDELERO DE ORO

El candelero de oro o menorá (Éx. 25:31-40) representa *luz e iluminación*, así que simboliza *la divina comprensión de la Palabra, el siguiente nivel de entendimiento y revelación donde la Palabra y el Espíritu son uno*. En este punto, usted ya llega a ser capaz de comprender y aplicar la Palabra donde y cuando se necesite.

La menorá estaba hecha de oro macizo. No había madera en esta pieza del mobiliario, y tampoco se dieron medidas acerca de él. Puesto que no había madera, la humanidad no estaba representada en el candelero. La función del candelero de oro y lo que simboliza no tienen nada que ver con lo humano.

Permítame explicarlo mejor. El *Chumash* declara que cuando Dios ordenó a Moisés que hiciera una menorá, Moisés se lamentó porque le era imposible prever las dimensiones, detalles y curvas del candelero. Así que Dios le mostró una menorá de fuego y luego le ordenó que arrojara su vara al fuego, del cual surgió la menorá terminada.[2] Moisés no tenía las herramientas para crear la menorá según las especificaciones de Dios, así que Dios lo formó (con todos los motivos incrustados) sobrenaturalmente. Esto significa que cuando usted abraza la menorá, ha llegado al lugar donde Dios comienza a cumplir todo lo que le revela en oración. Recibe la iluminación, ¡y Dios hace la obra! Significa que no hay limitaciones cuando usted comprende este elemento. Tiene acceso a la mente del Espíritu y puede discernir las cosas profundas de Dios.

La menorá tenía una caña central (*que representa a Dios*) y seis brazos (*que representan el número del hombre, la iglesia, que nació de Él*). Jesús confirmó este significado en el libro de Juan diciendo: "Yo soy la vid; vosotros los pámpanos; el que permanece en mí, y yo en él, éste lleva mucho fruto; porque separados de mí nada podéis hacer" (Juan 15:5).

El candelero de oro nos ayuda a comprender que Jesucristo es la vid (el tronco), y que nosotros somos los pámpanos (seis ramas) que surgimos de Él. No podemos hacer nada sin la iluminación del candelero. Aunque la Palabra esté a nuestro alcance, no podemos hacer nada con ella en nuestra propia comprensión humana. ¿Cómo sé esto? Leamos Juan 15:6:

El que en mí no permanece, será echado fuera como pámpano, y se secará; y los recogen, y los echan en el fuego, y arden.

Mirando a la revelación de este versículo, encontramos que cualquier intercesor que se desconecta de la vid regresa al atrio. Él o ella no pueden permanecer en el lugar santo. Si usted no comprende la función del candelero, será vuelto atrás para que recomience desde cero.

Pero para el intercesor que permanece en la vid: "Si permanecéis en mí, y mis palabras permanecen en vosotros, pedid todo lo que queréis, y os será hecho" (v.7).

Es importante que clarifique la declaración "pedid todo lo que queréis". Usted puede *pedir todo lo que quiera* en esa dimensión porque su voluntad ya fue tratada en el altar de bronce. Una vez que entró en el lugar santo, entró solamente con *una voluntad: la voluntad de Dios*. Luego siguió profundizando en la voluntad de Dios al comprender la mesa de los panes de la proposición, y ahora, el candelero de oro. Por la iluminación del candelero, la única cosa que va a pedir en intercesión es la voluntad de Dios, porque en esta dimensión, *la voluntad de Dios* es lo único que usted anhela.

Su *antigua voluntad* no encaja en el lugar santo, especialmente en el candelero de oro donde no hay intervención humana. Lo que usted solía pensar y sentir mientras oraba –la manera en que debería orar o desearía solucionarlo– ya no se reconoce ni importa.

Un diseño intrincado

Los brazos del candelero tienen las mismas decoraciones que su caña, un diseño que se labraba con martillazos y fuego. Este diseño representa los atributos que Jesús dio a su iglesia cuando nacimos de Él.

Jesús nos dio su gloria, por lo cual somos llamados "la luz del mundo" (Mateo 5:14). Parte de ser esta luz del mundo consiste en reflejar la imagen de Jesús. Esto es simbolizado por el fino oro del candelero, golpeado hasta que fue suave y reflexivo, de manera muy semejante a como se golpeaban los metales para hacer espejos en los tiempos bíblicos.

Por eso en 2 Timoteo 3:5, se nos advierte respecto a tomar la apariencia de Dios [de piedad] y luego negar su poder. Es un sacrilegio terrible, y lleva hacia la muerte al creyente que cae en ello. Es sumamente peligroso tomar la imagen de cualquier pieza del mobiliario en el lugar santo si usted no posee el mismo poder en su hombre espiritual. Dios no le permite mostrar una imagen sin poder, porque el mensaje que usted estaría llevando a quienes no conocen a Dios es que Dios no tiene poder. Demasiados creyentes lucen y tratan de actuar como Dios, pero no hay manifestación de la vida sobrenatural. Fallan en la vida cotidiana.

La palabra *manifiesta* significa: "percibida rápidamente por los sentidos, fácilmente comprendida por la mente". En otras palabras, es obvia. Si la manera en que usted se conduce no permite que la gente perciba rápidamente a Dios y comprenda quien es él, entonces está reflejando una imagen equivocada. Se ha convertido en una piedra de tropiezo. Por eso Jesús dijo: "Yo SOY la vid verdadera, y mi Padre es el labrador. Todo pámpano que en mí no lleva fruto, lo quitará; y todo aquel que lleva fruto, lo limpiará, para que lleve más fruto" (Juan 15:1-2). Si usted va a llevar la imagen de Dios, debe estar dispuesto a comprender la manera en que actúa su poder.

El diseño del candelero estaba compuesto por manzanas y flores de almendro, las cuales se labraban en la menorá a fuego y martillazos. La vara de almendro de Aarón fue la primera rama que echó brotes y floreció, trayendo fruto a la nación de Israel (Nm. 17:8). Esto me habla de *resurrección eterna*. Cuando usted comprende la obra de la menorá, Dios se asegurará de labrar a fuego en su vida la imagen del almendro. Una vez usted puede haber estado espiritualmente muerto, pero, por la resurrección de Cristo, ha sido resucitado a una vida nueva. (Ver Juan 11:25). Cuando la imagen del almendro está en su espíritu, no importa cuántas pruebas soporte o cuantos padecimientos tenga que pasar, usted tiene ¡un eterno "poder de resurrección"! Tiene vida y puede transmitir vida al hablar en cualquier situación.

La flor (lirio) representa la *belleza eterna*. Si las personas no pueden ver la belleza de Cristo cuando lo miran a usted... si no pueden experimentar la dulce unción del Espíritu... si no hay nada de su persona o espíritu que otros deseen... entonces la imagen de la flor no es evidente en su vida. Recuerde que para cuando usted llega a la menorá ya ha sido ungido con una doble porción de la fragancia de la canela y el cálamo del aceite de la santa unción. Si pierde de vista quién ha llegado a ser usted en Cristo una vez se halla en el lugar santo, se encamina al desastre, porque no puede ser aborrecible y entrar en la presencia del Señor.

LA NECESIDAD DEL SACRIFICIO

Una última e impactante característica del candelero de oro que intencionalmente dejé para el final es el hecho de que se mantenía encendido con los carbones del altar de bronce. El fuego de Dios que encendió el altar originalmente descendió de la gloria del tercer reino, encendiendo el altar de oro del incienso y luego el altar de bronce. Por revelación, esto significa que si en su vida nunca ha habido un sacrificio, y si usted falla en colocarse voluntariamente cada día en el altar del sacrificio, no habrá fuego para encender el candelero de oro en su vida. No habrá ningún reflejo del carácter de Dios para que otros lo vean.

El fuego del altar de bronce se apagará a menos que usted continúe colocando su carne y su voluntad en el altar del sacrificio. Si este fuego del sacrificio se apaga, en consecuencia se extinguirá el fuego de la iluminación del candelero de oro. Aún peor, los carbones del altar de oro del incienso se consumirán y se apagarán. Esto sería una tragedia, porque el fuego de la iluminación provee luz en el lugar santo, y los carbones encendidos del altar de oro mantienen la adoración, elevándose continuamente hacia el trono de Dios.

El sacrificio es un elemento vital. El decir continuamente *sí* a Dios en nuestra mente y espíritu: "Dios, no se haga mi voluntad, sino la tuya", añade leña al altar de bronce y hace posible recibir la iluminación en el lugar santo, facilitando la adoración en el altar del incienso. Esta es la razón por la cual muchos están estancados en la religión muerta, porque no tienen una relación con Dios.

Y más importante aún, el sacrificio personal garantiza su comprensión de lo que Dios desea hacer en la vida de las personas por las cuales usted está orando. Cuando Dios dice una palabra, usted no es un ignorante o apagado de espíritu respecto a lo que está diciendo. Puede entender con claridad y responder a su voz. Por lo tanto, puede estar seguro de lo que está presentando ante el trono de la gracia en el lugar secreto. Usted sabe lo que va a ofrecer cuando se aferra a los cuernos del altar de oro del incienso, porque su corazón está iluminado sobrenaturalmente.

En realidad, el sacrificio ilumina el camino hacia la oración. Si se apaga la luz del candelero de oro (la única fuente de luz del lugar santo), usted no podrá encontrar el altar del incienso, la pieza más vital del mobiliario del lugar santo… lo cual significa que le será muy difícil adorar. ¡Tiene que mantener ardiendo la llama del sacrificio! Esa es la manera en que usted garantiza que nunca estará en la oscuridad o engañado respecto a cualquier tema de oración. El sacrificio trae iluminación, la iluminación trae entendimiento, y el entendimiento lo conduce a la intercesión.

El apóstol Pablo comprendía el poder de la iluminación, y demostraba cómo mantenerla obrando en la vida de uno cuando dijo: "Oraré con el espíritu, pero oraré también con el entendimiento; cantaré con el espíritu, pero cantaré también con el entendimiento" (1 Co. 14:15).

Por este motivo, debemos asegurarnos de no perder la oración de sacrificio y rendición cuando estamos en el atrio. Nunca podremos ir al próximo nivel de oración sin ello. No tendremos revelación de la Palabra de Dios, y el fuego de nuestra adoración se apagará. Cantaremos, y no habrá manifestación de la gloria de Dios en el santuario. Oraremos, y no habrá manifestación del Señor en nuestra vida de oración. No importa lo que pensemos que estamos haciendo para el Señor, no habrá resultados, *porque no estamos orando con entendimiento*. Estamos tratando de tener iluminación sin sacrificio, sin morir diariamente a nuestra carnalidad y nuestra voluntad.

Esto me hace volver a las propiedades del oro. Permítame explicar con un poco más de detalle el proceso de refinación. Hace algo más de veinte años, me encontré en nuestra iglesia con una dama que era joyera, y un día me invitó a su casa. Una de las herramientas que usaba era algo parecido a un hornillo, que utilizaba para derretir el oro y hacer piezas. Uno de los pasos de este proceso era particularmente impactante. A medida que graduaba el fuego hasta su temperatura máxima y comenzaba a derretir el oro, pequeñas partículas negras subían a la superficie. Cuando vimos esas partículas, ella sacó el oro del fuego y las quitó raspándolas.

Me dijo: "Si no sacas estas partículas, después no se considera oro puro". Si las partículas no fueran removidas, comenzarían a corroer el oro puro, dejando cavidades en el interior. Para lograr la clase del oro más puro, ella tenía que colocar el oro en el fuego, sacarlo, raspar las partículas negras, y ponerlo otra vez en el fuego hasta lograr oro en su estado más purificado.

Cuando se creó la menorá para el primer tabernáculo, el proceso de fuerte martillado que los artífices usaban para hacer un candelero impactaba el oro de tal manera que si hubieran quedado impurezas, habrían hecho que el oro frágil y golpeado se agrietara y quebrara.

De manera similar, nosotros debemos ser colocados constantemente en el fuego del altar de bronce, sacados del fuego, y vueltos a poner de modo que las malas actitudes y las cosas impías que estén dentro sean traídas a la superficie y raspadas por Dios antes de ponernos otra vez en el fuego.

El candelero de oro fue trabajado en el más fino oro puro, pues no tenía un baño de oro. La forma de almendra representaba *el poder de la resurrección,* y la imagen de la flor, *la belleza eterna.* Esto significa que cuando usted entra en intercesión, y el enemigo comienza a arrojarle dardos ardientes, su amor no cambia. Su gozo no es estorbado. Su paz permanece fluyendo como un río, y luego se agregan la longanimidad y la templanza mientras usted lleva la carga del Señor. Esto prueba que usted no está tratando con oro falso y que su experiencia intercesora no está simplemente bañada en oro, con un montón de pecado e iniquidad bullendo bajo la superficie. Cuando alcance el candelero de oro, usted tendrá *un encuentro de oro puro* con Dios, hasta la médula.

Me resultó interesante que, cuando la joyera pensaba que el oro estaba llegando a su máxima pureza, ponía la llama a una temperatura todavía más alta. Entonces por fin daba al oro puro la forma de un anillo, una cruz o cualquier diseño que estuviera creando para alguien que había ordenado una particular pieza de joyería.

Lo esencial es esto: Dios no puede darle la forma apropiada hasta que saque todas las impurezas, así que ¡tiene que ir al altar de bronce! Tiene que pasar por pruebas que revelen el tesoro que hay dentro de usted. Dios tiene que permitir que la gente lo enfrente a usted de la manera equivocada para que su espíritu pendenciero pueda salir a la superficie. Entonces, Él lo quita y lo coloca a usted otra vez en el fuego. Finalmente llegará al punto donde esas impurezas son sacadas, y Dios podrá formarlo y moldearlo como un vaso que él pueda usar: un vaso de honra que pueda ser usado en intercesión.

Piense en ello. El candelero de oro puede iluminar el lugar santo porque fue forjado en el fuego. La estabilidad eterna se fundamenta en ese diseño. Por eso el candelero también puede simbolizar Efesios 6:13: "Por tanto, tomad toda la armadura de Dios, para que podáis resistir en el día malo [de peligro], y habiendo acabado todo [lo que la crisis demanda], estar firmes [en su lugar]". Cuando usted ha comprendido el poder del candelero de oro, puede estar firme y mantener su posición sacerdotal en Dios.

Por ejemplo, usted no entraba un día al lugar santo y veía el candelero de oro en el lado sur, y luego regresaba al día siguiente para verlo colocado en el norte. No entraba y salía del tabernáculo sólo para hallar el candelero ubicado en la puerta, y más tarde en algún lugar yaciendo de costado. Tampoco lo veía apoyado contra la pared, ni era necesario que alguien viniera a levantarlo y colocarlo otra vez en su lugar. Cuando la menorá fue colocada en su posición en el lugar santo, no se movió. Mantuvo su posición porque había sido forjada en el fuego. Había sido golpeada, raspada, moldeada, y formada porque su misión era ser luz al mundo, estar ardiendo perpetuamente para Dios.

Aceite puro de olivas machacadas

Puede estar preguntándose qué mantenía ardiendo a la menorá. ¿Cómo podía brillar tan intensamente para mantener iluminado el lugar santo? Dios ordenó a Moisés instruir a Aarón y sus hijos para mantener las lámparas llenas de aceite de oliva puro: "Y mandarás a los hijos de Israel que te traigan aceite puro de olivas machacadas, para el alumbrado, para hacer arder continuamente las lámparas. En el tabernáculo de reunión afuera del velo que está delante del testimonio, las pondrá en orden Aarón y sus hijos para que ardan delante de Jehová desde la tarde hasta la mañana, como estatuto perpetuo de los hijos de Israel por sus generaciones" (Éx. 27:20-21).

Este aceite puro de olivas machacadas simboliza *la unción del Espíritu Santo*. Cuando observa el proceso que usaban para hacer este aceite de oliva, nos habla fuertemente del proceso de la trilla. Básicamente, cuando las aceitunas maduran, el fruto temprano cae al suelo. Después, en el tiempo de la cosecha, golpean los árboles con varas largas para hacer caer el resto de los frutos, y luego juntan todas las aceitunas del piso. En los tiempos bíblicos, extraían el aceite machacando las aceitunas en el hueco de una piedra o pisándolas con los pies.[3]

Cuando las aceitunas eran machacadas, resultaban dos aceites diferentes. Hoy día, el aceite de primera prensada se le llama *extra virgen*, lo que significa en su estado más puro. Este era el aceite que se utilizaba para mantener ardiendo el candelero de oro. El aceite que resultaba de la segunda prensada era usado en los hogares del pueblo de Israel. Déjeme ratificarlo: no hay unción sin el proceso de golpeado y prensado.

Cuando llegamos al punto de desear ser usados por Dios, debemos recibir la unción del aceite de olivas puro que ilumina. Esto va más allá del mero hecho de tener fuego o intensidad, porque la menorá sólo permanecerá continuamente encendida si se llena con el aceite de la unción. Ahora, usted debería estar gritando ¡*Aleluya!* Porque este proceso nos muestra proféticamente que las pruebas y padecimientos ocasionarán la continua irradiación de una *nueva unción* sobre nuestras vidas si permanecemos firmes en el lugar de oración.

Cada mañana y cada noche, los sacerdotes cumplían el servicio del santuario y abastecían de aceite los depósitos del candelero de oro. También debían recortar las mechas de las velas. A menos que se quitara la parte quemada de la mecha, el humo se mezclaría con la luz en el lugar santo. Se necesitaba una iluminación adecuada para ver la mesa de los panes de la proposición y el altar del incienso. Del mismo modo, la parte quemada de la mecha de su *candelero de oro* espiritual debe ser removida para permitirle ver con claridad cuando usted se mueve en el reino del Espíritu.

No debería haber en el lugar santo nada que nos recordara nuestros pecados. Cuando alcanzamos el lugar santo en oración, deberíamos estar operando constantemente en la novedad de Dios. Las cosas viejas pasaron, y todas son hechas nuevas. Por esta razón, las mechas deben ser recortadas diariamente para que no queden residuos de lo que usted era.

LENGUAS DE FUEGO

Un último aspecto que creo que está relacionado con el candelero de oro se halla en Hechos 2:1-4:

> Cuando llegó el día de Pentecostés, estaban todos unánimes juntos. Y de repente vino del cielo un estruendo como de un viento recio que soplaba, el cual llenó toda la casa donde estaban sentados; y se les aparecieron lenguas repartidas, como de fuego, asentándose sobre cada uno de ellos. Y fueron todos llenos del Espíritu Santo [derramado totalmente en sus almas], y comenzaron a hablar en otras [diferentes, extranjeras] lenguas, según el Espíritu les daba que hablasen [en cada lengua en las palabras apropiadas].

Como intercesor, usted necesita el aceite del Espíritu Santo cada día. Esto significa que tiene la necesidad absoluta de ser llenado del Espíritu como los discípulos en el día de Pentecostés. Sin esa llenura, no habrá expresión sobrenatural del cielo en su cuarto de oración. Como el aceite simboliza el Espíritu Santo, y el candelero tenía que *volver a ser llenado* de aceite dos veces por día para mantener iluminado el lugar santo, hay un fuerte énfasis en el rol vital que tiene esta experiencia en la vida de un intercesor.

Creo que ésta es también la razón por la cual las llamas del candelero eran encendidas con los carbones del altar de bronce, que había sido encendido por el fuego de Dios. Tenga cuidado de que la gente no le hable en una falsa manifestación del Espíritu Santo. No permita que alguien sople sobre usted y diga que ahora usted tiene el Espíritu Santo. Tenga cuidado de que las personas no coloquen sus manos sobre usted y digan: "Oh, eso es…" o declaren que usted lo tiene tan pronto como creen que lo oyeron hablar en otra lengua. Escúcheme. Tome su tiempo para asegurarse de que ha sido debidamente bautizado en el Espíritu Santo, porque este fuego especial debe venir divinamente de Dios.

Por último, cuando esté seguro de que ha sido lleno del Espíritu Santo, permita que su llenura sea claramente evidente antes de comenzar a interceder por otros. Todo lo relativo al ministerio que Dios le ha dado debe continuar bien encendido. Si el Espíritu es claramente reconocible en su vida y ministerio, la gente no lo mirará de manera extraña porque no entienden de donde viene. Podrán ver cómo Dios está usándolo en sus vidas.

Cualquier cosa mística echa una sombra de oscuridad. Cuando usted opere en las cosas de Dios, sus acciones no deberán parecer místicas. Usted no está operando en la sombra de las tinieblas. La mecha ha sido recortada, así que habrá una clara confirmación en los corazones y las vidas de aquellos por quienes usted intercede. Debería haber una comprensión cristalina de qué, por qué y por quién está haciendo intercesión, así como del Espíritu Santo que está obrando a través de usted. Oh, sí. El aceite puro de oliva es necesario.

El altar de oro del incienso

Esta tercera pieza central del mobiliario del lugar santo es el único elemento capaz de conducirlo a la maravillosa presencia de Dios. Ahora usted está listo para experimentar el poder de la intercesión. Hagamos una breve pausa respecto al mobiliario del tabernáculo y estudiemos la definición de la palabra *intercesión*. El prefijo *inter* significa "entre, mutuamente, recíprocamente, como en interdepartamental, entrelazarse, entretejer". La palabra *cesión* se define como "el acto de ceder por tratado, documento legal oficial... algo que es cedido como territorio, justificación, ámbitos de autoridad". *Ceder* significa "dar prioridad o rendirse formalmente a otro, ceder territorio [como un intercesor], otorgar o transferir como por voluntad [significando la voluntad de Dios]". Cuando usted se trasforma en un *intercesor,* "está de pie entre, se entrelaza y se entreteje en favor de otra persona".

Realmente usted se coloca entre lo que la persona necesita y la respuesta de parte de Dios. Mientras está firme allí, actúa como el punto de contacto que hace que Satanás ceda o se rinda a la voluntad de Dios. Usted actúa como quien otorga o transfiere según la voluntad de Dios. Cuando se transforma en un intercesor, se pone en la brecha por otra persona, y no se va de ese lugar hasta que el enemigo ha soltado completamente ese suelo y le ha entregado a usted el territorio.

La palabra *intercesión* se define como "un acto o instancia de intercesión, una interposición o súplica a favor de otra persona, una oración a Dios en favor de otro". Otro significado de intercesión es *vulnerar*, lo cual significa "invadir, infringir, vulnerar los derechos de otro, atacar, colisionar, arremeter, incidir en la lente para hacer una impresión, conseguir un efecto, ideas que inciden sobre la imaginación, ideas que afectan la imaginación". Sus oraciones vulneran al enemigo; atacan y comienzan a colisionar con él. Esto produce una huella eterna y un efecto poderoso contra las obras de Satanás.

Otra raíz, *invadir*, significa "avanzar más allá de límites propios o establecidos, realizando avances graduales para traspasar una propiedad, dominio o derechos de otro, especialmente de modo gradual o furtivo". Esto significa que cuando comienzo a interceder y orar a favor de alguien, avanzo más allá de los límites *apropiadamente* establecidos. El enemigo piensa que es *apropiado* (perfectamente comprensible y algo que él espera que hagamos) que los creyentes oren desde el atrio. Hacer eso simplemente le dice que *aceptamos* lo que trata de hacer. Por ejemplo, oramos: "Señor, mi hermana está tan enferma…" Al comenzar nuestra oración de esa manera, hemos reconocido que aceptamos la enfermedad que Satanás causó. Pero cuando lo *invadimos* en oración, vamos más allá del atrio, entramos al lugar santo y después detrás del velo hasta nuestra posición final en la presencia del Señor. En esa posición, las obras de Satanás ya no son *aceptables* para nosotros.

Otra raíz es *importunidad,* lo cual significa: "una solicitud o demanda importuna". Según Isaías 45:11, cuando usted va ante Dios a pedirle intercediendo a favor de alguien, puede "mandarle" en lo que concierne a la obra de sus manos. "Así dice Jehová, el Santo de Israel, y su Formador: Preguntadme de las cosas por venir; mandadme acerca de mis hijos, y acerca de las obras de mis manos".

Ser *importuno* significa "urgir o presionar con excesiva persistencia, preocupar, molestar, realizar pedidos urgentes o persistentes". Cuando usted es un verdadero intercesor, nunca deja de orar. Cuando es un verdadero intercesor, ora sin cesar: en todo tiempo... mañana, mediodía, y noche. Jesús dijo: "la necesidad de orar siempre, y no desmayar" (Lucas 18:1). Como intercesora, yo soy importuna. Invado; vulnero; me intruso. Me entretejo con la persona por quien estoy intercediendo, haciendo que Dios responda mi oración y el enemigo entregue su terreno.

LOS ATRIBUTOS DIVINOS DEL ALTAR DEL INCIENSO

Ahora usted está listo para orar desde la tercera dimensión. Cuando está de pie en el altar de oro del incienso, se halla a sólo un paso de una experiencia en el lugar secreto.

En Éxodo 30:1-11, Dios dio instrucciones a Moisés respecto al altar de oro del incienso. Había una significativa diferencia entre la construcción del altar de oro del incienso y el altar de bronce. El altar de bronce estaba hecho de bronce y madera, pero el altar de oro, de madera de acacia recubierta de oro. Una de las cualidades más notables del altar de oro era que estaba ubicado en el centro, de modo que se hallaba en el corazón del lugar santo. Esto se correlaciona con la intercesión que es el corazón de Dios. Lo que venga del altar de oro debe venir de su corazón. Comprender eso es una de las razones por las que Dios me movió a escribir el libro *Secretos del corazón*.

La condición de su corazón también puede dificultarle tener una relación íntima con Dios.

El propósito del altar de oro tiene tres aspectos: *oración, intercesión y adoración*. Se suponía que el fuego del altar de oro nunca debía apagarse. Después de que ambos altares fueron encendidos sobrenaturalmente, los sacerdotes mantenían el fuego ardiendo de continuo, y todos los días tomaban del altar de bronce carbones que usaban para mantener encendido el fuego en el altar de oro. Esto muestra que el fuego en nuestra adoración, intercesión y oración –aunque se reaviva con nuestro continuo sacrificio– debe venir directamente de Dios.

También muestra quién es Jesucristo para nosotros –y quién debemos ser nosotros para los demás. Recuerde siempre que para ser como Jesucristo, usted debe hacer en oración las mismas cosas que él tuvo que hacer. Él se ofreció a sí mismo al Padre sobre el madero como un sacrificio, y, por lo tanto, debemos ofrecernos nosotros mismos a Él. Y porque Jesús "vive para interceder" por nosotros, debemos vivir para interceder por los demás (Heb. 7:25).

Como la mesa de los panes de la proposición, el altar de oro estaba hecho de madera de acacia recubierta de oro. Aquí nuevamente vemos una combinación de lo humano con la deidad de Dios. El altar de bronce, que estaba construido de madera de acacia recubierta de bronce, tenía limitaciones porque la cobertura no era de oro puro. Si usted sólo comprende espiritualmente el altar de bronce, estará limitado a ese nivel de experiencia con Dios, basado en las limitaciones de lo humano. Pero si comprende el altar de oro, que estaba construido de madera recubierta de oro (simbolizando la deidad de Dios), sus oraciones, intercesión, y adoración serán fortalecidas por la deidad sobrenatural de Dios. Usted podrá manejar el peso de la intercesión en el altar de oro porque, aunque tiene un cuerpo humano, ha comprendido la deidad de Dios, el poder sobrenatural de su obra a través de usted.

El altar de oro fue construido de tres pies de altura, lo cual correspondía a la altura del arca del pacto. En realidad, el arca era de dos pies y medio de altura, pero cuando añadieron la altura de los dos querubines sobre la cubierta, midió exactamente tres pies. En la práctica, esto significa que cuando usted adora en el altar de oro, esa pieza del mobiliario lo lleva a un nivel donde puede tener comunión íntima con Dios según el modelo divino, creando otra correlación en el Espíritu. También le ayuda a entender que, a menos que esté en el nivel de Dios, usted no podrá orar ni interceder a favor de los demás. Su adoración, alabanza e intercesión deben estar a la misma altura que la gloria de Dios o no podrá comprender lo que Dios dirá en última instancia.

LOS INGREDIENTES DEL INCIENSO:
AROMÁTICOS, PUROS Y SANTOS

El incienso santo que ardía continuamente sobre los carbones del altar de oro estaba hecho con varios ingredientes. La divina mezcla de ingredientes "puros y santos" simboliza nuestra oración, intercesión y adoración –encendida por nuestro sacrificio– dándonos entrada al tercer reino, la presencia divina y la revelación de Dios, detrás del velo del propiciatorio.

Al estudiar los cuatro ingredientes del incienso santo, usted reconocerá que los mismos se hallan en Jesucristo. Su intercesión subió a Dios aún mientras estaba siendo crucificado. Lucas 23:33-34 nos dice:

> Y cuando llegaron al lugar llamado de la Calavera, le crucificaron allí, y a los malhechores, uno a la derecha y otro a la izquierda. Y Jesús decía: Padre, perdónalos, porque no saben lo que hacen. Y repartieron entre sí sus vestidos, echando suertes.

Mientras su cuerpo físico estaba muriendo, Jesús comenzó a ofrecer oración por quienes lo estaban llevando a la muerte. Esto significa que su ministerio eterno de intercesión comenzó en la cruz (Heb. 7:25). Cuando Jesús expiró, el velo que separaba el lugar santísimo en el tabernáculo se rasgó por la mitad de arriba abajo, y Él fue trasladado inmediatamente al tercer reino. En otras palabras, fue inmediatamente a la presencia del Padre. Por eso, pudo aparecer ante los discípulos en el aposento alto, aunque estaban detrás de una puerta firmemente cerrada y bloqueada (Juan 20:26). Ya no había *nada* en el ámbito natural que pudiera impedir que Jesús se moviera dentro de *cualquier área* para ayudar a quienes clamaban por su auxilio.

Cuando alguien clama por ayuda hoy en día, y los cuatro ingredientes de la intercesión están presentes en su vida de oración, a usted no pueden impedirle entrar en el ámbito sobrenatural para recibir ayuda y respuestas del Señor a favor de otros.

Con Dios, todas las cosas del reino del Espíritu se relacionan con medidas e ingredientes. Él continúa enfatizando estas cosas porque no quiere que nuestra vida de oración sea de casualidad, artimaña, o suerte. No quiere que nos golpeemos y frustremos en la oración. Dios desea estar seguro de que estamos siguiendo el modelo correcto y tenemos todos los ingredientes adecuados, porque si el modelo sigue intacto, siempre daremos en el blanco al orar.

Había cuatro ingredientes usados para crear el incienso santo. "Dijo además Jehová a Moisés: Toma especias aromáticas, estacte y uña aromática y gálbano aromático e incienso puro; de todo en igual peso, y harás de ello el incienso, un perfume según el arte del perfumador, bien mezclado, puro y santo" (Éx. 30:34-35).

La primera especia del incienso santo era la *estacte*, una resina que rezuma espontáneamente del estoraque.[5] Por revelación, creo que esto significa que nuestra *oración, adoración e intercesión no debe ser programada*. Debe surgir espontáneamente bajo la dirección del Espíritu de Dios. Esta es la razón por la cual muchas iglesias y personas hoy día están estancadas en las cosas del Espíritu. Tantos están siempre tratando de idear un *programa* para los servicios semanales, y se permiten quince minutos para la adoración, cinco minutos para el tiempo de oración y quizás dos minutos para la intercesión. No hay espontaneidad, ni receptividad del Espíritu del Señor en tal programa. Cuando le ponemos límites a Dios en el altar de oro, que fue diseñado para que la deidad y la humanidad fluyan juntas, nos limitamos a nosotros mismos en permitir que Dios dirija soberanamente nuestro espíritu en cualquier momento, lugar y manera en que Él desee usarnos en intercesión.

El libro de Ezequiel habla fuertemente de recibir la carga del Señor. En la preparación para hacerlo, debemos ser sensibles al latir del corazón de Dios en cualquier momento dado. Recuerde que el altar de oro se halla en el corazón del lugar santo, directamente enfrente del arca del pacto. Puesto que la oración, la intercesión, y la adoración son literalmente el latir del corazón de Dios, cuando nos convertimos en intercesores en este lugar llamado altar de oro del incienso, recibimos la capacidad de captar el latir de su corazón para recibir su carga.

El Espíritu del Señor puede moverse sobre usted en la tienda de comestibles. Puede revelarle una situación que está ocurriendo en la vida de alguien en otro estado o país. Si Él hace esto, no tiene tiempo para esperar que usted llegue a la iglesia el domingo para interceder dos minutos. En realidad, él no desea esperar siquiera hasta que usted vuelva a su casa desde la tienda. Por lo tanto, la *estacte* debe ser parte de su oración, intercesión, y alabanza, porque Dios necesita que usted sea instantáneamente obediente a su voz y sus indicaciones. Si Él necesita que usted saque su auto de la autopista para entrar en una intercesión espontánea, la estacte lo prepara para hacerlo.

La segunda especia que era parte del incienso santo era la *uña aromática*, la cual se extraía de un marisco que vivía en las profundidades del Mar Rojo. La revelación de esto quiere decir que *usted debe tener profundidad en su adoración*. No puede quedar satisfecho meramente con cantar las mismas canciones que oye entonar a todos los demás. Debe evitar limitarse a cantar solamente canciones de adoración escritas por otros, y aprender a cantar desde su espíritu.

Su nivel de oración, intercesión y adoración a Dios debe surgir de la profundidad del Espíritu. Usted debe ser capaz de dejar la *superficie* de lo que ya ha sido hecho para entrar en una dimensión de nuevas experiencias que fluyen del latido del corazón de Dios.

La unción de la uña aromática también significa que Dios requiere que usted piense más profundamente acerca de las oraciones que eleva y que no repita constantemente el modelo de oración de Jesús en Mateo 6:9-13. Requerirá de usted algo más que el mero recitado de una oración común para dormir o alguna otra oración repetitiva que ha usado por años. Cuando usted está enfrente del altar de oro del incienso, las cosas profundas del Espíritu de Dios convocarán a *lo profundo* que está dentro de usted. La Escritura dice: "Un abismo llama a otro..." (Salmos 42:7).

La tercera especia era el *gálbano*, una resina acre que sólo podía obtenerse quebrando o partiendo la rama de un árbol. La palabra *acre* significa "que afecta los órganos del gusto y el olfato con una aguda sensación agria". En otras palabras, era un ingrediente amargo, en ninguna manera placentero a los sentidos. Como intercesor, habrá tiempos cuando usted pasará por experiencias de *gálbano*. Sin embargo, durante las *épocas y manifestaciones difíciles*, usted debe llegar a un lugar donde pueda declarar: "Aunque estoy teniendo una experiencia amarga, voy a permanecer en la posición de oración, intercesión y adoración".

Mientras usted sirve en el altar de oro del incienso, Dios comenzará a entrenarlo para ayudarle a comprender que en su vida no siempre todo va a andar sobre ruedas. Va a tener algunos días y situaciones pedregosos en los que se sentirá como si estuviera *partido*. Habrá tiempos en que la amargura parecerá brotar de usted debido a situaciones en su familia, iglesia o lugar de trabajo, situaciones que lo hieren. Habrá tiempos en que esté físicamente herido o sus emociones sean sacudidas. Pero en medio de esas experiencias de *gálbano*, debe aprender cómo continuar ofreciendo oraciones, intercesión y adoración a Dios desde lo profundo de su espíritu.

La cuarta y última especia que se agregaba al incienso santo era el *incienso puro,* una resina que se recolectaba por la mañana temprano del árbol de Boswellia. Esto me recuerda el Salmo 63:1-2:

> Dios, Dios mío, eres tú; de madrugada te buscaré; mi alma
> tiene sed de ti, mi carne te anhela, en tierra seca y árida
> donde no hay aguas, para ver tu poder y tu gloria, así como
> te he mirado en el santuario.

Cuando usted busca al Señor desde el ingrediente del incienso puro, *lo busca de madrugada,* lo cual no significa necesariamente una parte del día. Esta preciosa resina se recogía por la mañana temprano *porque fluía rápidamente a esa hora.* ¿Qué está diciendo Dios aquí? Usted debe buscar a Dios temprano en la mañana de su prueba, antes de que lleguen la tarde y la noche sobre ella. Determine buscar al Señor en el comienzo de su prueba, antes de que llegue la preocupación, haya un accidente o un malentendido, antes de que haya problemas en la línea. En el lugar santo, buscarle temprano se transforma en su manera de vivir. Cuando usted haga esto, siempre habrá un rápido fluir de su Espíritu. Tendrá un continuo fluir de su unción.

Después de mezclar juntos los cuatro ingredientes del incienso santo, se utilizaba un último elemento para suavizarlos a todos: "Y harás de ellos el incienso, un perfume según el arte del perfumador, bien mezclado [sazonado con sal y mezclado], puro y santo" (Éx. 30:35).

Usted es "la sal de la tierra" (Mt. 5:13), especialmente cuando desempeña su rol sacerdotal como intercesor. Usted es el elemento clave que trae todo junto al altar de oro. La oración, intercesión y adoración deben constituirse en su prioridad personal. Tiene que entregarse completamente a este proceso divino. No puede contar con que otras personas lo hagan por usted. Habrá un tiempo en su camino de oración cuando tendrá que apagar su grabador, sacar el CD (con la alabanza y adoración de otros en él), y transformarse en la *sal* que Dios ha creado para su gloria. Si no lo hace, usted no servirá para nada, sino para "ser echada fuera y hollada por los hombres" (Mt. 5:13).

Cuando usted llegue al altar de oro del incienso santo, la *estacte*, la *uña aromática*, el *gálbano*, y el *incienso puro* se habrán transformado en los ingredientes esenciales para su servicio de intercesión ante Dios. En ese punto, está a sólo un latido de distancia de una experiencia en el lugar secreto *detrás del velo*. Usted se halla en la posición donde la revelación lo está esperando en el propiciatorio, la liberación es inminente, y la victoria total está garantizada, porque usted ha aprendido a llevar la carga del Señor en oración.

CAPÍTULO 11

El poder de la intercesión:
Entrar al lugar santísimo

*U*STED ESTÁ A punto de ingresar al lugar más sagrado del tabernáculo, así que debe tomar tiempo para asegurarse de estar suficientemente bien preparado. Este lugar santísimo es el sitio en el cual llega a estar absolutamente seguro de que Dios escucha sus plegarias, y es también el lugar en el cual usted está finalmente listo para recibir sus respuestas. Revisemos nuestra lista de pasos de oración previos:

1. ¿Entró usted por la Puerta Hermosa? ¿Aceptó a Jesucristo como su Señor y Salvador al recibir su obra consumada, representada por los cuatro colores: azul, púrpura, escarlata y blanco?

2. ¿Pasó ya por el atrio de su experiencia inicial de conversión? ¿Superó la etapa religiosa (hablar con Dios en la iglesia una o dos veces por semana) y avanzó hacia una relación más íntima con Cristo? Durante la oración, ¿se preocupa menos por lo que usted mismo necesita y se enfoca más en llegar a ser quien usted es en Cristo?

3. ¿Fue a la fuente de bronce? ¿Ha permitido que el Espíritu Santo comience a edificar el carácter de Dios en usted al lavarlo en el lavacro de la Palabra de Dios? ¿Es ya un "hacedor de la Palabra" y no tan sólo un "oidor"? ¿Puede realmente comprender que ahora ha sido limpiado por medio de la Palabra?

4. ¿Se rindió en el altar de bronce? ¿Ha ofrecido cada parte de su ser a Él, incluyendo aquellas áreas que pueden llegar a ser estorbos o pesos en su andar con Dios? ¿Se coloca usted diariamente en este altar para que Dios purifique su ser y sus motivaciones? ¿Se entregó usted mismo, voluntariamente, como un sacrificio vivo?

5. ¿Está vistiendo su túnica de justicia? ¿Entiende que ha sido hecho la "justicia de Dios en Cristo Jesús"? ¿Se está disciplinando para andar en santidad, declarando diariamente la victoria?

6. ¿Se ha colocado las vestiduras sacerdotales de perfección: el cinto, el manto azul, el efod, el pectoral con Urim y Tumim y la mitra? ¿Está caminando en su unción sacerdotal como un "tabernáculo viviente" de manera tal que pueda entrar en la divina presencia en oración e intercesión?

7. Mientras se preparaba para acercarse a la puerta del tabernáculo, ¿experimentó una revelación más profunda de las obras de Cristo? ¿Acude regularmente a su lugar de oración entendiendo las obras de Cristo que se manifiestan en su vida?

8. Los ingredientes del aceite de la unción santa de Dios —mirra líquida, canela y caña aromática, y casia—, ¿se han convertido en parte de su propia vida? ¿Ha comenzado a andar constantemente en santidad

delante del Señor, manteniendo una actitud correcta con los demás y con Dios? ¿Está madurando espiritualmente, experimentando "perfección" en su unción intercesora durante la oración?

9. ¿Está experimentando el poder de la protección divina a través de las cubiertas espirituales del tabernáculo: lino fino y lana, pelo de cabra y piel de carnero y de tejón? En este lugar más profundo de la oración, ¿está usted aprendiendo a relajarse y confiar en la provisión, protección y dirección sobrenatural de Dios?

10. ¿Ha comprendido el contenido del lugar santo del tabernáculo: la mesa de los panes de la proposición, el candelero de oro, y finalmente el altar de oro del incienso? El poder de cada uno de estos elementos, ¿está literalmente comenzando a trabajar dentro de usted y a través de usted a medida que ora por otros?

Permítame decirle esto aún más claramente: antes de que Dios le permita operar en la fe que provoca resultados a través de la oración y la intercesión eficaces, hay requisitos básicos sobre los cuales cada intercesor debe edificar su vida. Los niveles de su caminar con Cristo se van profundizando cada vez más y lo llevan a dimensiones más altas en su cuarto de oración. *Tenga esto presente, ya que usted está por entrar al lugar santísimo, el reino sobrenatural donde usted tiene comunión eterna con Dios.*

Ahora miremos hacia adelante, hacia la divina entrada a través del velo. Allí verá el altar de oro del incienso. Como el altar de oro del incienso estaba en el centro de la estructura del tabernáculo, era la pieza del mobiliario más cercana a la divina presencia de Dios detrás del velo. Representaba el corazón del servicio del tabernáculo. Cualquiera podía dirigirse al atrio y lavarse en el lavacro de bronce antes de realizar el sacrificio en el altar de bronce. Pero sólo a los sacerdotes y al sumo sacerdote se les permitía servir en el lugar santo, entre la mesa para los panes de la proposición, el candelero de oro y el altar de oro. Y sólo el sumo sacerdote podía ingresar al lugar santísimo.

Como usted ha aprendido, Dios dirige una tremenda advertencia en la Escritura a los que no están espiritualmente calificados para ocuparse de la intercesión y la oración. Debemos guardarnos cuidadosamente de no mezclar los ingredientes equivocados en nuestra adoración. Los ingredientes sagrados del incienso santo eran medidos con cuidado en la cantidad justa y mezclados de acuerdo con las instrucciones del Señor antes de ser molidos para convertirlos en fino polvo. Cuando esta mezcla sagrada era espolvoreada sobre las brasas ardientes del altar de oro, irradiaba hacia la atmósfera una dulce fragancia que impregnaba todo el lugar santo. Recuerde, el aroma de la carne quemada subía del altar de bronce, pero el fragante aroma del incienso santo sólo sube del altar de oro.

Cuando usted es un verdadero intercesor —un creyente que ora, intercede y adora en su casa, en el trabajo, en la iglesia o donde sea que se encuentre— cualquier persona que se le acerque debe ser capaz de notar la presencia de Dios en usted. Debe haber un fragante aroma a oración y adoración dondequiera que usted vaya. Las personas que visiten su iglesia deben poder decir: "La gente ora en esta iglesia. Puedo sentir la presencia de Dios. Puedo oler su aroma". Lo mismo debería suceder en su casa. La esencia de la oración, la intercesión y la adoración debería permear la atmósfera que lo rodea.

Si éste no es el caso en su vida, ¿significa que usted no está orando? No. Sólo significa que usted no está orando correctamente de acuerdo con el patrón apropiado. Usted no está orando con la profundidad suficiente ni con los ingredientes correctos que Dios ha establecido como requisitos para la intercesión efectiva. Recuerde que quienes no han pasado por la fuente de bronce y por el altar de bronce no pueden entrar ni servir en el lugar santo, y definitivamente no pueden acercarse al altar de oro del incienso. Permítame llevarlo a través de algunas historias de la Biblia para ilustrar este punto.

La fortaleza del rey Uzías

En 2 Crónicas 26, encontramos la historia del rey Uzías. Como intercesor, es importante que usted entienda la naturaleza de este rey, pues él desafió la ley de Dios respecto al altar del incienso. Aunque sólo tenía dieciséis años de edad cuando comenzó a reinar, sabemos que "hizo lo recto ante los ojos de Jehová, conforme a todas las cosas que había hecho Amasías su padre. Y persistió en buscar a Dios en los días de Zacarías, entendido en visiones de Dios; y en estos días en que buscó a Jehová, él le prosperó" (vv. 4-5).

Así que vemos que en los primeros años de su reinado, el rey Uzías tenía una relación con Dios. Comenzó su reinado correctamente, bajo la cobertura espiritual del profeta Zacarías. En sus primeros años, el rey Uzías anhelaba y buscaba al Señor, y Dios lo prosperó. Más tarde su situación comenzó a cambiar. Nunca debemos olvidar que un *buen comienzo* con Dios no nos califica automáticamente para ministrar en el lugar santo, especialmente si cambiamos de rumbo luego de comenzar.

Uzías fue capaz de derrotar muchas de las ciudades de los enemigos de Israel, los filisteos. Dios le ayudó a realizar esto con éxito, "y se divulgó su fama hasta la frontera de Egipto; porque se había hecho altamente poderoso" (v. 8). Desarrolló un ejército extremadamente poderoso, con una gran capacidad de combate, que contaba con más de trescientos mil hombres "guerreros poderosos y fuertes, para ayudar al rey contra los enemigos" (v. 13). Se volvió famoso en toda la tierra y muy conocido por su imponente ejército, que se encontraba bien preparado con las armas y máquinas de guerra que Uzías le proveía.

Pero al leer el capítulo 26 de 2 Crónicas, usted notará que el rey Uzías pasó de ser calificado como una persona que *buscaba y anhelaba al Señor* a convertirse en *un hombre famoso, conocido por su gran éxito*. A medida que su fama se expandió, él comenzó a confiar cada vez más en la fortaleza de sus propias capacidades. Lo mismo ocurre hoy. Por ejemplo, digamos que usted es un gran predicador o cantante, y su fama se extiende por todos lados. Si usted no tiene cuidado, su actitud de buscar a Dios se interrumpirá. Es por ello que debemos tener cuidado de seguir lavándonos en la fuente de bronce y sacrificándonos en el altar de bronce. Si nos volvemos fuertes en nosotros mismos, podemos acabar como el rey Uzías, diciendo "no necesito más a Dios, puedo manejar esto yo mismo". Esta actitud es extremadamente peligrosa, por lo que podemos ver en la vida de Uzías. Tome nota del versículo 16: "Mas cuando ya era fuerte, su corazón se enalteció para su ruina; porque se rebeló contra Jehová su Dios, entrando en el templo de Jehová para quemar incienso en el altar del incienso."

Cuando el orgullo y la arrogancia se apoderan de nosotros, los sigue de cerca un espíritu altanero, lo que significa que esta persona no será receptiva a la corrección. Escúcheme atentamente: Si usted está siendo usado al servicio del Señor, pero sigue moviéndose en orgullo y altanería y no se está sometiendo a la corrección de una autoridad espiritual, entonces va camino al naufragio.

El rey Uzías pasó de largo por la fuente de bronce, ignoró el altar de bronce y fue directamente hacia el lugar santo. Ignoró la mesa de los panes de la proposición y el candelero de oro, lo que significa que no otorgó reconocimiento alguno a la palabra de Dios ni al Espíritu Santo. Ya no estaba *golpeado ni prensado*. Había dado lugar al orgullo, y las obras de la carne se manifestaron completamente en él. A pesar de su degradada condición espiritual, entró al lugar santo, ¡y se dirigió directamente al altar de oro del incienso! Vea lo que comenzó a suceder en los versículos 17-18:

> Y entró tras él el sacerdote Azarías, y con él ochenta sacerdotes de Jehová, varones valientes. Y se pusieron contra el rey Uzías, y le dijeron: No te corresponde a ti, oh Uzías, el quemar incienso a Jehová, sino a los sacerdotes hijos de Aarón, que son consagrados para quemarlo. Sal del santuario, porque has prevaricado, y no te será para gloria delante de Jehová Dios.

¿Se da cuenta? No importa lo que usted haya logrado: no obtendrá ningún crédito en el cielo si entra a la presencia de Dios ilegalmente. Algunos intentan decir: "me levanto todos los días a las seis de la mañana y oro". No importa a qué hora se levante si no está orando de acuerdo con las pautas de Dios, porque sus oraciones son orgullosas.

Otros dicen: "Sirvo en la iglesia varios días a la semana y cada domingo me piden que dirija la oración... porque Dios ha ungido mi vida". Si así es usted, el orgullo está tomando el control de su vida. Usted ha pasado junto a la fuente de bronce y ha eludido presentarse en sacrificio en el altar de bronce. Usted ha ignorado el pan de la proposición y el candelero de oro. ¿Y pretende ahora estar frente a Dios lleno de orgullo y ofrecerle sus plegarias? ¡No obtendrá por ello ningún crédito en gloria! Usted podrá ser elogiado por la gente de su iglesia. Podrá ser honrado por todos sus compinches que inflan su espíritu y lo llenan de orgullo, *pero no obtendrá ningún crédito de Dios.*

Los versículos 19 y 20 nos dicen lo que le ocurrió al rey Uzías:

> Entonces Uzías, teniendo en la mano un incensario para ofrecer incienso, se llenó de ira; y en su ira contra los sacerdotes, la lepra le brotó en la frente, delante de los sacerdotes en la casa de Jehová, junto al altar del incienso. Y le miró el sumo sacerdote Azarías, y todos los sacerdotes, y he aquí la lepra estaba en su frente; y le hicieron salir apresuradamente de aquel lugar; y él también se dio prisa a salir, porque Jehová lo había herido.

Permítame trazarle un paralelismo. La verdadera señal de que una persona ha ignorado los requisitos que Dios establece para un auténtico intercesor es la siguiente: cuando llega la disciplina, la persona se enoja, y ése en un estado peligroso para estar con Dios.

Un intercesor comienza por buscar a Dios y andar delante de Él. Eso ocurre mucho antes de que alguien reconozca la unción sobre la vida de esa persona. Antes de que alguien reconozca sus talentos o dones, usted comienza a doblar las rodillas, buscando a Dios, anhelándolo como un ciervo que "brama por las corrientes de aguas" (Salmo 42:1).

Pero algo ocurre cuando usted adquiere la *fama* de haberse convertido en un intercesor, y la gente ve la unción de Dios sobre su vida. Entonces comienzan a buscarlo. Cuando esto ocurre, debe tener cuidado de no caer en el orgullo y perder crédito ante Dios. Mire lo que le ocurrió al rey Uzías. Él comenzó a confiar en sus propias fuerzas y, como resultado, terminó siendo un leproso el resto de su vida (2 Cr. 26: 21-23).

Como intercesor, es esencial que usted entienda el poder del altar de oro del incienso. No debe ser ignorado ni mal utilizado. Debemos dedicar un tiempo exclusivamente al altar de oro para lograr la mezcla correcta de oración, intercesión y adoración frente a Dios. ¡No podemos precipitarnos al lugar santo y esperar que se nos dé una unción *instantánea*, a nuestro modo! Cada ingrediente del incienso santo sufre un proceso específico antes de estar listo para ser agregado a la mezcla del incienso en una cantidad específica. Para que la unción sea auténtica, debe tener la mezcla de Dios.

Nuestras plegarias y adoración deben ser dadas a Dios, y sólo a Él. Entre las instrucciones para hacer el incienso, Dios le advirtió a Moisés: "Como este incienso que harás, no os haréis otro según su composición; te será cosa sagrada para Jehová. Cualquiera que hiciere otro como este para olerlo, será cortado de entre su pueblo" (Éx. 30:37–38). Cuando entramos al lugar santo, nuestra alabanza, adoración y todo lo que somos debe ser entregado a Dios, sólo para su gloria.

ARROGANCIA EN EL SACERDOCIO

¿Por qué cualquiera que se presente con una falsa mezcla del incienso santo debe ser cortado de Israel? (Éx. 30: 37-38). Cuando usted crea una falsa mezcla de unción, está atrayendo hacia sí mismo la adoración y la alabanza que pertenecen sólo a Dios.

Nadab y Abihú, los hijos de Aaron, murieron cuando ofrecieron un "fuego extraño" delante del Señor (Lv. 10:1-3). Esto ocurrió inmediatamente después que fue establecido el sacerdocio, y habla de lo que puede ocurrir tempranamente en el caminar de un creyente con el Señor. El rey Uzías representa un nivel más profundo de engaño, que puede ocurrir luego que un individuo es llamado a servir en cierta posición y comienza buscando al Señor. Uzías se llenó de orgullo después de haber sido levantado y nombrado en su oficio.

En otra ilustración bíblica, tres hombres –Coré, Datán y Abiram– decidieron ocupar una posición que sólo le estaba permitida a un sacerdote. Juntaron un grupo de 250 líderes y hombres distinguidos para oponerse a Moisés y Aarón, y desafiaron su liderazgo. (Ver Números 16:1-4).

Es algo muy peligroso pretender el oficio de sacerdote cuando usted aún no ha sido purificado para ese nivel.

Sólo Dios puede llamarlo para ponerse de pie en medio de la congregación y ministrar la Palabra de Dios (que es el pan de la proposición) o ser parte del mover del Espíritu (que es el candelero de oro). Usted debe esperar en el Señor para ser llamado a ministrar por medio de la intercesión.

Coré, Datán y Abiram trataron de desacreditar lo que Moisés había hecho en obediencia al Señor. Cuestionaron la manera en que Moisés estaba conduciendo a los hijos de Israel. Preguntaron: "¿Por qué nosotros no podemos ser sacerdotes también?"

Moisés les respondió con esta advertencia: "y habló a Coré y a todo su séquito, diciendo: Mañana mostrará Jehová quién es suyo, y quién es santo, y hará que se acerque a él; al que él escogiere, él lo acercará a sí" (Nm. 16:5). En otras palabras, les estaba diciendo a aquellos hombres: "ustedes no me están cuestionando a mí; *están cuestionando a Dios*".

Aquí es donde la Biblia revela que aunque el enemigo pueda mentirle, la verdad será revelada en el altar de oro. Cuando Coré y 250 de sus hombres tomaron sus incensarios y pusieron en ellos carbones encendidos, resistieron a Moisés y Aarón en la entrada del lugar santo y reunieron a toda la congregación contra ellos. Como resultado de esto, Dios envió juicio. La tierra se abrió y tragó las tiendas (familias) de Coré, Datán y Abiram, y el fuego consumió los 250 hombres con incensarios. Todos ellos murieron delante del Señor (vv. 23-35).

Algunas personas comienzan maravillosamente en Dios, yendo a la fuente de bronce y al altar de bronce. Pero tan pronto como Él los eleva al oficio sacerdotal, y se convierten en intercesores o comienzan a predicar el evangelio y a moverse en las cosas del Espíritu, su orgullo crece. En el momento menos pensado, usted dejará de oír de ellos para siempre. Ellos solían predicar, profetizar, imponer manos sobre los enfermos e interpretar lenguas, pero han desaparecido, porque no siguieron su patrón. Fracasaron en esperar ante el Señor ser procesados hasta el nivel de purificación del sacerdocio. En lugar de responder obedeciendo al proceso de purificación del Señor, quisieron conseguir el oficio a su manera. No habían ofrecido un sacrificio lo suficientemente grande como para poder entrar a ese nivel en Dios, y por esa razón fueron tragados y destruidos.

Por eso le digo: *espere en el Señor*. Debe estar seguro de su llamado y elección (2 P. 1:10). Cada creyente ha sido llamado a orar de acuerdo con lo que Jesús enseña en Lucas 18:1-8: debemos orar siempre y no desmayar. Sin embargo, usted debe llegar a otro nivel de madurez en Dios antes de que pueda entrar al reino de la oración intercesora. Piense en el caminar de Moisés con el Señor y cómo Él preparó su espíritu para que dirigiera una nación. En Números 12:7-8, Dios dice a Miriam y a Aarón: "No así a mi siervo Moisés, que es fiel en toda mi casa. Cara a cara hablaré con él, y claramente, y no por figuras; y verá la apariencia de Jehová."

Se requiere sacrificio y quebrantamiento para alcanzar esa profundidad en la relación y comunicación con Dios, en donde Él le hable cara a cara, directa y claramente, y donde usted sea capaz de contemplar la apariencia del Señor. Aunque Dios desea tener este nivel de relación con todos, usted deberá esperar hasta que Él lo capacite para llegar allí o, de lo contrario, será tragado y destruido totalmente por las obras de la carne.

Las obras de la carne destruyen la aromática mezcla del incienso santo. Solo una mezcla pura de las "especias aromáticas" –estacte, uña aromática, gálbano aromático e incienso puro– permanece *fragante*, *pura* y *santa* para el Señor. "Las moscas muertas hacen heder y dar mal olor al perfume del perfumista; así una pequeña locura, al que es estimado como sabio y honorable" (Ec. 10:1).

Cuando Dios lo llama al oficio del sacerdocio o a ser un intercesor, no puede haber en su vida nada que pueda ser considerado como *insensatez*. Sería como dejar caer una mosca en el aceite del boticario, lo cual produciría un aroma desagradable en todo el templo.

Algunos creyentes crean todo tipo de cosas de su propio diseño y las mezclan, y llaman a eso Dios. Pero estas personas están adorando ilegalmente. Hay moscas muertas en el aceite de la unción de sus vidas. Como no se han rendido a Dios ni han seguido sus pautas no tienen el aceite puro de oliva ni los ingredientes correctos para el incienso. Como resultado de ello, Dios no puede usarlos para cambiar la vida de la gente. Yo les recordaría a esos creyentes lo que dice Proverbios 14:12: "Hay camino que al hombre le parece derecho; pero su fin es camino de muerte".

Debemos tener cuidado de no usar mal el altar de oro del incienso, porque se encuentra justo frente al arca del pacto. A diferencia del altar de bronce, que trata con su carne, el altar de oro trata con su fe. Es nuestro pasadizo para llegar detrás del velo, al lugar santísimo.

HAY PODER EN SEGUIR EL MODELO DE DIOS

Después que cayó el juicio sobre Coré, Datán y Abiram, los hijos de Israel se rebelaron contra Moisés. Esta rebelión enojó tanto al Señor que les dijo a Aarón y Moisés: "Apartaos de en medio de esta congregación, y los consumiré en un momento" (Nm. 16:45). Inmediatamente, Moisés y Aarón se postraron sobre sus rostros

Por la ira de Dios, una plaga comenzó a barrer la desobediente congregación. Con temor, Moisés ordenó a Aarón que corriera a traer un incensario, que le pusiera fuego del altar e hiciera expiación por el pueblo. "Entonces tomó Aarón el incensario, como Moisés dijo, y corrió en medio de la congregación; y he aquí que la mortandad había comenzado en el pueblo; y él puso incienso, e hizo expiación por el pueblo, y se puso entre los muertos y los vivos; y cesó la mortandad" (vv. 47-48).

Cuando usted se sujeta apropiadamente del altar de oro del incienso, tiene el poder de tomar la unción de Dios de ese altar y ubicarse entre los vivos y los muertos para declarar vida. Cuando usted transporta el poder del Señor desde su cuarto de oración, usted se transforma en el incensario de oro. Las oraciones, adoración e intercesión de esas brasas permanecen encendidas en su sacrificio continuo en el altar de bronce. Los ingredientes del incienso santo están dentro de usted, y dondequiera que USTED vaya –así sea el salón de belleza, el hospital, el banco, la tienda de comestibles, la cárcel o su propia casa o iglesia– *usted* se convierte en el incensario con brasas encendidas y un incienso fragante que sube continuamente a Dios. De acuerdo con la palabra de Dios, usted es capaz de frenar la plaga en la tierra. *Usted* puede frenar el pecado, la enfermedad y el mal.

Dios le ha dado a *usted* la autoridad para salir del lugar santo y colo-carse entre los vivos y los muertos. ¡*USTED* puede declarar vida!

¿Lo ve? Debe comprender y aferrarse al poder del altar de oro del incienso. Como Aarón, usted debe aprender a cuidar sus vestiduras y ministrar en el altar de oro cada mañana y cada noche, porque debe estar firme en esa brecha por quienes necesitan una respuesta de parte del Señor.

REPASEMOS

Cuando el sumo sacerdote era engalanado con toda su vestimenta sacerdotal para entrar al lugar santo, vestía su túnica y calzoncillos de lino, que representaban la *justicia*. Estaba ceñido con el cinto, que representaba *la fuerza del Señor*. También lucía un manto azul, que representaba la *autoridad*, y el efod, que simbolizaba que había sido *probado* para su rol sacerdotal. Por último, tenía puesto el pectoral que contenía el Urim y el Tumim, que representaban las *luces* y *perfecciones* para que él recibiera la Palabra del Señor para Israel. También llevaba puesta la mitra con una diadema santa, que simbolizaba que estaba completamente *dedicado* a Dios y su servicio.

Cuando estaban apropiadamente vestidos, Aarón y sus hijos (quie-nes sólo llevaban túnicas y cintos) podían ingresar al lugar santo para cumplir el servicio al Señor. Pero sólo el sumo sacerdote podía entrar al lugar santísimo.

Una vez al año, en el Día de la Expiación, Aarón debía someterse por segunda vez al proceso de purificación, que incluía el despojarse de toda su habitual vestimenta sacerdotal y ponerse la "más santa", de túnica y calzoncillos de lino, antes de poder atravesar el velo. Como sumo sacerdote, si Aarón no hubiera guardado fielmente todas sus vestiduras con la justicia como su fundamento, se habría inhabili-tado a sí mismo para entrar en la presencia divina. *Como intercesor, ¿qué significa esto para usted?* En la divina presencia del Señor, no hay interferencias; nada está manchado. Nada se interpone entre usted y Dios. En otras palabras, *no hay ningún velo*. Cuando el sumo sacer-dote entró en aquél lugar divino, no hubo ninguna separación entre él y Dios. La justicia era su fundamento.

¿Qué nos dice esto hoy? Aunque hay ciertos requisitos (vestiduras) para que podamos operar en un ministerio, cuando nos preparamos para entrar en la presencia divina de Dios, el requerimiento esencial, por encima de cualquier otro, es vestir *la túnica de la justicia*. Aarón se despojó de sus vestiduras sacerdotales, la mitra, el pectoral, el efod, el manto azul y los calzoncillos de lino, e ingresó al lugar santísimo luciendo sus vestiduras *más santas*. ¿Por qué? Porque él ya había dejado atrás aquellas cosas. Si queremos atravesar el velo, debemos despojarnos de todo lo que hacemos en el servicio al Señor (nuestro culto racional) ya que nada, excepto la justicia imputada a nosotros por Cristo, nos puede llevar allí.

Cuando Aarón atravesó el velo, vio los mismos colores que había en la Puerta Hermosa del atrio y en la puerta del lugar santo. También vio el querubín, el león, el águila y el buey mientras atravesaba el velo para ministrar en el arca del testimonio. Debemos recordar, mientras entramos en la divina presencia del Señor –aunque hayamos hecho sacrificios y servido a Dios por muchos años– que sólo podemos entrar a su presencia por medio de las obras consumadas de Jesucristo. Nada que nosotros podamos haber hecho en el servicio del Señor nos califica para entrar detrás del velo: sólo lo que Cristo hizo a nuestro favor.

Cuando Jesús derramó su sangre y murió en la cruz, ese velo fue roto de arriba abajo. Ahora podemos permanecer de pie frente al lugar santísimo como sacerdotes para Dios, y ofrecer el *aromático*, *puro* y *santo* incienso de nuestra adoración. ¿Por qué? Porque cuando llegamos al altar del incienso, ése no es el lugar donde luchamos: es el lugar donde adoramos. No debemos aguardar para entrar detrás del velo, porque el velo ya ha sido abierto. La sangre de Jesús ha hecho expiación por nosotros. Por eso Él es capaz de hacer "todas las cosas mucho más abundantemente de lo que pedimos o entendemos, según el poder que actúa en nosotros" (Ef. 3:20). Ese poder es la misma imagen, carácter y naturaleza de Cristo, representado por todos los colores e imágenes que están operando en nuestra vida. Eso es lo que vemos y experimentamos cuando nos dirigimos hacia el propiciatorio.

Cuando Jesús murió en la cruz, Él cargó los pecados del mundo y se hizo pecado, y el Padre tuvo que dar la espalda a su propio Hijo. Cristo tuvo que cargar todo lo que era injusticia, y su Padre tuvo que apartarse de su unigénito Hijo mientras Él moría. Si usted no está viviendo apropiadamente, no será capaz de orar eficazmente, porque Dios tendrá que darle la espalda. La única manera en que Dios puede verlo y no enviarle juicio es cuando lo mira a través de la sangre de su Hijo.

Antes de que el sumo sacerdote pudiera acercarse al altar de oro del incienso, el día de la expiación, primero tenía que ofrecer sacrificios por sus propios pecados y por los pecados de los hijos de Israel (Lv. 16: 5-13). Sin el sacrificio de sangre de Jesús para salvación, usted no puede ser salvo. Sin aplicar esa misma sangre como intercesor –manteniendo la operación de su sangre mientras camina con Él– Dios no puede hablar con usted desde el propiciatorio. Él debe darle la espalda.

Pero cuando Él lo mira a través de la sangre de Jesús, no sólo lo ve a través de la sangre que ha sido aplicada a su vida, *sino que también ve a Cristo en usted.* Dios no va a destruir a su propio Hijo, porque Jesús ya ha conquistado la muerte, el infierno y la tumba. Jesús no puede morir. ¡Nunca lo hará!

Déjeme decírselo de otra forma. Cuando el Padre lo mira a usted, y usted está viviendo de acuerdo con la obra consumada de su Hijo, es como si Él estuviera viendo a Jesús. Usted debería haber sido cortado mucho antes por el pecado y la iniquidad, pero la sangre lo cubre de manera que pueda ofrecer plegarias, intercesión y adoración a Dios de acuerdo con las pautas divinas. El Hijo se instala *en usted,* así que cuando atraviesa el velo, usted puede aplicar esa sangre al propiciatorio, donde Cristo vive por siempre para interceder por nosotros. Mientras Cristo viva en usted, cualquier cosa que el maligno envíe en su dirección no podrá vencerlo, porque ha llegado al punto en que Cristo "vive por siempre" en su corazón e intercede (se pone en la brecha) por usted. Él está orando para que su fe no falle.

¡Bendiga a Dios por Jesús! Él es la razón de que usted sea salvo. Él es la razón de que usted pueda caminar en obediencia a Dios. ¡Jesús es su justicia! ¡Por eso ninguno de sus problemas ha logrado quebrantarlo o silenciar su alabanza! ¡Usted puede seguir alabando a Dios, porque Cristo vive en usted! Por eso no puede ignorar el sacrificio invalorable que lo viste de justicia. Por lo que Cristo hizo, cuando su carne es débil, *usted es fuerte* (2 Co. 12:9).

Cada vez que su carne le diga que se detenga, ¡usted puede seguir adelante en Dios! ¡No deje de ir a Dios en tiempos de debilidad! En esos momentos en que usted siente una gran carga emocional, puede sin embargo alzar sus manos en alabanza a Dios... *porque Cristo vive en usted* (2 Co. 5: 17).

Lea cuidadosamente 2 Corintios 5:17–6:2. Estos son sus beneficios:

> De modo que si alguno está en Cristo, nueva criatura es; las cosas viejas pasaron; he aquí todas son hechas nuevas. Y todo esto proviene de Dios, quien nos reconcilió consigo mismo por Cristo, y nos dio el ministerio de la reconciliación; que Dios estaba en Cristo reconciliando consigo al mundo, no tomándoles en cuenta a los hombres sus pecados, y nos encargó a nosotros la palabra de la reconciliación. Así que, somos embajadores en nombre de Cristo, como si Dios rogase por medio de nosotros; os rogamos en nombre de Cristo: Reconciliaos con Dios. Al que no conoció pecado, por nosotros lo hizo pecado, para que nosotros fuésemos hechos justicia de Dios en él. Así, pues, nosotros, como colaboradores suyos, os exhortamos también a que no recibáis en vano la gracia de Dios. Porque dice: En tiempo aceptable te he oído, Y en día de salvación te he socorrido. He aquí ahora el tiempo aceptable; he aquí ahora el día de salvación.

Jesús dio su vida para que usted pueda vivir y restaurar a otros a una correcta relación con Dios. Por eso, usted debe ir a través de la obra consumada de Él en cada paso del patrón de oración. Usted puede hacer todas las cosas en Cristo, pero sin Cristo no puede hacer ninguna.

Él quiere que usted sea capaz de caminar con el testimonio: "Casi muero, pero Jesús dijo "No". ¡Casi me pierdo para siempre, pero *la sangre de Jesús* me sanó y me restauró!" *¿Qué puede lavar su pecado?* ¡Sólo la sangre de Jesús! *¿Quién puede hacer de usted una nueva criatura?*

¡Sólo la sangre de Jesús! Sólo el precioso fluir de su sangre redentora puede volverlo más blanco que la nieve. Deténgase y agradezca al Señor, porque vendrá el enemigo como río, mas el Espíritu de Jehová levantará bandera contra él. ¡Gracias a Dios por darnos la victoria y hacernos triunfar!

Cuando usted ha cruzado el atrio y atravesado el lugar santo para ministrar en el altar de oro del incienso, ¡ya puede declarar la victoria! ¡Mientras se prepara para ingresar al lugar santísimo detrás del velo, usted sabe que Él vive! Cuando se inclina a sus pies en oración e intercesión, sin importar si es de día, de noche, verano, primavera o invierno, usted sabe que Él es el único que puede sostenerlo. En pruebas y tribulaciones, Él es Señor. Cuando el enemigo intenta derribarlo y decirle que usted no podrá lograrlo, ¡Jesús es perfectamente capaz de mantenerlo vivo y llevarlo a su próximo nivel!

Una vez que usted entró al lugar santo, *ya está protegido*. No necesita pelear sus batallas. ¡Ellas ya fueron libradas a su favor, y la victoria ya ha sido ganada!

El ancla de su alma...

Hebreos 6:17–20 dice:

> Por lo cual, queriendo Dios mostrar más abundantemente a los herederos de la promesa la inmutabilidad de su consejo, interpuso juramento; para que por dos cosas inmutables, en las cuales es imposible que Dios mienta, tengamos un fortísimo consuelo los que hemos acudido para asirnos de la esperanza puesta delante de nosotros. La cual tenemos como segura y firme ancla del alma, y que penetra hasta dentro del velo, donde Jesús entró por nosotros como precursor, hecho sumo sacerdote para siempre según el orden de Melquisedec.

¡Qué escritura poderosa! Cuando Dios lo salva y le da una promesa de su Palabra, ya no tiene que confiar en nada carnal. ¡Nuestra esperanza va más allá del atrio y del lugar santo, hasta la divina presencia de Dios! Esta esperanza es inquebrantable y segura, y ancla nuestra alma (nuestra mente, emociones y voluntad). Sólo Jesús es capaz de mantener nuestras emociones en su lugar, porque la Biblia dice que esta esperanza nunca puede derribarse ni romperse... ¡no importa lo que ocurra!

Si su alma ha sido anclada por este juramento y promesa de Dios, eso no puede ser roto por los ataques del enemigo, *porque esa promesa está anclada en la divina presencia del Señor*. Por ello, como sacerdote e intercesor puede ir a su presencia conociendo lo que Dios es capaz de hacer. Entra sabiendo que Él es la respuesta final para los que quedaron afuera, en el atrio, y que no pueden encontrar el camino hacia la divina presencia. Usted va a liberar a quienes están cautivos y encadenados en las manos del enemigo. Entra a la divina presencia sabiendo que recibirá una respuesta de Dios y saldrá con la victoria para alguien que la necesita.

Ahora usted puede librar una guerra efectiva contra el enemigo en oración, porque su alma está anclada, y su pie no resbalará. Puede declarar ya mismo: "No seré sacudido, no seré conmovido, y habiendo acabado todo... estaré firme." Usted está listo para introducirse en el lugar santísimo, en la divina presencia de Dios.

CAPÍTULO 12

Comunión eterna:
El arca del pacto

IREMOS MÁS DE cerca el arca. En lugar de concentrarnos en su construcción, me gustaría mencionar algo más de lo que simboliza ser un intercesor en la tercera dimensión. ¿Por qué? Creo que el arca representa el corazón humano, la parte más profunda e íntima de su ser, y el lugar en el cual la gloria de Dios puede residir y transformar todo lo que se encuentre a su alrededor. *Cuando la Iglesia comienza a vivir dentro de la tercera dimensión de la oración, uniendo nuestros corazones con el corazón de Dios en el lugar santísimo que se encuentra dentro de nosotros mismos, la vida tal y como la conocimos hasta ahora será absolutamente cambiada para siempre.* Los creyentes ya no estarán satisfechos simplemente con "jugar a la iglesia". La religión ya no los satisfará. Entonces veremos la gloria de Dios derramada sobre la tierra como nunca antes.

Al igual que con todos los otros elementos del tabernáculo y su mobiliario, Dios dio instrucciones específicas a Moisés para la construcción del arca del pacto. Éxodo 25:10-16 dice:

> Harán también un arca de madera de acacia, cuya longitud será de dos codos y medio, su anchura de codo y medio, y su altura de codo y medio. Y la cubrirás de oro puro por dentro y por fuera, y harás sobre ella una cornisa de oro alrededor. Fundirás para ella cuatro anillos de oro, que pondrás en sus

cuatro esquinas; dos anillos a un lado de ella, y dos anillos al otro lado. Harás unas varas de madera de acacia, las cuales cubrirás de oro. Y meterás las varas por los anillos a los lados del arca, para llevar el arca con ellas. Las varas quedarán en los anillos del arca; no se quitarán de ella. Y pondrás en el arca el testimonio que yo te daré.

Prefigurando que el cuerpo del creyente sería en última instancia la morada del Espíritu Santo, Dios demostró que no necesitaba crear algo demasiado grande para albergar a tan inmensa sede de poder. Si lee mi libro *Secretos del corazón*, recordará que el corazón humano es tan poderoso que se forma, se desarrolla y comienza a latir en el feto, aún antes de que se desarrolle el cerebro.[1] Es el único órgano de su cuerpo que no tiene la obligación de obedecer a su mente. De hecho, el corazón puede seguir latiendo aún si el cerebro perece. No sólo esto, sino que he aprendido que la medida del querubín que se encuentra sobre el propiciatorio (encima del arca) es similar a la medida de la capacidad toráxica del ser humano. Su corazón –cabeza de su templo– tiene un tremendo poder, que es impartido directamente desde el cielo en la oración tridimensional del lugar secreto.

El arca estaba recubierta con oro sólido por dentro y por fuera, lo que representa *la perfecta unión del hombre con Dios*. Miremos rápidamente los tres elementos que fueron colocados dentro del arca:

1. Las *tablas de la Ley* (Éx. 24:12), que representan *la Palabra perfecta* manifestada en su vida.

2. *La vara de Aarón*, que floreció como *un símbolo contra la rebelión hacia la autoridad* impartida por Dios. (Nm. 17:8-10)

3. Un *gomer de maná*, que representa *la provisión sobrenatural y la liberación de la esclavitud*. (Éx. 16:32-34)

Cuando estos tres elementos eran mantenidos dentro del arca, ésta albergaba la gloria de Dios. Pero sin ellos, el arca sería tan sólo una caja de oro, vacía. Cuando desaparecieron las tablas de la ley, (durante la época del segundo templo), el arca "vacía" no pudo permanecer dentro del tabernáculo.² ¿Ve lo que Dios está diciendo con esto? Debemos lograr entender que, para poder andar en el poder perfecto de Dios, estos elementos no sólo deben estar presentes sino también permanecer en nosotros:

1. *Debe haber una manifestación de la Palabra, no tan sólo en mi corazón, sino en mi vida cotidiana.* Mi vida debe llegar a un punto en el que ya no fallo en cada prueba ni soy derrotado en cada partida. Debo tener testimonios. Mi vida debe declarar a otros: "Fui probado y examinado a cada paso, y aún así vivo para contarlo. Sí, mantengo mi espíritu en alto. Por lo tanto, las tablas de la ley se encuentran asentadas en mi corazón."

2. *Como la vara florecida de Aarón, no sólo debo poder estar firme contra todo lo que se rebele contra Dios, sino en todo lo que yo mismo soy; debo llegar a un punto en que sea cual fuere la decisión que Dios tome para mí, mi respuesta sea: "Sí, Señor, así sea".* Debo estar dispuesto y obediente a cada una de sus órdenes, y la vara florecida de Aarón estará allí para recordarme que si en algún momento elijo rebelarme, seré disciplinado.

3. *Mi gomer de maná representa el hecho de que he llegado a confiar en Dios, y no en el hombre, ante cada necesidad...* y por lo tanto soy libre de la atadura de la preocupación y el temor. Mi experiencia durante mi tiempo en el desierto me llevó a un plano en el que aprendí, sin lugar a dudas, que Dios suplirá todas mis necesidades de acuerdo a sus riquezas en gloria, liberándome, por lo tanto, de apoyarme en armas carnales.

Si su corazón no ha sido perfeccionado a través del proceso de estos elementos, ¡usted no será capaz de llegar al lugar santísimo de la gloria de Dios! Esta triste condición es una realidad en demasiados cristianos, y es por ello que muchos creyentes no han entrado al reino de la oración ferviente y eficaz. *Necesitamos recibir respuestas a la oración*.

Debe detenerse ahora y declarar: "De ahora en adelante voy a crucificar mi carne, pondré todos mis deseos en el altar, entraré en el lugar de oración y buscaré a Dios hasta que Él escudriñe las verdaderas intenciones de mi corazón, llevándolas a una total sumisión a su voluntad". Si usted afirma esto y lo cree verdaderamente en su corazón, su vida nunca volverá a ser igual, porque Dios es fiel. Él lo guiará a través de cada paso del proceso hasta que usted llegue a su gloria, porque su meta final es que usted no sólo vea su gloria, sino que Él sea glorificado a través de su vida.

Cuando usted se encuentra en las primeras etapas de su ministerio de oración, Dios tiene muchas cosas para decirle en secreto. Pero Él tiene un calendario y un cronograma para llevar a cada uno a buen término. Cuando el Señor esté listo para hacer despegar su ministerio de oración, no significará que Él haya terminado de tratar con cada área de su vida.

Muchos creyentes no entienden este proceso. Si usted consiguiera videocasetes de mi ministerio desde 1996 hasta ahora, podría literalmente ver y oír la transformación del Señor. Cuanto más moría a mi yo... más me rendía a Dios y le decía que *sí*... cuanto más aprendía a soportar las dificultades como un buen soldado, mayor era la unción sobre mi vida. No tenía que ver con lo que se estaba produciendo en mi desde *afuera*. No tenía que ver con que yo me vistiera de blanco, negro o verde, eso no era importante. Lo importante era que Dios me estaba perfeccionando *por dentro*. Él me estaba llevando desde un lugar de mero *conocimiento* de Él a un lugar de *íntima comunión con Él*, en el cual mi corazón se haría uno con su corazón en el lugar santísimo.

Oiga esto: luego que usted entra por la puerta de la justicia de Cristo, debe darse tiempo y espacio para el proceso de morir al yo. Cuando llegue a la presencia de Dios en el lugar secreto, la carne ya debe estar muerta. Debe haber muerto a usted mismo en muchas áreas antes de poder entrar a la parte más profunda del tabernáculo. Usted no puede sencillamente deslizarse detrás del velo con un corazón vacío (uno que no haya atravesado este proceso), sólo tratando de alabar a Dios, y esperar experimentar su gloria. Usted no puede entrar al reino tridimensional de la oración tan sólo porque tiene un título espiritual por el cual es reconocido. Usted debe morir a todos los asuntos personales que lo separan de su presencia para poder entrar a su gloria. No me malentienda: *Dios le sigue amando*. Usted es su hijo. Pero para convertirse en su intercesor –una vasija de honra que sea apta para que Él la use– usted debe ser purificado.

Al comienzo de mi travesía para llegar detrás del velo (el nivel más íntimo de oración), Dios solía derribarme al suelo en el Espíritu en la iglesia. Yo podía estar pensando en mis asuntos, mientras el grupo de alabanza estaba cantando "Te exaltamos", y *pum*, ¡yo caía al piso! En ocasiones, cuando el mover del Espíritu en nuestro servicio religioso se elevaba, podía estar sentada al fondo, pero, sin darme cuenta, Dios me empujaba hacia adelante, sobre el altar. El comienzo de mi viaje no fue lindo. Fue entonces, cuando de repente, entendí que había estado en la iglesia toda mi vida, pero no había experimentado aún el divino Espíritu de Dios por mí misma. Fue entonces cuando comencé a comprender que había un nivel de Dios que obra más allá de la experiencia religiosa. Estaba aburrida de escuchar al coro. Estaba aburrida de escuchar al grupo de alabanza. No podía soportarlo más. Sabía que tenía que haber algo más, una experiencia más alta en Dios, y, entonces, me di cuenta de que estaba en problemas.

¿Le suena familiar? *Por favor, oiga esto: si toda su vida cristiana consiste sólo en los momentos en que usted va a la iglesia, usted ya está en problemas.* Se puede desmoronar en cualquier momento. Su experiencia cristiana debe basarse en su relación con Dios. Como resultado de aprender a permanecer en su presencia, también experimentará cambios durante el tiempo que pasa con el Señor, tales como momentos en que usted podrá percibir la llamada de atención del Señor reprendiendo su espíritu, trayendo la corrección necesaria para asegurarle resultados efectivos en la oración.

Recuerde lo que vimos en el capítulo siete: Dios quiere que usted crezca a través de cada nivel de manifestación de su gracia. Luego de pasar por los dos primeros niveles de gracia –saber hacer lo bueno y seguir no haciéndolo, y experimentar su perdón, cuando usted seguía cayendo habitualmente en pecado– alcance el tercer nivel de la gracia, donde debe someterse a la divina atribución de poder de Dios que lo transforma a su imagen. Cuando Dios comenzó a revelarme esto, me dijo: "el tercer nivel de gracia es para aquellas personas que han aprendido a estar firmes e inamovibles en su andar en Dios. Son las personas que han ido más allá de los tumbos y advertencias. Este nivel es para quienes han tomado una decisión respecto a lo que significa caer en tentación: *Voy a aniquilar algo por lo que estoy orando y creyéndole a Dios. Elijo ver la victoria en la vida de los otros, en lugar de disfrutar de los placeres de la carne por un fugaz momento.* Estas son las personas que verdaderamente viven detrás del velo." Ahora entiendo esto con claridad. Un *corazón vacío* no puede morar en el lugar sagrado. Pero quienes hayan sido purificados por el proceso de la oración pueden entrar sin obstáculos. Hebreos 4:14-16 dice:

> Por tanto, teniendo un gran sumo sacerdote que traspasó los cielos, Jesús el Hijo de Dios, *retengamos nuestra profesión.* Porque no tenemos un sumo sacerdote que no pueda compadecerse de nuestras debilidades, sino uno que fue tentado en todo según nuestra semejanza, pero sin pecado. Acerquémonos, pues, confiadamente al trono de la gracia, para alcanzar misericordia y hallar gracia para el oportuno socorro.
>
> —ÉNFASIS AÑADIDO

Dios siempre nos amará; pero Él desea que "retengamos" nuestra profesión de fe y crezcamos más allá del entendimiento elemental de la gracia, para morar con Él en su presencia. Así que si usted no es capaz de contener lo que Dios imparte a su corazón, no tiene verdaderamente su poder. Óigame: las obras de su carne a la larga lo harán fracasar. Debe tener en cuenta, constantemente, que el arca del pacto fue pulida *por dentro* y *por fuera*, para que contuviera la manifestación de la gloria de Dios, a pesar de sus pequeñas dimensiones. A medida que Dios le imparta más de su gracia (el poder de la Palabra obrando en usted), su *hombre exterior* reflejará más de su gloria, y es entonces cuando su poder será liberado a través de usted en oración.

Uno de los problemas del cristianismo es este: demasiados creyentes hablan de vivir detrás del velo sin saber en realidad lo que ello significa. Muchos confunden las experiencias de "detrás del velo" con las ocasiones en que son profundamente tocados, durante determinado punto del servicio, o cuando *caen en el Espíritu* durante la adoración. Aunque esto efectivamente forma parte de la experiencia, no constituye el significado total del encuentro espiritual con Dios. ¿Por qué? Ir detrás del velo no es un acontecimiento único ni una experiencia aislada. *Es un estilo de vida.*

Permítame hacerle una pregunta: *¿Se atrevería a ir detrás del velo al lugar santísimo, y después volver a salir rápidamente?* Una vez que usted entre en el "estilo de vida" de la tercera dimensión de la oración, estará viviendo en ese lugar. No es una experiencia casual. Es una realidad cotidiana. No podemos minimizar el verdadero significado de vivir detrás del velo relegándolo a una mera canción que se entona o si en el servicio todo se ha hecho de acuerdo al programa o no. Una vez más, vivir detrás del velo es un estilo de vida sobrenatural. Significa que cuanto ocurra en su vida desde ese momento en adelante será el resultado de las decisiones que usted haya tomado y que se han originado en el corazón de Dios. Déjeme decírselo sencillamente: si su naturaleza carnal controla su vida, *Dios no lo hace.*

Cuando haya entrado en la tercera dimensión (cuando su corazón comience a tomar las cosas preciosas que Dios le imparte en la oración), ¡usted experimentará una inmensa manifestación de su poder! En este nivel, usted debe estar convencido de la capacidad de Dios para conducirlo a través de cualquier situación. Así que sin importar lo que usted esté pasando, declare ahora: *"Iré detrás del velo, a la tercera dimensión".* Entregue todas sus preocupaciones, temores, pruebas, y circunstancias familiares y dese cuenta de que la gracia de Dios lo está llevando a un nivel de oración más profundo. ¡Permita que cuantos se le acerquen entiendan que usted está llegando a ser un intercesor de "detrás del velo", del lugar secreto!

¿Llevará el manto de oración?

¿Quién será capaz de recibir los misterios de la Palabra de Dios si nuestros vientres no pueden digerir la carne espiritual? ¿A quién le podrá hablar nuestro Padre celestial? ¿Puede usted confiar en Dios como para obedecerlo a todo nivel, tanto que pueda encontrarse con Él en el lugar santísimo y llevar el manto de oración de esta generación?

En Marcos 1:17-20, Jesús llamó a algunos hombres comunes:

> Y les dijo Jesús: Venid en pos de mí, y haré que seáis pescadores de hombres. Y dejando luego sus redes, le siguieron. Pasando de allí un poco más adelante, vio a Jacobo hijo de Zebedeo, y a Juan su hermano, también ellos en la barca, que remendaban las redes. Y luego los llamó; y dejando a su padre Zebedeo en la barca con los jornaleros, le siguieron.

Jesús está diciendo lo mismo hoy: "Vengan a mí y sean mis discípulos, y yo haré de *ustedes* pescadores de hombres. Vengan a mí para que pueda librarlos de todo aquello que veo en ustedes que no concuerda con los principios de mi reino". Jesús no lo salvó para que usted pueda ir a la iglesia, se siente en un banco, grite, salte y cante en el coro. Él no lo trajo al reino de Dios simplemente para que usted pueda tener una experiencia "cristiana". Él lo trajo a su reino celestial para hacer de usted un *pescador de hombres*.

El Señor no lo liberó de sus adicciones y espíritus de depresión y opresión para capacitarlo para sentarse en un edificio cómodo, luciendo ropas bonitas y para que se la pase preguntándose cuándo le tocará un asiento en la fila del frente. Él no lo revistió con su poder para que usted se siente cruzado de brazos, preguntándose: *¿Cuándo me ungirán como anciano?* Dios lo llevó a su casa para discipularlo de manera que usted también, a su turno, pueda hacer discípulos.

El lugar de oración es donde usted recibirá las órdenes espirituales y el poder para llevarlas a cabo.

Cuando Jesús llamó a sus discípulos, ellos dejaron sus redes inmediatamente. Enseguida dejaron sus propias capacidades y pusieron su fe en Jesús, la Palabra viva (tablas de la ley). Se sometieron a su autoridad (la vara de Aarón que floreció) y confiaron en Él para que los librara de la esclavitud y proveyera para todas sus necesidades (el gomer de maná). Desde ese día en adelante, ellos caminaron en una realidad tridimensional en verdadera intimidad con el Señor. Hoy hay mucha gente que ora, pero no hay muchos intercesores tridimensionales que se encuentren con Dios en el lugar secreto.

Cuando Jesús lo llama para *salvación*, le habla desde el atrio. Cuando Él lo llama al *discipulado*, se relaciona con el lugar santo, el lugar de mantenimiento. Pero cuando Él lo llama a su divina misión como *pescador de hombres* (el intercesor), usted sólo podrá cumplir esta comisión a través de las operaciones del Espíritu Santo. Allí es donde usted desarrolla disciplina espiritual y mantiene la unción, alimentando de aceite el candelero, poniendo pan fresco en la mesa de la proposición y renovando las brasas del altar del incienso. Usted debe darse cuenta de que sin esos elementos no puede entrar en el conocimiento del Espíritu de Dios. *Sin poseer esos elementos, usted no será capaz de oír lo que Él le diga, ni de ver lo que Él ve, ni saber lo que Él sabe.*

¡Usted no podrá llegar a ser un *pescador de hombres* ni completar su misión divina como intercesor del tercer reino hasta que le haya rendido todo a Jesús y *soltado su red!* No podrá alcanzar este nivel sólo por pensar: *Tengo un título; se supone que no debo tirarme al piso,* porque este nivel requiere que postre su cuerpo (la mayoría de las veces) y que postre su corazón en todo momento. Ya mismo, *¡suelte su red!* Suelte lo que usted supone que significa su ministerio, y dele todo a Jesús. Suelte lo que usted cree que Jesús lo llamó a hacer, porque sin una vida de oración nunca será capaz de terminar lo que haya comenzado. Usted no podrá entrar al tercer reino con Dios hasta que no haya dejado todo y dicho: "Dios, estoy dispuesto a ser transformado en un intercesor que sepa lo que tú *ves, sientes* y *deseas* realizar. Muéstrame mi misión. Tú me has ordenado para trabajar para tu reino".

Marcos 1:20 establece que los discípulos *abandonaron todos sus intereses personales.* Cuando usted se encuentra con el Señor detrás del velo, puede abandonar todas sus demandas religiosas porque usted ya ha recibido el más alto llamado del reino de Dios: el llamado a la oración *ferviente y efectiva.* En otras palabras, usted no se enorgullecerá de ser simplemente un diácono cuando haya respondido el llamado a orar. No le preocupará si no canta en el coro cuando Dios se encuentre con usted en la tercera dimensión de la oración. Todas las cosas del ámbito religioso comenzarán a tener menos lugar y menos significado. Irá abandonando todo los reclamos, títulos y derechos.

Ahora, mientras usted lee este libro, ¡creo que el Espíritu del Señor lo está rodeando con el manto de la oración intercesora! Cualquiera puede orar, pero no cualquiera está equipado para interceder eficazmente. Ir a la iglesia es fácil: cualquiera puede hacerlo. Pero ¿puede usted permanecer de pie en la brecha por la vida de alguien? ¿Puede usted ordenar al VIH que suelte a alguien? ¿Puede reprender una adicción a la cocaína crack para que se quiebre y deje la vida de alguien? Óigame. *Dios está dolido.* Él hoy siente dolor por los predicadores, evangelistas, profetas, maestros y miembros del coro que oran poco. Los llamados y dones de Dios son otorgados sin arrepentimiento, pero lo que hacemos en el Reino de Dios no tiene que ver con nuestros dones. Tiene que ver con salvar almas de la destrucción. Se trata de arrebatar a los demás del fuego de la destrucción, porque Judas 23 dice:

> A otros salvad, arrebatándolos del fuego; y de otros tened misericordia con temor, aborreciendo aun la ropa contaminada por su carne.

Cuando Dios lo llama a encontrarse con Él, lo reviste con poder no sólo para ir a través del atrio, sino también del lugar santo y el lugar santísimo. En este proceso de tres pasos, usted encontrará también el poder de los tres altares (como están representados en la Biblia). Primero, hay un *altar de piedra,* el lugar adonde usted debe ir a arrepentirse. Luego, el *altar de bronce,* donde su carne lucha contra la sumisión a la Palabra y, por último, es colocada en el fuego de la purificación.

Luego viene el *altar de oro,* que es el lugar al cual usted entra en adoración. Es donde usted se postra y deja que Dios haga el trabajo. Permítame explicarle. En este altar, el Señor trabaja con usted y le enseña cómo tumbar el ministerio terrenal y levantar el ministerio que Él le da, es decir, el ministerio de la oración. Su carne ha cesado de batallar contra la Palabra, conforme usted aprendía a *menguar* y *dejar obrar a Dios*. El altar es donde morimos y Cristo comienza a vivir a través de nosotros.

Recuerde... en este nivel, Dios ya no tiene que estar sobre usted con un látigo, convenciéndolo que no ceder a la tentación. Cuando su corazón ha alcanzado la tercera dimensión, usted puede estar firme y alabar a Dios en medio de la oscuridad. Escuche: *la única manera de que el poder de Dios pueda manifestarse a través de usted es poniéndolo a usted en medio de la degradación*. Al ser confrontado con lo malo, puede descubrir lo "bueno" que ha nacido dentro de usted. La santidad no es *lo que usted hace*: es *lo que usted es*. Dado que vive en su presencia, donde está siendo transformado diariamente por la gloria del Señor, puede estar firme en medio del mal y seguir haciendo el bien.

Recuerdo un día en que estaba de compras; había tomado algunas cosas y las llevaba hacia la caja. Entonces me di cuenta que no llevaba suficiente dinero. Así que le dije a la cajera: "Devuelva esto... y esto... porque no traje suficiente dinero". Ella devolvió todo. Al mismo tiempo, la joven que estaba guardando mis compras en las bolsas me reconoció. Cuando llegué a casa, vacié la bolsa y noté que ella había puesto la chaqueta que yo le había dicho a la cajera que devolviera. Inmediatamente, miré el recibo y vi que la chaqueta no había sido cobrada.

Tomé el recibo, le hice un agujero, lo puse en un gancho de ropa con la chaqueta y lo colgué para luego devolverlo a la tienda. ¿Por qué? Porque soy una intercesora. Cualquier cosa que yo deje entrar a mi espíritu puede comprometer mi posición. Si eso ocurre, no seré capaz de estar firme en la brecha por nadie. No tengo la intención de perder mi posición intercesora por una chaqueta. Me llevó demasiado tiempo llegar a este nivel con Dios. He ayunado muchos días y me he quedado muchas noches orando y siendo purificada, y no pienso perderlo todo por una chaqueta.

Cuando éste es su estilo de vida, usted puede acercarse audazmente al trono a favor de alguien que esté camino al infierno, alguien que hasta puede no saber que usted está orando por él. Lo ve, cuando usted llega a este lugar, no pasa mucho tiempo orando por usted mismo. Ya se ha dado cuenta de que Dios lo sostiene. Su gloria (su presencia manifestada en el arca) es su resguardo. ¡Por eso me atrevo a dejar que Dios me purifique, me lave y me limpie! Cuando vivo detrás del velo, sé que Él está siempre intercediendo por mí, mientras yo oro por otros. No tengo que temer las estratagemas del enemigo. Jesús está intercediendo *por mí* porque yo me he sometido al llamado de ser una intercesora *para Él.* Él ora por mí todo el día. Cuando estoy en problemas, sólo tengo que recurrir a Él, e inmediatamente intercede por mí porque me he sometido al llamado a convertirme en una intercesora.

¿Y qué pasa con usted? ¿Alguna vez le ha sucedido el estar pasando por una prueba o tribulación y de repente levantar las manos hacia Dios y comenzar a hablar en su lenguaje de oración? Luego, pensó *¡Mi Dios! ¿De dónde vino eso?* Recuerde: Cristo vive por siempre para interceder por usted. Ése era Jesús diciéndole: "Me hago cargo. Como tu estás cumpliendo una misión, sigue orando por los que te encomendé, que yo guardo tus espaldas". Cuando se ha rendido al proceso de la oración –el llamado al lugar secreto– cuando ha sido lavado, limpiado, purificado y purgado, el Espíritu Santo comienza a cubrir cada área de su vida.

La gente de la primera y segunda dimensión cree que va a obtener los mismos beneficios. Hacen frente al enemigo sin tomar los cuidados necesarios y dicen: "Te ordeno, Satanás". Déjeme advertirle: si usted sabe que todavía no ha entrado al reino de la purificación, no intente presuntuosamente combatir al enemigo. Usted no estará capacitado para impartir órdenes en el reino del Espíritu hasta que Dios no vea un reflejo de sí mismo en su vida; y esto sólo se logra pasando tiempo en su gloria. Jesús es la Palabra Viva, así que cuando Él dio su vida en total sumisión al Padre, fue capaz de ordenar la cancelación del juicio y soltar la misericordia y la gracia. Él pudo ordenarle al Padre que no matara a toda la humanidad en su propio desorden al cubrirla con su sangre

Si no está viviendo en sujeción, Dios no escuchará sus órdenes *vacías.* Si la Palabra divina no está operando en usted, no será capaz de hacérsela recordar a Dios y recibir su promesa de moverse en una situación. Dios no oye a la carne. Cuando su vida no está limpia, no puede interceder por nadie. Dios no lo escucha. Isaías 1:11-15 dice:

¿Para qué me sirve, dice Jehová, la multitud de vuestros sacrificios? Hastiado estoy de holocaustos de carneros y de sebo de animales gordos; no quiero sangre de bueyes, ni de ovejas, ni de machos cabríos. ¿Quién demanda esto de vuestras manos, cuando venís a presentaros delante de mí para hollar mis atrios? No me traigáis más vana ofrenda; el incienso me es abominación; luna nueva y día de reposo, el convocar asambleas, no lo puedo sufrir; son iniquidad vuestras fiestas solemnes. Vuestras lunas nuevas y vuestras fiestas solemnes las tiene aborrecidas mi alma; me son gravosas; cansado estoy de soportarlas. Cuando extendáis vuestras manos, yo esconderé de vosotros mis ojos; asimismo cuando multipliquéis la oración, yo no oiré; llenas están de sangre vuestras manos.

REVELACIÓN EN EL TERCER REINO

Repasemos. Los sacrificios se realizan en el atrio, y el lugar santo contiene las obras del santuario. Pero cuando usted traspasa el velo, e ingresa al lugar santísimo, terminan las obras de la carne y comienzan las obras del corazón de Dios. Es allí donde usted podrá comenzar a ver lo que Dios está *haciendo*, además de estar *escuchando* su voz. Cuando usted se halle ante su presencia manifiesta, Dios le dirá: "¡Quiero mostrarte mi gloria! ¡Quiero mostrarte lo que haré contigo y hacia dónde te llevaré! Quiero hacerte ver que ya tienes la victoria y el poder. No quiero solamente hablar contigo. *Quiero revelarme a tu hombre interior para poder hablar a través de ti*".

Cada vez que Dios se prepara para hacer algo que cambiará el curso de su vida y todo lo que lo rodea, Él se lo mostrará antes. Por eso, algunas cosas deben mantenerse en silencio, porque si no el diablo podría intentar arrebatarlas. Satanás podría venir y darle otra "palabra" para confundir su sentido de dirección, pero en este nivel se le hace más difícil confundir su visión. Él no podrá decirle lo que usted no haya visto en las profundidades de su hombre espiritual.

¿Cómo puede discernir cuando Dios le está mostrando algo? Una de las mejores formas de reconocer una verdadera visión de Dios es que no tiene ningún sentido para su mente natural. Parecerá algo que usted jamás podría hacer. Es demasiado grande para su mente finita.

Cuesta demasiado... sería imposible de lograr. No es accesible para su nivel o altura espiritual. Si una visión no le causa a su carne un susto mortal, es muy probable que no haya venido de Dios. Debería ser algo tan asombroso, que pareciera que usted jamás podría llevar a cabo semejante visión. Y sin embargo, su espíritu dice: "De algún modo lo haré ".

La postura del tercer reino
desde el lugar secreto

¿Ha visto alguna vez gente alabando al Señor que de repente cae al suelo sin que nadie la toque? Cuando usted accede al tercer reino, su cuerpo automáticamente cae postrado bajo el peso de la gloria de Dios. Algo dentro de usted le está ayudando a entender y reconocer que está en presencia de un Espíritu que no merece contemplar.

Cuando el rey Salomón trajo el arca del pacto y la colocó en el nuevo templo, la gloria del Señor llenó aquel lugar hasta que los sacerdotes ya no pudieron permanecer de pie para seguir ministrando. (Ver 1 Reyes 8:5-11). Déjeme repetirle esto: cuando usted entra en la gloria de este reino, la carne para nada aprovecha. Su espíritu sólo puede hacerse uno con el Espíritu del Señor cuando usted yace postrado a sus pies.

Recuerde que según la costumbre de Moisés, el sumo sacerdote llevaba todas sus vestiduras sacerdotales –la túnica de la justicia, el cinto, el manto azul, el efod, el pectoral y la mitra– en el atrio y en el lugar santo, donde se hacían los sacrificios y se cumplían los servicios sacerdotales. Pero cuando era tiempo de que fuera una vez al año tras el velo, él se quitaba todas sus *obras* y entraba al lugar santísimo sólo con la blanca prenda que representaba la justicia que le había sido imputada. Al establecer este patrón, el Señor les estaba diciendo: "Están trabajando demasiado. No necesitan todas esas obras en el tercer reino. Sólo necesitan mantenerse puros ante mí". Así que óigame: usted no necesita un título. Sólo debe mantener su relación y postura correcta ante Dios.

Cuando llegue a este nivel de intercesión, Dios comenzará a mostrarle cosas de sus hijos que ellos no sospechan que usted pueda conocer. Él lo llevará a la vida de miembros de la familia y otras personas con las cuales usted interacciona habitualmente. Lo llevará del otro lado de puertas de oficinas donde la gente está reunida tratando de dejarlo a usted fuera de algún asunto. Cuando usted se postre sobre su rostro y llame a la puerta de este reino, Dios se asegurará de que nada lo engañe. Usted puede preguntarme: "¿Qué significa la expresión `sobre mi rostro´?"

Aunque el término *postrarse sobre su rostro* parece ser muy usado por el cristianismo, una vez más, muchos que lo utilizan carecen del auténtico conocimiento (me refiero al conocimiento *bíblico*) sobre realmente cuánto poder y autoridad trae ello a sus vidas. Cuando usted busque la revelación bíblica, verá que Apocalipsis 7:9-12 ilustra el patrón:

> Después de esto miré, y he aquí una gran multitud, la cual nadie podía contar, de todas naciones y tribus y pueblos y lenguas, que estaban delante del trono y en la presencia del Cordero, vestidos de ropas blancas, y con palmas en las manos; y clamaban a gran voz, diciendo: La salvación pertenece a nuestro Dios que está sentado en el trono, y al Cordero. Y todos los ángeles estaban en pie alrededor del trono, y de los ancianos y de los cuatro seres vivientes; *y se postraron sobre sus rostros delante del trono*, y adoraron a Dios, diciendo: Amén. La bendición y la gloria y la sabiduría y la acción de gracias y la honra y el poder y la fortaleza, sean a nuestro Dios por los siglos de los siglos. Amén.
>
> —Énfasis añadido

Cuando resonaba la alabanza en el cielo, los ángeles comenzaban a cantar, y todos los ancianos y todas las criaturas celestiales comenzaban a postrarse sobre sus rostros ante el Rey de reyes. Esta era la forma de postrarse en adoración. Todo en ellos reconocía que se hallaban ante la divina presencia de Dios. Nada en ellos ni a su alrededor deseaba permanecer en pie, porque estaban totalmente consumidos por Él. Era el momento en que eran llamados a su verdadero propósito. Para los ángeles, no era momento de ser mensajeros. Para los ancianos, no era el tiempo de sentarse en consejo eterno. Para el querubín, no era tiempo de ser la manifestación de sus obras. *Para todos*, era tiempo de adorar a Dios. Esta es, de hecho, una de las facetas de lo que significa postrarse ante Él... caigo sobre mi rostro en adoración ante una Presencia que no merezco contemplar. Caigo sobre mi rostro para mostrarle a Él que respeto el hecho de que no me considero igual a su gloria. Así que me bajo a mí mismo hasta el suelo y pongo mi rostro hacia el piso porque cuando la presencia divina es revelada, lo único importante es cómo se ve Él, la parte de Él que desea revelarnos.

Ahora, echemos una mirada a la terminología relativa al intercesor. Debemos entender que no sólo hay posiciones para la oración –como arrodillarse, estar de pie, caminar o recostarse– sino que también hay lugares de oración, y de todos los "lugares" que yo he experimentado, ninguno se compara con el lugar o la era de la trilla.

La era de la trilla

Aunque haya recibido una definición del proceso de la trilla, usted puede estar preguntándose: *¿Cuál es el propósito y el significado de la era de la trilla? ¿Qué representa realmente la era de la trilla?* Hay varios ejemplos en el Antiguo Testamento, dos de los cuales son escenarios de poderosos avances para el Rey David y Rut. En 2 Samuel 24:18, David había comprado una era de trillar a Arauna, el jebuseo, y había ofrecido sacrificios de arrepentimiento que detuvieron la plaga que ya había matado a 70,000 mil israelitas. Su hijo, Salomón, construyó más tarde el templo en ese mismo lugar (Ver 2 Crónicas 3:1). Esto nos ayuda a ver la era de la trilla como el lugar donde Dios interviene cuando lo bueno es separado de lo malo. Esto es confirmado por el significado de la palabra *trilla*: "separar granos o semillas de la paja, sacudiendo los tallos o las cáscaras". Cuando el proceso de la trilla estaba terminado, sólo quedaba el trigo puro de la cosecha. Esto es lo que Dios desea lograr a través de usted como intercesor.

En mi próximo libro, a medida que ahondemos en el estar en la presencia manifiesta de Dios en el lugar o la era de la trilla, usted aprenderá sobre la historia de Rut (que simboliza a la iglesia) y de Booz (que tipifica a Cristo). Cuando Rut llegó a la era de la trilla (el lugar privado de Booz) para buscar su favor, fue primero hacia sus pies. A su turno, él la cubrió con su manto (chal de oración/talit).

Este fue un intercambio poderoso que profundizaremos mucho más en mi próximo libro.

El punto que me gustaría enfatizar es el siguiente: antes que Rut fuese a la era de la trilla, su suegra de había dado estas instrucciones: "Lávate, cambia tus ropas y perfúmate". Por favor, note que cada vez que vemos instrucciones dadas a individuos para entrar en la presencia del Señor (o un tipo de su presencia) se les instruye que laven algo, se quiten algo o se perfumen. Rut se lavó (fuente de bronce), cambió sus ropas (vestiduras santas) y se perfumó (altar del incienso) antes de entrar al lugar secreto de Booz. ¿Puede ver la comparación? A Moisés se le exigió que se quitara el calzado cuando Dios le habló desde la zarza ardiente. Siempre que se santifique el suelo santo para un propósito santo, se le exigirá que se quite algo que representa su vieja naturaleza y su propia dirección.

Ahora que el patrón para operar en la era de la trilla se ha establecido claramente, usted debería ser capaz de ver la revelación del lugar secreto manifestada en la historia de Rut, incluyendo las cosas que ella debió experimentar *antes de ir* al lugar secreto, las cosas que logró *mientras estuvo en* el lugar secreto y lo que pudo *sacar fuera* del lugar secreto. Esto puede compararse al mismo patrón que utilizamos cuando nos acercamos en oración a la Puerta Oriental (que representa los pies de Jesús en el tabernáculo), detenerse en la fuente de bronce para ser lavado, y dirigirse hasta el altar del incienso para ser ungido antes de entrar a la Divina Presencia. (Recuerde que, en la era de la trilla, Rut fue a los pies de Booz. Ver Rut 3:1-7.) Para tener una mejor idea de esto, vea el diagrama del tabernáculo en la página 12. Cuando vamos ante Dios en nuestra era de trillar, no salimos solamente con una victoria para nosotros mismos; salimos de allí con victoria para los que han sido asignados a nuestra vida. Aunque la era de la trilla en el Antiguo Testamento pueda haber sido un lugar de espacio abierto en un apartado rincón del campo, Dios está estableciendo la certeza de que dondequiera que usted ponga *su* lugar de trillar, y dondequiera que Dios santifique ese sitio, *usted tiene garantizado* que saldrá con el mismo resultado, porque es realmente un patrón bíblico que así ha sido establecido; no es una opinión. Es una realidad que siempre conduce a la victoria.

Así como el profeta Ezequiel cuando preveía la caída de Babilonia, Dios me dijo: "Lo que sea que te enfrentes, que no puedas ver, no caerá hasta que tú no te inclines". Aunque hay situaciones en las que el Señor requiere que permanezcamos de pie, ¡también vendrá un tiempo en su presencia cuando requerirá que nos postremos ante Él! Créame cuando le digo que no podrá ver su liberación total mientras permanezca en su propia fuerza, porque al estar de pie, usted permanece enfrentado cara a cara con su situación. Y a medida que usted supere una dificultad, ya habrá otra mirándolo a la cara. Por eso usted se desalienta y suele sentirse abrumado. Cuando usted se postra, no ve todo aquello. Sólo ve lo que Dios le está revelando. Puede ver lo que gobierna y ordena los acontecimientos del reino natural.

Es así como el intercesor aprende a operar. ¡Él o ella entienden que "lo imposible" es simplemente una misión diseñada para revelar cuán grande es realmente Dios! Cuando usted tome la postura de la oración intercesora, comenzará a ver que nada puede traspasar el poder de Dios y derribarlo. Dios utiliza las "ligeras aflicciones" para conferirle más poder y unción. En esto, Él le demuestra que cuanto mayor sea su guerra, mayor será su unción.

Los creyentes de la primera y segunda dimensión dicen: "Satanás, el Señor te reprende. Te ato, demonio. Sal, Satanás". Los intercesores del tercer reino entran en el lugar secreto y se postran ante el propiciatorio diciendo: "Dios, te alabo. Doy alabanza a tu nombre", porque saben que antes de dirigirse a Dios, deben creer que Él es, y que Él es quien recompensa a quienes lo buscan diligentemente (Heb. 11:6). La gente del tercer nivel no le cuenta a Dios el problema. Se postran ante su gloria y alaban a Dios por la respuesta: "Dios, te doy las gracias porque tú eres más que suficiente. Te doy las gracias porque tú eres Jehová Yireh, mi proveedor. Te agradezco porque tu sangre me cubre y me lava. Te agradezco porque tú ya estás produciendo una salida donde no la había" (y comienzan a decretar y declarar una palabra).

Esta postura en el lugar secreto no falla. No hay nada en este reino que pueda interferir con la voluntad de Dios. Su voluntad no puede ser empañada; no puede ser entorpecida ni tocada por Satanás. Su voluntad es revelada y se cumple. Desde aquí usted obtiene resultados.

La Palabra nos dice que cuando usted declara algo, sucederá. Así que recuerde, usted puede haber estado sintiendo que el enemigo lo rodeaba, pero Dios ha estado esperando para bendecirlo. Esto es cierto, porque Él sólo puede preparar la mesa de la bendición cuando el enemigo está presente. De manera que le digo: Regocíjese. Y otra vez, le repito: Regocíjese.

Este reino es una postura en Dios; no consiste sólo en obtener cosas. Conozco algunas personas que vivieron en el tercer reino y jamás soñaron con poseer riquezas terrenales. Una poderosa mujer de Dios, la Madre Estella Boyd, tenía ochenta y cinco años cuando dejó esta vida. Ella no tenía un Mercedes ni vivía en una mansión, pero su espíritu era rico en algo que muchos creyentes vacíos no poseen.

Muchos de nosotros somos ricos en nuestros bolsillos, pero estamos en bancarrota en nuestros espíritus. Dios no lo permita. Cuando usted es realmente rico en el Espíritu, puede acceder a un nivel en Dios en el cual los espíritus demoníacos le temen. Usted podrá entrar a un salón de belleza o una gasolinera donde nadie sepa que usted es salvo y observará que todos comienzan a susurran y a bajar la voz, debido a la unción. Usted se regocijará cuando la gente largue alguna palabrota y luego diga: "Discúlpeme..." al verlo a usted, porque no será necesario que lleve un prendedor que diga "Jesús". La gloria de Dios literalmente se derramará desde usted hacia un mundo perdido y moribundo.

Hagamos sólo una pausa, por un momento, y leamos Mateo 26:36-39: Esto lo bendecirá realmente si usted ha sido llamado a ser un intercesor:

> Entonces llegó Jesús con ellos a un lugar que se llama Getsemaní, y dijo a sus discípulos. Sentaos aquí, entre tanto que voy allí y oro. Y tomando a Pedro, y a los dos hijos de Zebedeo, comenzó a entristecerse y a angustiarse en gran manera. Entonces Jesús les dijo: Mi alma está muy triste, hasta la muerte; quedaos aquí, y velad conmigo. Yendo un poco adelante, *se postró sobre su rostro, orando y diciendo*: Padre mío, si

es posible, pase de mi esta copa; pero no sea como yo quiero, sino como tú.

—Énfasis añadido

¡Qué ejemplo de la experiencia en el lugar secreto!

Piense en Jesús. Él tuvo que hacer exactamente lo mismo que requiere que hagamos. Cuando estaba en el jardín de Getsemaní, Él tuvo que rendir su voluntad a la del Padre. Lucas 22: 41-44 también nos dice que Él agonizaba y que su sudor caía como grandes "gotas de sangre" (v. 44) y cuando él (figuradamente) llegó al altar del incienso, se quebrantó y dijo: "Padre... no se haga mi voluntad sino [la tuya" (v. 42). Entonces es que la Palabra dice, en el versículo 43: "Y se le apareció un ángel del cielo para fortalecerle" de manera que tuviera el poder para ir a la crucifixión, para no irse a su casa y escapar de la crucifixión. El fortalecimiento del ángel era sólo con el propósito de lograr el testimonio de que ahora Él tiene las llaves de la muerte, el infierno y la tumba, y vive por siempre para interceder continuamente por nosotros.

Jesús ha sido investido de poder eterno para interceder por toda la humanidad, porque Él caminó en obediencia, pureza y santidad. Él fue a la cruz y entregó todo lo que pertenecía a la carne, y el Padre le impartió todo el poder. *Jesucristo es el oro puro que cubre la madera de su humanidad y hace de su corazón el lugar donde la gloria de Dios puede ser revelada,* así como su gloria había brillado desde el arca del pacto.

Ahora que usted ha atravesado el proceso de leer este libro, tomemos un breve examen final para ver si está auténticamente listo para llegar a ser un intercesor eficaz, uno del tercer reino. *¿Ha adoptado cada uno de los elementos del patrón de oración?* Utilice la siguiente lista (que complementa las detalladas preguntas del principio del capítulo once y agrega algunos puntos de este capítulo) para estar absolutamente seguro:

❑ ¿Ha entrado por la Puerta Hermosa al aceptar a Jesucristo como su Salvador y Señor?

- ¿Ha pasado del atrio de su experiencia inicial de conversión a una relación más cercana con Cristo?

- ¿Ha permitido que el Espíritu Santo comience a construir el carácter de Dios en usted lavándose en la fuente de la Palabra de Dios?

- ¿Ha abrazado el altar de bronce y llegado a ser un sacrificio vivo? ¿Se coloca diariamente en este altar para que Dios purifique su ser y sus motivaciones?

- ¿Se ha disciplinado para vestir su túnica de justicia cada día caminando en justicia y declarando la victoria en Cristo?

- ¿Se ha puesto las vestiduras sacerdotales de la perfección: el cinto, el manto azul, el efod, el pectoral con el Urim, el Tumim y la mitra? ¿Está caminando en su unción sacerdotal como un "tabernáculo viviente" de manera que pueda entrar a la divina presencia en oración e intercesión?

- ¿Ha ido regularmente al lugar de oración y experimentado una revelación más profunda de las obras de Cristo reflejadas en la puerta del tabernáculo?

- Los ingredientes del aceite de la santa unción —mirra líquida, canela y caña aromática y casia— ¿han llegado a ser parte de su vida? ¿Ha comenzado a caminar en constante pureza delante del Señor, manteniendo siempre una actitud correcta ante Dios y ante los demás?

- ¿Ha recibido y activado el poder de la protección divina disponible para usted a través de las cubiertas espirituales de su tabernáculo: lino fino y lana, pelo de cabra, pieles de carnero y de tejón?

❑ ¿Ha comprendido el contenido del tabernáculo en el lugar santo: la mesa del pan de la proposición, el candelero de oro y, finalmente, el altar de oro del incienso? ¿El poder de cada uno de estos elementos está literalmente comenzando a trabajar *dentro de usted* y *a través de usted* mientras ora?

❑ ¿Ha muerto a su yo y se ha sometido al proceso de purificación total que se requiere para pasar detrás del velo, al nivel más íntimo de oración en el arca del pacto? ¿Ha abandonado todo reclamo personal para llegar a ser un "pescador de hombres"? ¿Su estilo de vida de oración confiere más poder a su tiempo de oración, de manera que no tenga que entablar guerra durante la oración? ¿Le resulta ya normal postrarse ante el Señor, adorándolo a Él y agradeciéndole por fe por cada respuesta?

Una vez usted haya verificado cada punto y se sienta completamente confiado en su espíritu de que ha seguido este patrón divino, *estará listo para llegar a ser un verdadero intercesor.* Esto significa que cuando llegue a su divina presencia, escuchará:

> Bien, buen siervo y fiel; sobre poco has sido fiel, sobre mucho te pondré; entra en el gozo de tu señor.
>
> —MATEO 25:21

Sepa también y sea eternamente alentado por esto: *cuando su intercesión es revestida de poder y dirigida por la divina presencia, destrozará las puertas del infierno.* Recuerde que Santiago 5:16 dice: "la oración eficaz del justo puede mucho".

Cuanto más se acerque a Dios con un corazón puro, más Él lo llevará a nuevos niveles y a frescas, excitantes experiencias a través de su caminar en oración. Si está listo para encontrar a Dios más allá de la religión, las denominaciones o cualquier otra cosa que usted pueda haber visto o experimentado alguna vez, *Él lo está llamando.* Permita que Dios lo conduzca a través de este patrón de oración para que pueda acceder a su presencia detrás del velo... porque allí es donde lo imposible no sólo es posible: *se hace realidad.*

APÉNDICE A

SEIS CLASES DE ORACIÓN

1. *Intercesión.* Es ponerse de pie en la brecha para reconciliar un proveedor con un necesitado. Es aprender a llevar a cuestas personas, lugares o situaciones en oración.

> "Y vio que no había hombre, y se maravilló que no hubiera quien se interpusiese; y lo salvó su brazo, y le afirmó su misma justicia".
>
> –ISAÍAS 59:16

2. *Fe.* La oración de fe es pedir a Dios que intervenga en una situación. Es urgente, y, por lo tanto, surge cuando se desea un resultado inmediato.

> y la oración de fe salvará al enfermo, y el Señor lo levantará; y si hubiere cometido pecados, le serán perdonados.
>
> –SANTIAGO 5:15

3. *Consagración.* La oración de consagración se ofrece cuando un creyente necesita conocer o hacer la voluntad de Dios. En tales momentos, se tornan apropiadas las expresiones "si es tu voluntad" o "sea hecha tu voluntad".

> Yendo un poco adelante, se postró sobre su rostro, orando y diciendo: Padre mío, si es posible, pase de mí esta copa; pero no sea como yo quiero, sino como tú.
>
> –MATEO 26:39

4. *Petición (súplica).* La oración de petición suele llamarse súplica en la Escritura. Da al creyente la oportunidad de pedir a Dios hasta que le llegue la respuesta. Mientras que la oración de fe se ora una vez y requiere una respuesta inmediata, la oración de petición puede presentarse muchas veces, tanto como un pedido verbal o escrito.

Exhorto ante todo, a que se hagan rogativas, oraciones, peticiones y peticiones y acciones de gracias, por todos los hombres; por los reyes y por todos los que están en eminencia, para que vivamos quieta y reposadamente en toda piedad y honestidad. Porque esto es bueno y agradable delante de Dios nuestro salvador, el cual quiere que todos los hombres sean salvos y vengan al conocimiento de la verdad.

—1 TIMOTEO 2:1-4

5. *Alabanza.* La alabanza es una forma de oración. Es alabar al que provee sin enfocarse en la necesidad.

¡Oh Señor Jehová! He aquí que tú hiciste el cielo y la tierra con tu gran poder, y con tu brazo extendido, ni hay nada que sea difícil para ti.

—JEREMÍAS 32:17

6. *Acuerdo.* Cuando al menos dos o tres personas se unen en el nombre de Jesús para pedir algo a Dios, Dios promete concederlo. El poder de esta oración se halla en la calidad del acuerdo y la fuerza de la unidad entre quienes están orando.

Otra vez os digo, que si dos de vosotros se pusieren de acuerdo en la tierra acerca de cualquiera cosa que pidieren, les será hecho por mi Padre que está en los cielos. Porque donde están dos o tres congregados en mi nombre, allí estoy yo en medio de ellos.

—MATEO 18:19-20

SEIS MANERAS DE ORAR

1. *Aspiraciones.* Una fuerte aspiración y deseo de orar creará el clima apropiado para una intercesión efectiva.

Y no sólo en su venida, sino también con la consolación con que él había sido consolado en cuanto a vosotros, haciéndonos saber vuestro gran afecto, vuestro llanto, vuestra solicitud por mí, de manera que me regocijé aún más.

—2 CORINTIOS 7:7

Bienaventurados los que tienen hambre y sed de justicia, porque ellos serán saciados.

—MATEO 5:6

2. *Fervor.* El fervor cambió la situación de Elías, suspendiendo las leyes naturales, y originando prodigios sobrenaturales por medio de la oración.

Confesaos vuestras ofensas unos a otros, y orad unos por otros, para que seáis sanados. La oración eficaz del justo puede mucho. Elías era hombre sujeto a pasiones semejantes a las nuestras. Y oró fervientemente para que no lloviese, y no llovió sobre la tierra por tres años y seis meses.

—SANTIAGO 5:16-18

3. *Perseverancia.* En algunos casos, habrá resultados instantáneos cuando oramos, mientras que otras peticiones podrían llevar tiempo. No obstante, la Escritura nos habla de perseverar y soportar hasta que llegue la respuesta, aprendiendo a añadir paciencia a nuestra fe.

Orando en todo tiempo con toda oración y súplica en el Espíritu, y velando en ello con toda perseverancia y súplica por todos los santos.

—EFESIOS 6:18

A fin de que no os hagáis perezosos, sino imitadores de aquellos que por la fe y la paciencia heredan las promesas.

—HEBREOS 6:12

4. *Intercesión.* Este libro tiene el propósito de lograr dos cosas. Primero, ayudar a tratar con sus necesidades; segundo, ayudarlo en la intercesión por otros. La oración denigra y menosprecia a Dios si lo único que hacemos es darle nuestra lista de compras para que Él la apruebe. Los verdaderos hombres de oración conocen la importancia de ponerse en la brecha entre Dios y los demás hasta que llegue la respuesta.

5. *Orar en lenguas.*

Pero vosotros, amados, edificándoos sobre vuestra santísima fe, orando en el Espíritu Santo...

—JUDAS 20

Orando en todo tiempo con toda oración y súplica en el Espíritu, y velando en ello con toda perseverancia y súplica por todos los santos.

—EFESIOS 6:18

6. *Elija una posición cómoda*:

- De rodillas
- Sentado
- De pie
- Postrado

APÉNDICE B

Herramientas prácticas para la oración de poder

En las siguientes páginas se listan los Temas de Oración que da el Pastor Matthew Ashimolowo, tal y como aparecen en su libro *The Power of Positive Prayer Bible* (La Biblia del poder de la oración positiva). Tratan casi todas las áreas de la vida, y pueden ser una poderosa ayuda para su tiempo en el lugar secreto. Recuerde, mientras ore, usted debe recordarle a Dios su Palabra, así que use esta concordancia de temas de interés como una guía del Espíritu Santo en su oración intercesora. Escriba abajo lo que Dios le revela a su corazón y asiente su agradecimiento en su diario de oración.

Abundancia
Gn. 15:1
Gn. 16:10
Gn. 17:6
Gn. 30:43
Éx. 1:7
Nm. 14:7
1 R. 10:7, 23
2 S. 12:2
1 Cr. 22:5
2 Cr. 9:6
2 Cr. 32:27
Sal. 21:6
Pr. 3:9, 10, 28
Pr. 10:5, 22
Pr. 10:24
Pr. 11:25, 28
Pr. 12:11

Pr. 13:4, 22
Pr. 15:16
Pr. 16:7
Pr. 18:20
Pr. 19:15
Pr. 20:13
Pr. 21:5, 13
Pr. 22:1, 4
Pr. 22:7, 9
Pr. 22:16, 26
Pr. 23:21
Pr. 24:32–34
Pr. 26:13, 15
Pr. 27:11
Pr. 28:8
Pr. 30:8–9
Jer. 31:14
Ez. 37:10

Mal. 3:4, 5
Mal. 3:11, 12
Flp. 4:19
Ro. 12:3, 17
Ef. 1:19
Ef. 3:20

Acción de gracias y alabanza
2 Cr. 33:16
Sal. 26:7
Sal. 50:14
Sal. 69:30
Sal. 95:2
Sal. 100:4
Sal. 147:7
Ec. 9:7
Is. 51:3

1 Co. 15:57
2 Co. 2:14
2 Co. 8:16
2 Co. 9:15
Flp. 4:6
Col. 2:7
Col. 4:15
1 Tes. 5:18
1 Tim. 1:12
2 Tim. 1:3
Heb. 13:15
1 P. 2:19
Ap. 4:9–11
Ap. 7:11–12
Lv. 7:12
2 Cr. 20:21
2 Cr. 20:23
Neh. 12:46

Sal. 26:7
Sal. 34:1–3
Sal. 69:30
Sal. 95:1–7
Sal. 107
Sal. 116:17
Sal. 148
Sal. 150
Am. 4:5
Jon. 2:9
Hch. 16:25–26
Col. 4:2
1 Tim. 2:1
Ap. 4:11
Ap. 7:12

Actitud
Dt. 30:19
Jue. 20:20
1 S. 30:6
Pr. 10:4–5
Pr. 12:11
Pr. 12:24
Pr. 13:11
Pr. 19:15
Pr. 20:13
Pr. 22:29
Dn. 1:8
Mt. 5:16
Jn. 14:15
Ro. 12:11
Ro. 12:16
Flp. 2:5
Col. 3:22–23
1 Tes. 4:11, 12
2 Tes. 3:10
2 Tim. 1:6–7

Actuar con discernimiento
Job 32:8
Sal. 43:3
Pr. 16:22
Is. 55:8
Col. 1:9–10
Sal. 16:7
Sal. 128:8
Pr. 16:23
Pr. 8:14
Ef. 5:17
Sal. 18:30
Pr. 3:5
Pr. 24:3
Is. 55:9
1 R. 3:9
Sal. 27:11
Pr. 3:6
Pr. 24:4
Jer. 33:3
Jos. 1:5

Adoración
Gn. 22:5
Dt. 26:10
Is.12:2
Mr. 5:6
Lc. 4:8
Jn. 4:22–24
Jn. 9:38
1 Co. 14:25
Flp. 3:3
Heb. 1:6
Ap. 7:11
Ap. 14:7
Ap. 15:4
Ap. 19:10
Ap. 22:8–9

Afecto, cariño
1 Cr. 29:3
Ro. 12:8
Ro. 12:10
Pr. 27:5
2 Co. 7:15
1 Tes. 2:8-9
Col. 3:2
3 Jn. 1–3

Alegría, regocijo
Neh. 12:43
Sal. 9:2
Sal. 16:11
Sal. 19:8
Pr. 15:13
Is. 55:12
Hch. 27:22
Hch. 27:36
2 Co. 9:7
Stg. 5:13
1 P. 1:8

Andar en amor
Jos. 22:5
Sal. 91:14
Pr. 10:12
Pr. 17:9
Cant. 8:6–7
.Jn. 13:34–35
Jn. 15:10
Ro. 5:5
Ef. 3:17
Flp. 1:9–11
1 Tes. 3:12–13
1 Tes. 4:9–10
1 P. 4:8
1 Jn. 2:10
1 Jn. 4:10–12

1 Jn. 4:16–18
Gn. 29:20
Lv. 19:18
2 S. 1:26
Pr. 16:17
Pr. 27:5
Cant. 1:2
Cant. 2:4
Mt. 24:12
Jn. 13:35
Jn. 15:9
Ro. 8:35
Ro. 12:9–10
Ro. 13:10
1 Co. 13:4–8
1 Co. 13:13
Gl. 5:6
Ef. 1:15–16
Ef. 4:2
Ef. 4:15
Ef. 5:2
Col. 3:14
1 Tim. 1:5
2 Tim. 1:7
Tit. 2:4
Fil. 7
Heb. 6:10
Heb. 10:24
Heb. 13:1
1 Jn. 2:15
1 Jn. 3:18
1 Jn. 4:7–8
1 P. 1:22

Andar en obediencia
Gn. 22:18
Éx. 23:21
Éx. 24:7

Éx. 30:29
Nm. 27:20
Dt. 4:30
Dt. 11:27
Dt. 28:2
Pr. 25:12
Is. 1:19
Os. 10:12
Hag. 1:12
Zac. 6:15
Ro. 1:5
Ro. 5:19
Ro. 10:15
Ro. 12:1
Ro. 15:18
Ro. 16:19
2 Co. 2:9
2 Co. 7:15
2 Co. 10:5–6
Flp. 2:8
Col. 3:20
Tit. 2:5
Tit. 2:9
Flm. 1:21
Heb. 5:8
Heb. 5:9
Heb. 11:8
1 P. 1:2
1 P. 1:22
1 P. 3:1
1 P. 1:14
1 Jn. 5:3

Andar en victoria
Éx. 31:3
Nm. 13:30
2 S. 5:20
2 S. 23:10

Sal. 18:29
Sal. 34:6
Sal. 98:1
Sal. 126:1
Sal. 144:1
Flp. 4:13, 19
Ro. 8:37
1 Co. 15:55
1 P. 4:10, 11
2 P. 1:2–3
1 Jn. 4:4
1 Jn. 5:4
Ap. 2:26
Ap. 21:7

Ánimo, aliento
Dt. 1:38
Dt. 3:28
Jue. 20:22
1 S. 23:16–17
1 S. 30:6
2 S. 11:25
2 Cr. 31:4
2 Cr. 35:2
Is. 41:6–7
Col. 3:16
1 P. 5:10

Aniversarios especiales
Is. 38:18–19
Nah. 2:15
Lv. 23:41
Is. 61:7
Hch. 18:21
Is. 25:1
Sal. 109:30

Ansiedad
Sal. 142:4
Dn. 3:16
Jer. 17:8
Is. 26:3
Mt. 6:24–25
Mt. 6:34
Mt. 6:21
Mt. 22:16
Lc. 8:14
Lc. 10:41
Ro. 8:28
1 Co. 7:32
Flp. 3:12
Flp. 4:6
Flp. 4:10
Mr. 4:38
1 P. 5:6–7

Aumentar
Gn. 7:18
Gn. 30:43
Lv. 19:25
Dt. 7:13
Job 1:10
Job 8:7
Sal. 49:16
Sal. 62:10
Sal. 67:6
Sal. 85:12
Pr. 9:9
Pr. 9:11
Pr. 11:24
Is. 29:19
Ez. 16:7
Dn. 12:4
Am. 4:9
Lc. 2:52
Jn. 3:30

Hch. 6:7
2 Co. 9:10
2 Co. 10:15
Col. 1:10
3 Jn. 2
Lv. 26:4
Dt. 28:11
Dt. 33:19
1 R. 18:41
1 Cr. 27:23
Job 8:7
Job 36:31
Sal. 36:8–9
Sal. 67:6
Sal. 116:7
Pr. 1:5
Pr. 3:10
Pr. 28:19
Is. 30:23
Is. 54:3
Jl. 2:26
Ef. 3:20
Col. 1:10

Autoestima
Pr. 3:26
Pr. 14:26
Pr. 28:1
Is. 30:15
Is. 41:13
2 Co. 5:21
2 Co. 7:16
Gl. 5:10
Ro. 8:31
Ro. 8:37
Ro. 8:26
Ef. 1:17–20
Flp. 3:3
Heb. 4:16

Heb. 13:6
1 Jn. 5:4
1 Jn. 5:14

Autoridades
Gn. 41:43
Éx. 22:28
Éx. 32:34
Lv. 4:22–24
2 Cr. 30:9
Sal. 67:4
Pr. 28:15, 16
Pr. 19:2, 12
Is. 9:6–7
Is. 63:14
Mt. 8:9
Ro. 13:1, 3
1 Co. 12:28
1 Tim. 2:2
1 P. 2:14

Avivamiento
Éx. 3:8
Nm. 11:17
1 R. 18:41
2 R. 13:21
Neh. 4:2
Sal. 85:6
Sal. 138:7
Is. 11:10
Is. 57:15
Is. 64:1–3
Os. 6:2
Os. 10:12
Os. 14:7
Hab. 3:2
Mal. 3:10
Lc. 1:78
Jn. 4:24

Éx. 31:3
Esd. 9:8–10
Sal. 27:4, 8–9
Sal. 42:1
Sal. 85:4–6
Sal. 126:1
Sal. 138:7
Is. 6:1–3
Is. 57:15
Is. 58:8
Hab. 3:1–3
Mt. 5:6
2 Co. 5:17
Ro. 8:37
Ef. 3:20
Flp. 4:13
Col. 3:1–4
2 P. 1:2–3

Bendición
Gn. 12:2–3
Gn. 22:17–18
Gn. 28:3
Gn. 32:28
Gn. 49:26
Éx. 23:25
Lv. 25:21
Nm. 6:24–25
Dt. 11:26
Dt. 23:5
Dt. 24:19
Dt. 26:15
Dt. 28:8
Dt. 33:11
Jos. 17:14
Jos. 17:16–18
Jos. 24:13
Rt. 2:4
1 S. 2:20

2 S. 6-11
1 R. 18:41
1 Cr. 4:10
2 Cr. 2:3
Sal. 1:1
Sal. 3:8
Sal. 5:12
Sal. 16:7
Sal. 29:11
Sal. 32:1
Sal. 41:1
Sal. 84:5
Sal. 89:15
Sal. 128:5
Sal. 132:15
Pr. 8:32
Pr. 10:6
Pr. 10:22
Pr. 11:11
Pr. 11:26
Pr. 20:7
Pr. 28:20
Is. 44:3
Is. 65:8
Ez. 44:30
Dn. 2:6
Zac. 8:13
Mal. 3:10
Ef. 1:3
1 P. 3:9

Cambio
1 Cr. 4:10
Job 14:14
Sal. 102:26
Mal. 3:6
Mt. 18:3
1 Co. 15:51
1 Co. 15:52

2 Co. 3:18
Flp. 3:21
Heb. 1:12
Heb. 7:12

Carrera
Dt. 28:13
Dt. 31:6
Dt. 31:8
Jos. 1:8
1 S. 22:29
2 Cr. 20:15
2 Cr. 20:20
Jer. 17:7
Jer. 29:11
Sal. 32:8
Sal. 90:12
Pr. 20:5
Pr. 29:25
Is. 30:21
Is. 42:16
Is. 48:17
Is. 58:10
Mt. 6:26
Mr. 9:23
Mr. 11:22
Mr. 11:23
Lc. 14:28–30
Jn. 14:7
2 Co. 9:8
Flp. 4:6
Heb. 10:35

Concentración
Mt. 7:7–8
Jn. 9:4
Ro. 15:19–20
1 Co. 9:24
Flp. 3:14

Flp. 4:8
Heb. 10:23
Heb. 12:12

Confianza, seguridad
Sal. 27:3
Sal. 118:8–9
Mt. 10:32
Heb. 3:6
Ef. 3:12
Pr. 3:26
Pr. 14:26
2 Co. 5:26
2 Co. 5:8
Ef. 6:14–18
Flp. 1:6
Flp. 1:14
Flp. 4:13
Miq. 7:5

Confortación
Gn. 24:67
Gn. 37:35
Gn. 38:12
2 S. 14:17
Rt. 2:13
Job 2:11
Job 6:10
Job 16:2
Sal. 69:20
Sal. 77:2
Sal. 94:19
Sal. 119:50
Sal. 119:52
Sal. 119:76
Ec. 4:1
Is. 52:9
Is. 54:11

Is. 57:18
Is. 61:2
Is. 66:13
Jer. 8:18
Zac. 1:17
Mt. 5:4
Mt. 9:22
Jn. 14:18
Jn. 14:26
Hch. 9:31
Hch. 20:12
Ro. 1:12
Ro. 15:4
1 Co. 14:3
1 Co. 14:31
2 Co. 1:3–4
2 Co. 1:6
2 Co. 7:4, 7
2 Co. 13:11
Ef. 6:22
Flp. 2:1–2
Flp. 2:20
Col. 2:2
Col. 4:8, 11
1 Tes. 2:11
1 Tes. 3:2
1 Tes. 3:7
1 Tes. 4:18
1 Tes. 5:14
2 Tes. 2:16
2 Tes. 2:17
1 P. 3:8

Conocimiento
Éx. 31:3
Dt. 1:13
1 S. 2:3
Job 15:2
Job 34:2

Job 35:16
Job 38:2
Job 42:3
Job 36:3
Sal. 19:2
Pr. 1:7
Pr. 2:3–6
Pr. 2:10–11
Pr. 3:20
Pr. 5:2
Pr. 8:10
Pr. 12:1
Pr. 13:16
Pr. 14:6
Pr. 15:2
Pr. 15:7
Pr. 17:27
Pr. 22:20
Ec. 1:18
Ec. 2:21
Is. 5:13
Is. 11:2
Is. 11:9
Is. 53:11
Dn. 2:21
Dn. 5:12
Dn. 12:4
Os. 4:6
Os. 6:6
Mal. 2:7
1 Co. 1:5
1 Co. 12:8
1 Co. 15:34
Stg. 3:13
Col. 2:3
1 P. 3:7
2 P. 1:5
1 Jn. 2:27

Consagración
Éx. 29:37
1 Cr. 29:5
2 Cr. 29:5
Sal. 15:1
Sal. 15:2
Is. 29:23
Ro. 12:1
Ro. 12:2
2 Co. 7:1
2 Tim. 1:9
1 P. 2.9
2 P. 3:11
1 Jn. 1:7
1 Jn. 1:9

Crecimiento
Gn. 21:8
Gn. 47:27
Sal. 92:12
Is. 11:1
Jer. 12:2
Ez. 47:12
Os. 14:5
Os. 14:7
Zac. 6:12
Mal. 4:2
Mr. 4:27, 32
Hch. 12:24
Hch. 19:20
Ef. 2:21
Ef. 4:15
2 Tes. 1:3
1 P. 2:2
2 P. 3:18

Crecimiento de la iglesia
Hch. 2:42–47

Hch. 5:11
Hch. 14:23
Hch. 16:5
Hch. 20:28
1 Co. 14:12
1 Co. 16:1
1 Co. 12:28
Ef. 3:10, 21
Ef. 5:23, 27
2 Tim. 2:2
Heb. 10:25
Stg. 5:14

**Crecimiento
de los cre-
yentes en dones
espirituales**
2 Cr. 15:7
Pr. 8:14
Pr. 18:16
Is. 35:3
Is. 41:10
Hab. 3:19
1 Co. 12:8
1 Co. 14:1
2 Co. 2:12
2 Co. 2:14
2 Co. 2:17
Dt. 6:3
Job 8:7
2 Co. 4:8
2 Co. 6:3
2 Co. 6:4
2 Co. 9:8
2 Co. 12:9
Ef. 3:20
1 Tim. 4:14
2 Tim. 1:6

**Cuando
enfrenta asun-
tos judiciales**
Jer. 33:3
Col. 4:6
Pr. 3:5–6
1 Co. 1:8
Jer. 1:12
Is. 49:25
Pr. 14:25
Mt. 18:18
Is. 30:21
Is. 43:26
Sal. 138:8
Pr. 8:8
Ef. 6:10
Is. 54:14
Sal. 91:1
Pr. 25:15
Ef. 6:16
Lc. 21:15
Is. 54:17
Sal. 31:20
Lc. 12:11–12
Lc. 2:52
2 Tim. 1:7

**Cuando
enfrenta una
junta /un tri-
bunal hostil**
Sal. 39:1
Pr. 12:18
Pr. 17:27
Stg. 3:17
Sal. 50:23
Pr. 12:19
Pr. 17:28
Col. 4:6

Stg. 3:16
Sal. 141:3
Pr. 12:20
Pr. 21:23
Stg. 1:18
Pr. 16:24
Pr. 10:11
Pr. 15:2
Mt. 12:37
Stg. 3:13
Lc. 6:45
Stg. 3:18

**Cuando ha
sido difamado**
Pr. 6:16, 19
Jer. 20:10
Mt. 12:36
Éx. 23:1
Ec. 10:11
1 Co. 4:13
Pr. 16:28
Ef. 4:31
Stg. 4:11–12
1 S. 24:9
Ro. 1:29, 32
Sal. 41:5, 11–12
Pr. 25:23
2 Co. 12:20
Sal. 109:20
Pr. 17:9
Pr. 26:20
Stg. 1:26
Sal. 140:3
Mt. 15:19
Jer. 38:4
Sal. 38:12–15
Sal. 34:13
Tit. 3:1–2

**Cuando nece-
sita estar alerta**
Sal. 102:7
Pr. 8:34
Dn. 9:14
Mt. 24:42
Mt. 26:38
Mr. 13:33–34
Mr. 13:37
Mr. 14:37, 38
Hch. 20:31
Ef. 6:18
Col. 4:2
1 Tes. 5:6
2 Tim. 4:5
Heb. 13:7
1 P. 4:7
Ap. 16:15

**Cuando nece-
sita motivación**
Dt. 11:25
Is. 40:29–31
2 P. 3:1
Is. 54:17
Dt. 28:7
2 Co. 12:9
Jue. 20:22
Mt. 7:7–8
Jos. 23:9
2 Tim. 1:7
Hch. 27:22
1 P. 3:11
Pr. 10:5
Flp. 4:13
1 S. 30:6
1 P. 3:12
Pr. 12:24
2 Tim. 1:6

Pr. 21:25
Pr. 18:9
2 P. 1:13
Pr. 22:13

Cuando necesita olvidar el pasado
Flp. 3:7–9
Pr. 3:5
Jn. 1:12
Pr. 3:6
Sal. 32:5
Flp. 3:10
Flp. 3:13
Flp. 3:11
Gl. 2:20
Flp. 3:12–14

Cuando necesita perdonar
Nm. 14:18
Dt. 21:8
Sal. 25:18
Sal. 32:1
Sal. 32:5
Sal. 78:38
Sal. 99:8
Jer. 31:34
Am. 7:2
Mt. 6:12
Mt. 6:14
Mr. 2:5
Mr. 11:25
Lc. 7:43
Lc. 7:48
Lc. 11:4
Ro. 4:7
Ro. 12:14

2 Co. 2:10
Ef. 1:7
Ef. 4:32
Col. 1:14
Col. 2:13
Stg. 5:15
1 Jn. 1:9
1 Jn. 2:12

Cuando necesita tomar decisiones
Pr. 1:23
Sal. 32:8
Sal. 36:9
Sal. 18:30
Sal. 27:11
Sal. 43:4
Sal. 119:125
Sal. 119:130
Sal. 119:169
Pr. 3:5–6
Pr. 3:13
Pr. 4:18
Pr. 8:14
Pr. 25:8–9
Jer. 33:3
Is. 30:21
Lc. 24:45
Ef. 5:17
2 Tim. 2:7
1 Jn. 2:20
Pr. 24:6
Hch. 2:23
Hch. 4:28
Hch. 5:38
Pr. 11:14
Hch.. 17:26
1 Co. 2:2

1 Co. 4:5
Ef. 1:11
Heb. 6:17
1 P. 5:10
Dt. 30:19
2 Cr. 2:1
Job 14:5

Cuando necesita un avance decisivo
Gn. 26:1–12
Éx. 15:26–27
Nm. 13:30
1 Cr. 4:10
2 Cr. 20:20
2 S. 5:20
Job 14:14
Job 42:10–13
Sal. 1:3
Sal. 32:8
Sal. 92:4
Sal. 126:1
Is. 40:4
Is. 42:16
Is. 42:9
Is. 43:19
Is. 48:6
Jl. 3:10
Mt. 17:20
Mt. 19:26
Hch. 12:10
Ro. 8:31–32
1 Co. 15:57
1 P. 1:7
Éx. 19:4

Cuando necesita visión
1 Cr. 17:11–15
2 Cr. 26:5
Sal. 92:10–11
Pr. 29:18
Ez. 11:24
Dn. 7:15
Dn. 8:16
Dn. 8:26
Dn. 10:1
Dn. 10:7
Dn. 10:16
Jl. 2:28
Hab. 2:2–3
Lc. 1:22
Lc. 24:23
Hch. 2:17
Hch. 9:10
Hch. 9:12
Hch. 10:17
Hch. 18:9
Hch. 26:19
Ap. 2:11
Ap. 2:17
Ap. 2:26
Ap. 3:5
Ap. 3:12
Ap. 3:21
Ap. 12:11
Ap. 21:7

Cuando se siente tentado a renunciar
Sal. 27:14
Sal. 39:7
Pr. 13:12
Mr. 9:23

Ro. 12:12
Sal. 31:24
Sal. 71:14
Pr. 24:14
Mr. 9:24
Ro. 15:13
Sal. 38:15
Pr. 3:5
Jer. 17:7
Mr. 11:24
Heb. 11:1
Sal. 146:5
Ro. 8:25
Lam. 3:26

Dedicación
de una casa
Sal. 119.38
2 Cr. 2:4
Mr. 7:9–13
Heb. 9:18
Dt. 20:5
2 R. 12:17–18
1 Cr. 28:12
1 R. 7:51
Ez. 44:29
Lv. 27:28
2 Cr. 5:1
2 R. 12:4–5
1 Cr. 26:27
2 S. 8:11
2 Cr. 31:12
1 Cr. 18:11

Derribar for-
talezas
Éx. 11:7
2 S. 5:7
Sal. 35:1–10

Sal. 89:40
Is. 10:27
Is. 23:11
Is. 54:14–17
Is. 41:11
Is. 41:12
Nah. 1:7
Mal. 3:18
Mt. 8:16–17
Mt. 10:19
Lc. 9:1
Lc. 10:19
2 Co. 10:4
2 Co. 10:5
Ef. 1:22
Ef. 6:12
2 Tim. 1:7
Ap. 12:8–11
Ap. 12:13
Gn. 49:19
Nm. 13:30
2 Cr. 32:22
Is. 49:26
Is. 58:6
Hch. 19:16
Jn. 16:33
1 Jn. 2:13
1 Jn. 4:4
1 Jn. 5:4
Ap. 2:7
Ap. 2:11
Ap. 2:26
Ap. 3:5
Ap. 3:12
Ap. 3:21
Ap. 12:11
Ap. 21:7

Descanso,
descansar
Job 3:17
Sal. 37:7
Sal. 116:7
Cant. 1:7
Is. 11:10
Is. 28:12
Is. 34:14
Jer. 30:10
Mt. 11:28
Mt. 11:29–30

Destruir la raíz
del rechazo
Ef. 1:4–6
Sal. 94:14
1 P. 3:12–17
1 Jn. 3:1
Is. 53:3–5
1 P. 1:6
Heb. 4:15
2 Co. 4:18
1 P. 1:7
Heb. 4:16
Is. 51:7
Pr. 18:24
Is. 51:8

Determinación,
firmeza
Rt. 1:18
Job 11:15
Dn. 6:26
Hch. 1:10
Hch. 14:9
1 Co. 7:37
1 Co. 15:58
2 Co. 1:7

Col. 2:5
1 Tim. 6:12
Heb. 2:2–3
Heb. 3:14
Heb. 6:19
1 P. 5:9
2 P. 3:17
Ap. 3:11

Diligencia
Pr. 4:23
Pr. 10:4
Pr. 12:24
Pr. 12:27
Pr. 13:4
Pr. 15:19
Pr. 19:15
Pr. 21:5
Pr. 21:25
Pr. 22:13
Pr. 22:29
Pr. 27:23
Ec. 10:18
Hch. 18:25
Ro. 12:8
Ro. 12:11
1 Co. 9:27
2 Co. 8:7
1 Tim. 2:8
2 Tim. 4:9
2 P. 1:10

Dirección
divina
Dt. 31:8
Dt. 32:11
Dt. 32:13
Nm. 32:11
Nm. 32:12

Job 32:8
Sal. 5:8
Sal. 16:7
Sal. 16:11
Sal. 25:4, 9
Sal. 27:13–14
Sal. 32:8
Sal. 43:3
Sal. 73:24
Sal. 119:133
Pr. 3:5–6
Pr. 4:18
Pr. 16:3, 9
Pr. 16:22–23
Pr. 24:3–4
Pr. 29:18
Ec. 10:10
Is. 42:16
Is. 58:11
Is. 61:8
Jer. 33:3
Hab. 2:2–3
Lc. 1:79
Ro. 8:14
Ef. 1:11
Ap. 7:17

Dominio
Dn. 4:3
Dn. 4:2
Dn. 6:26
Dn. 7:14
Dn. 7:26
Dn. 11:5
1 P. 4:2–6
Dn. 11:5
1 P. 4:11

Dominio de sus pensamientos
Sal. 103:1
2 Co. 10:3–5
1 P. 1:13
Ro. 12:2
Ro. 8:7, 27
1 Co. 6:20
Col. 3:2
Ro. 12:3
Pr. 23:7
1 Co. 13:5b
Flp. 4:8
Gl. 6:3
2 Tim. 1:7
1 Co. 2:16
Pr. 24:9
Heb. 8:10
Ef. 4:23
1 Co. 13:7
Mt. 6:25
Flp. 2:2
Flp. 2:3
Flp. 2:4
Flp. 2:5

Dones espirituales
Hch. 2:38
Ef. 4:11–14
Hch. 11:17
1 Co. 12:31
Ro. 1:11
Ro. 11:29
Ro. 12:6
Ro. 12:7
Ro. 12:8
1 Co. 1:7
1 Co. 12:8

1 Co. 12:9–10
1 Co. 13:2
1 Co. 14:12
2 Co. 9:15
Ef. 3:7
Ef. 4:7
1 Tim. 4:14
2 Tim. 1:6
Heb. 6:4
Stg. 1:17

Ejemplo
Mt. 20:26
Mt. 20:27
Mt. 20:28
Jn. 13:15
Ro. 10:17
1 Co. 10:6
2 Co. 3:18
1 Tim. 4:12
Stg. 5:10
1 P. 2:21

Encarcelados, presos
Mt. 25:36
Ef. 4:32
Ef. 5:2
Sal. 91:1–2
Sal. 91:4
Sal. 91:9–11
Sal. 91:15–16

Enfrentar los desafíos de la soltería
Gn. 24
Gn. 2:18–25
Job 29:13

Pr. 14:1
Pr. 18:22
Pr. 5:20
Pr. 20:20
Pr. 21:9, 19
Pr. 2:14
Pr. 2:16
Is. 54:17
1 Co. 5:9
1 Co. 6:9
2 Co. 6:14
2 Co. 6:18
Ef. 5:3
1 Tes. 4:3
Heb. 12:16

Enlutados
Is. 61:3
2 Co. 1:4
Heb. 4:14–15
Mt. 5:4
1 Tes. 4:13b
Heb. 4:16
Lc. 4:18
1 Tes. 4:1
1 Tes. 4:4
2 Tes. 2:16
2 Co. 1:3

Entendimiento
Éx. 31:3
1 S. 25:3
1 R. 3:9
1 Cr. 12:32
1 Cr. 28:19
Job 32:8
Job 34:34
Sal. 111:10
Sal. 119:34

Sal. 119:99
Sal. 119:104
Sal. 119:130
Sal. 139:2
Pr. 3:4–5
Pr. 4:7
Pr. 7:4
Pr. 8:9
Pr. 14:33
Pr. 16:16
Pr. 19:25
Pr. 28:5
Pr. 28:11
Is. 11:3
Is. 32:4
Dn. 5:14
Dn. 9:13
Mt. 13:23
Lc. 24:45
Ef. 5:17
Flp. 4:7
Col. 1:9
Col. 2:2
2 Tim. 2:7
1 Jn. 5:20
Ap. 13:18

Errores personales –cómo manejarlos
2 Cr. 7:14
Ro. 8:35–37
Ro. 8:31–32
2 S. 24:10
1 Jn. 5:4
Mt. 17:20
Job 22:23
2 Co. 4:9
Mt. 19:26

Job 34:32
Sal. 60:12
Mr. 10:27
Sal. 51:17
1 Co. 15:57
Ap. 21:7
Jl. 2:25
Sal. 92:4
Dt. 4:29
1 Jn. 1:8
2 Co. 2:14
Dt. 4:31

Estar enfocado
Jos. 1:5–8
Sal. 112:7
Is. 50:7
Lc. 9:62
2 Co. 4:18
Flp. 3:14
Flp. 4:8
Heb. 12:2

Esterilidad
Gn. 11:30
Gn. 25:21
Éx. 23:26
Dt. 7:14
1 S. 2:20
Sal. 113:9
Pr. 30:15–16
Is. 54:1
Gl. 4:27

Estudiantes
Dt. 31:13
Sal. 32:8
Pr. 1:5
1 Tes. 4:11

Pr. 2:10–11
Pr. 16:21
Pr. 15:28
Pr. 16:23
Ec. 12:12
Is. 29:11
Is. 50:4
Dn. 1:17
Mt. 11:29
Hch. 7:22
Ro. 15:4
Ro. 16:17
2 Tim. 3:7
2 Tim. 2:15
2 Tim. 3:14

Exaltación divina
Éx. 11:3
1 S. 2:1
1 S. 2:10
Neh. 1:11
Neh. 9:5
Job 5:11
Sal. 37:34
Sal. 75:10
Sal. 89:17
1 P. 5:6
Sal. 92:10
Sal. 112:9
Pr. 11:11
Is. 30:18
Is. 33:10
Dn. 1:8–9
Mt. 23:12
Lc. 18:14
Hch. 13:17
2 Co. 10:5
Flp. 2:9

Stg. 1:9

Extranjeros, expatriados, forasteros
Gn. 26:3
Lv. 25:35–40
Dt. 32:12–13
Jos. 1:11
Jos. 20:9
1 Cr. 29:1
1 Cr. 29:16
Sal. 37:3
Sal. 39:12
Sal. 91:5
Sal. 105:23
Pr. 2:21
Jer. 7:3, 5–7
Mt. 28:19
Hch. 27:10–1
Heb. 11:9
1 P. 1:17
Ap. 3:8

Familias
Gn. 12:3
Gn. 18:19
Gn. 47:12
Dt. 12:7
Dt. 14:26
Dt. 15:20
Dt. 33:11
Pr. 20:7
Sal. 68:6
Sal. 113:9
Dt. 28:11
Pr. 2:16
Pr. 4:1–10
Sal. 127:1–5

11:16
12:24
r. 13:4, 22
Is. 48:17
Mr. 4:8
Lc. 12:34
Ro. 13:8
Gl. 6:6–9
Ef. 3:20
Flp. 4:17
Flp. 4:19
2 P. 1:3
3 Jn. 2
Dt. 8:18
Dt. 28:1–6
Jos. 1:8
1 R. 17:15–16
Sal. 50:14
Is. 1:19
Pr. 8:12
Pr. 10:4
Pr. 10:22
Pr. 24:3–4
Mal. 3:10
Mt. 6:33
Mt. 25:22–23
Mr. 11:23–25
Lc. 5:6–7
Lc. 6:38
Lc. 12:31–32
Lc. 12:42–44
Lc. 16:11
1 Co. 9:7–10
2 Co. 9:7
Ef. 3:20
Ef. 4:28
Stg. 4:3

Fortaleza
Gn. 49:4
Gn. 49:24
Éx. 13:3
Éx. 15:2
Dt. 3:28
Dt. 33:25
Jos. 14:11
Jue. 16:28
1 S. 23:16
2 S. 22:33
1 Cr. 16:28
1 Cr. 29:12
2 Cr. 11:17
Esd. 1:6
Esd. 6:22
Neh. 2:18
Neh. 6:9
Job 4:3–4
Job 12:13
Sal. 8:2
Sal. 21:1
Sal. 21:13
Sal. 22:19
Sal. 27:1
Sal. 28:7
Sal. 31:4
Sal. 37:39
Sal. 43:2
Sal. 46:1
Sal. 68:35
Sal. 54:1
Sal. 84:5
Sal. 89:21
Sal. 93:1
Sal. 118:14
Sal. 147:13
Pr. 8:14
Pr. 20:29

Pr. 24:5
Pr. 24:10
Pr. 31:17
Ec. 9:16
Is. 28:6
Is. 30:15
Is. 35:3
Is. 41:10
Is. 54:2
Jer. 1:18
Jer. 16:19
Os. 12:3
2 Co. 12:9–10
Col. 1:10–11
2 Tim. 2:1

Fructificar
Gn. 17:6
Gn. 17:20
Gn. 28:3
Gn. 41:52
Gn. 43:11
Gn. 49:22
Éx. 1:7
Sal. 1:3
Sal. 89:20–21
Sal. 92:14
Sal. 107:34
Sal. 107:37
Sal. 127:3
Sal. 128:3
Sal. 132:1
Pr. 8:19
Pr. 11:30
Pr. 12:14
Pr. 13:2
Pr. 18:20–21
Pr. 27:18
Pr. 31:16

Pr. 31:31
Is. 29:17
Is. 32:15–16
Is. 57:19
Jer. 23:3
Ez. 17:5
Ez. 36:11
Hab. 3:17–19
Mt. 13:23
Mr. 4:20
Mr. 4:28
Lc. 8:15
Hch. 14:17
Ro. 7:4
Col. 1:6

**Fruto del
Espíritu**
Sal. 37:7–9
Sal. 119:165
Pr. 16:32
Ec. 7:8–9
Mal. 2:5
Ro. 5:3
Ro. 6:6
Ro. 13:14
Ro. 14:17
Gl. 5:16, 24
Gl. 6:9
Flp. 3:19
Flp. 4:5–7
Eph 4:1–2
1 Tim. 6:11
2 Tim. 1:7
Heb. 6:15
1 P. 2:11
1 P. 4:1–2
2 P. 1:5–6

Futuro
Sal. 1:6
Sal. 128:6
Is. 34:14
Mt. 6:30
Mt. 6:34
Ro. 8:28
2 Co. 10:4–5
Flp. 1:6
Flp. 3:14
Heb. 12:2
Heb. 13:5

Ganador
Gn. 49:19
Éx. 14:27
Éx. 15:7
Éx. 23:24
Nm. 13:30
Dt. 12:3
2 Cr. 32:22
Job 12:19
Sal. 8:3–5
Sal. 98:1
Sal. 106:26–27
Sal. 112
Sal. 136:15
Sal. 140:11
Sal. 141:6
Pr. 13:6
Pr. 14:11
Jer. 18:23
Dn. 11:41
Jn. 16:33
Hch. 5:39
Hch. 27:22
1 Co. 9:24
1 Jn. 2:13–14
1 Jn. 4:4

1 Jn. 5:4
Ap. 2:7

Gloria
Éx. 16:7
Éx. 16:10
Éx. 24:16
Éx. 33:18
Éx. 40:34
Dt. 5:24
Dt. 33:17
1 R. 8:11
1 Cr. 16:27–28
Sal. 8:1
Sal. 8:5
Sal. 24:7–10
Sal. 45:3
Sal. 104:31
Sal. 111:3
Sal. 148:13
Is. 60:13
Dn. 2:37
Dn. 4:36
Dn. 5:18
Dn. 7:14
2 Co. 4:17
1 Tes. 2:12
1 P. 1:8

Gozo
1 R. 1:40
Sal. 42:4
Sal. 43:4
Pr. 23:24
Ec. 9:7
Is. 61:3
Is. 29:19
Is. 55:12
Neh. 8:10

Jer. 15:16
Jer. 31:13
Jer. 33:11
Dt. 28:47b
Sal. 98:8
Sal. 113:9
Ec. 9:9

**Guerra con-
tra espíritus
territoriales**
Gn. 39:7–23
Éx. 3:9
Nm. 16:3–40
1 S. 28:7
1 R. 18:19
1 R. 22:21–23
Sal. 43:2
Sal. 56:1
Sal. 69:20
Sal. 119:28
Pr. 6:34
Pr. 12:20
Pr. 16:18–19
Pr. 25:28
Pr. 26:24
Cant. 8:6
Is. 45:16
Is. 60:20
Is. 61:3
Mr. 1:24
Mr. 9:25
Lc. 13:11–13
Jn. 8:36
Hch. 10:38
Hch. 16:16
Ro. 8:15
Ro. 11:8
Ef. 4:31

Ef. 5:36
1 Tes. 2:2
1 Tim. 4:1
2 Tim. 4:3–4
Heb. 12:15
1 Jn. 1:7
1 Jn. 4:3, 6
Ap. 6:8

**Hambre y sed
de justicia**
Sal. 1:1–3
Sal. 15:1–5
Is. 29:19
Mt. 5:6
Mt. 6:20
Mt. 6:33
Mt. 13:44–46
Lc. 9:23
Ro. 12:1
Ro. 14:19
Flp. 3:9
Flp. 4:8
1 P. 3:14
Stg. 3:8
Gn. 30:33
1 Cr. 16:29
Sal. 27:4, 8–9
Sal. 34:9
Sal. 42:1–2
Sal. 51
Sal. 52:3
Sal. 73:23–28
Sal. 106:3
Is. 41:2
Is. 54:14
Is. 58:8
Mt. 5:6
Mt. 6:33

2 Co. 5:17
2 Co. 7:1
Ef. 5:9
Flp. 3:10
Col. 3:1–4
Heb. 12:14
Lc. 1:75
Ro. 6:3, 6
Ro. 6:14
Ro. 14:17
2 Co. 9:10
Ef. 6:14
Flp. 3:9
Flp. 3:10
Col. 3:1–4
1 Tim. 6:11
Heb. 1:9
2 P. 2:2
2 P. 2:22

Honor
Éx. 14:18
Éx. 29:12
Lv. 19:15
Lv. 19:32
Job 22:8
Pr. 3:16
Pr. 8:18
Pr. 13:18
Pr. 18:12
Pr. 21:21
Pr. 22:4
Pr. 25:2
Pr. 27:18
Pr. 29:23
Jer. 33:9
Is. 29:23
Dn. 4:34
Mr. 6:4

1 P. 2:9

Hospitalizados
Dt. 7:15
Sal. 103:2–3
Is. 53:4
Is. 53:5
Jer. 17:14
Jer. 30:17a
Mt. 8:7
Stg. 5:13–16
3 Jn. 2
Mt. 8:16
Mt. 8:17
1 P. 2:24
Gl. 3:13
Éx. 15:26
Sal. 41:3
Sal. 91:10–16
Sal. 107:20
Pr. 4:22
Mal. 4:2
Pr. 14:30
Job. 37:23

Imposibilidades
Mt. 19:26
Mt. 17:20
Mr. 10:27
Lc. 1:37
Lc. 18:27
Heb. 6:18
Heb. 11:6

Justificación divina
Gn. 49:19
Dt. 25:1
1 R. 8:32

2 Cr. 6:23
Job 11:2
Job 13:18
Sal. 51:4
Sal. 98:1
Is. 43:9
Is. 50:8
Is. 54:17
Mt. 11:19
Mt. 12:37
Tit. 3:7
Stg. 2:25
1 Jn. 2:13

Labor, trabajo
Éx. 23:16
Dt. 26:7
Dt. 28:33
Jos. 24:13
Sal. 104:23
Sal. 127:1
Sal. 128:2
Pr. 14:23
Pr. 16:26
Pr. 21:25
Pr. 23:4
Ec. 2:10
Ec. 2:21
Ec. 2:24
Ec. 3:13
Ec. 4:9
Ec. 5:12
Ec. 5:19
Ec. 10:15
Is. 55:2
Is. 65:23
Hab. 3:17–18
Jn. 4:38
Jn. 6:27

Hch. 20:35
Ro. 16:12
1 Co. 3:9
1 Co. 15:58
2 Co. 5:9
Ef. 4:28
Col. 1:29
1 Tes. 2:9
Heb. 6:12

Liberación
Sal. 32:8
Sal. 36:9
Sal. 18:30
Sal. 27:11
Sal. 43:3
Sal. 119:125
Sal. 119:130
Sal. 119:169
Pr. 3:5–6
Pr. 3:13
Pr. 4:18
Pr. 8:14
Pr. 25:8–9
Jer. 33:3
Is. 30:21
Lc. 24:45
Ef. 5:17
2 Tim. 2:7
1 Jn. 2:20
Gn. 45:7
Nm. 31:5
Jue. 15:18
2 R. 13:17
Esd. 9:13
Sal. 18:50
Sal. 22:5
Sal. 32:7
Sal. 44:4

Pr. 11:8–9
Pr. 11:21
Is. 54:14–17
Is. 49:25
Jl. 2:32
Ab. 17

**Liberación de
toda aflicción**
2 R. 19:16
Sal. 4:6
Sal. 85:4–6
Jn. 9:1–3
Jn. 15:2
Neh. 9:32
Sal. 119:76
Jer. 31:8
Lam. 5:1
Neh. 1:8–9
Sal. 9:13
Sal. 39:12
Mr. 9:24
1 P. 5:10
Job 36:8
Job 36:9
Sal. 10:1
Jer. 17:14
Is. 54:7
Is. 29:6
Heb. 12:10
Sal. 102:2
Is. 64:9
Jn. 16:20
Dt. 4:30
Ez. 20:37
Esd. 9:13

**Libertad de
la esclavitud**
Gn. 45:7
Nm. 31:5
Dt. 28:1–14
Jue. 3:9
Jue. 15:18
2 S. 22:2
2 R. 5:1
2 R. 13:17
1 Cr. 4:10
1 Cr. 11:14
2 Cr. 12:7
Esd. 9:13
Est. 4:14
Sal. 18:50
Sal. 22:4
Sal. 32:7
Sal. 44:4
Sal. 70:5
Sal. 144:2
Pr. 11:8–9
Pr. 11:21
Pr. 28:26
Is. 49:24–25
Jl. 2:32
Ab. 17
Mt. 11:28
Lc. 4:18
Ro. 11:26

Logros
Lv. 22:21
Job 14:6
Pr. 1:5
Dt. 8:17–18
Jn. 14:14
Job 31:25
Ro. 9:30–31

Flp. 3:11, 12
Flp. 3:16
Col. 3:23
1 Tim. 4:6
1 P. 5:9
3 Jn. 2

Misioneros
1 Cr. 15:2
1 Cr. 23:13
2 Cr. 15:7
Sal. 2:8
Sal. 23:1
Sal. 27:1, 5
Sal. 146:7
Pr. 8:14
Is. 35:3
Is. 40:11
Is. 41:10
Is. 54:17
Is. 55:11–12
Jer. 23:4
Ez. 34:5
Hab. 3:19
Mt. 18:18
Mr. 16:15
Hch. 8:4–8
Hch. 8:14–17
Hch. 11:19–24
1 Co. 12:8
2 Co. 4:8
2 Co. 6:3–4
2 Co. 9:8
2 Co. 12:9
2 Co. 2:12,
14, 17
2 Co. 3:2–3, 17
Ef. 6:19
2 Tes. 3:3

1 P. 4:11

**Multipli-
cación divina**
Gn. 15:1
Gn. 16:10
Gn. 17:2
Gn. 17:6
Gn. 30:43
Éx. 1:7
Nm. 14:7, 8
1 S. 20:41
1 R. 4:29
1 R. 10:7
1 R. 10:23
1 Cr. 22:5
2 Cr. 9:6
2 Cr. 32:27
Sal. 21:6
Ez. 37:10
2 Co. 4:17
Ef. 1:19
Ef. 3:20

**Naciones que
necesitan el
evangelio**
Dt. 14:2
Jos. 23:4
Rt. 2:11
2 Cr. 7:14
2 Cr. 20:6
Ro. 10:15
Sal. 2:1
Sal. 2:8
Sal. 79:10
Is. 11:9
Ez. 34:28
Ez. 39:21

Zac. 14:4
Mt. 28:19
Ro. 10:14
Gl. 1:16
1 Jn. 4:4

Opresión
Éx. 3:8
Lv. 25:14
Dt. 23:16
Is. 49:26
Jer. 30:20
Jue. 2:18
Jue. 6:9
Sal. 9:9
Sal. 10:18
Sal. 74:21
Sal. 103:6
Is. 1:17
Is. 38:14
Is. 58:6
Dt. 26:7
Job 36:15
Sal. 42:9
Sal. 44:24
Sal. 107:2
Ec. 5:8
Sal. 55:3
Is. 35:15–16
Is. 54:14
Zac. 7:10
1 S. 12:4
Job 27:13
Sal. 54:3
Sal. 72:4
Sal. 119:121

**Oración para
conocer y hacer
la voluntad
de Dios**
Éx. 19:5
Sal. 1:2
Mt. 12:50
Éx. 19:6–9
Sal. 25:10
Jn. 14:15
Sal. 111:10
Jn. 14:23
Sal. 1:1
Is. 1:19
Jn. 15:10
Jn. 15:14
1 Jn. 3:22

**Oración por
adolescentes**
Sal. 34:11
Is. 45:16
Sal. 115:16
Sal. 128:3
Sal. 127:3–4
Dt. 29:29
Sal. 78:6
Sal. 147:13
Sal. 144:7
Dt. 11:21
Sal. 144:11
Neh. 9:23
Pr. 17:6
Pr. 20:7

**Oración por
ahijados, ahi-
jadas e hijos
adoptados**
2 Co. 6:18

Ro. 4:16
Éx. 2:10
Ef. 3:6
Ef. 1:5
Est. 2:7
Nm. 6:27
Ef. 1:6
Ef. 1:11
Éx. 4:22
Is. 62:2
Gl. 3:27, 29
Ro. 8:29
Mt. 13:43
1 Cr. 28:6
Ez. 16:3–6
Mt. 6:25–34
Ro. 8:17
Ro. 8:14
Gn. 48:5
Gn. 48:14

**Oración por
alguien que
atraviesa una
crisis personal**
Sal. 141:1
Gl. 6:1-2
Heb. 13:16
2 Co. 9:10
Stg. 2:8
Pr. 3:28
1 Jn. 3:17
Mt. 5:45
1 Jn. 3:18
2 Co. 9:8
Gl. 6:8, 10

**Oración por
arrepentimiento
de pecados
de la nación**
Am. 3:3
2 Cr. 7:14
Neh. 8:9–11
1 Tim. 2:1
Pr. 20:26
Pr. 16:12–13
Pr. 28:2
Pr. 2:21
Pr. 29:2
Sal. 68:11
Jer. 18:8
Ez. 14:6
Jl. 2:14

**Oración por
el año nuevo**
Sal: 65:11
Sal. 90:4
Jn. 14:26
Lv. 25:13
Pr. 16:3
Is. 61:2
Flp. 4:6
Lc. 2:41

**Oración por
el reincidente**
1 R. 11:9
Nm. 14:43
Sal. 37:24
Is. 26:3
Ap. 2:4
Sal. 125:5
Pr. 16:18
Jer. 3:13–14

2 Co. 11:3
Is. 59:2, 9–11
Pr. 24:16
2 Cr. 7:14
Gl. 3:1
Jer. 5:6
Os. 11:7; 14:4
Gl. 5:4, 7
Jer. 8:5
Os. 5:15
Sal. 78:57
Lc. 9:2
Gl. 6:1
Pr. 28:14
Sal. 85:8
Jer. 2:19
Stg. 5:19
Col. 1:21–23
1 Co. 10:12
Pr. 14:14
Is. 59:12–14
Sal. 103:3
Éx. 32:8

Oración por éxito en un examen
Is. 2:3
Sal. 51:6
Is. 30:21
Sal. 32:8
Pr. 28:5
Jn. 16:3
Sal. 16:7
2 Tim. 1:7
2 Co. 4:6
Pr. 2:5
Pr. 2:6
Pr. 2:7

Stg. 1:5
Jer. 33:3
Pr. 1:2
1 Jn. 5:20

Oración por gente que sufre
Dt. 10:18
Hch. 20:35
2 Co. 1:4
Is. 50:4
Mt. 25:34
Ro. 12:15
2 Co. 1:5
Is. 58:5–7
Mt. 25:35
Ro. 15:1
Heb. 13:3
Mt. 7:12
Jn. 13:35
2 Co. 1:3
Gl. 6:2
Heb. 13:16
Stg. 2:8
1 P. 3:8

Oración por hombres y mujeres de empresa
Dt. 8:18
Dt. 28:13
2 Cr. 15:7
Est. 4:14b
Pr. 10:5
Pr. 12:24
Pr. 13:4
Pr. 21:5
Pr. 22:29

Dn. 5:12
Hab. 3:19
Hag. 1:6–7
Jn. 4:35–36
Gl. 6:10
2 P. 1:3–4
Heb. 6:11
Stg. 1:5
Ap. 3:8

Oración por huérfanos e hijos de padre o madre solos
Lam. 5:3
Dt. 24:17
Job 24:3
Sal. 10:18
Mal. 3:5
Éx. 22:24
Dt. 24:19
Dt. 24:20
Job 24:9
Sal. 109:9
Sal. 109:12
Jer. 5:28
Dt. 10:18
Dt. 26:12
Dt. 26:13
Job 29:12
Sal. 146:9
Os. 14:3
Dt. 16:11
Dt. 6:14
Dt. 27:19
Job 31:17
Pr. 23:10
Ez. 22:7
Job 22:9

Job 22:10
Sal. 10:14

Oración por jubilados o retirados
Is. 46:4
Pr. 17:6
Sal. 71:17
Sal. 81:18
Dt. 5:33
Pr. 10:27
Job 12:12
Job 12:13
Job 5:26
Sal. 39:5
Dt. 6:2
Job 11:17
Sal. 91:16
Pr. 20:29
Tit. 2:1–5
Sal. 39:4
Pr. 3:1
Pr. 3:2
Pr. 10:27
Pr. 9:11

Oración por ideas divinas
Éx. 4:12
Sal. 32:8
Pr. 8:17
Is. 48:6
Job 32:8
Sal. 36:9
Pr. 12:5
Is. 48:7
Sal. 40:5
Pr. 24:14

Jer. 29:11
Sal. 138:8
Is. 42:9
Is. 43:19

**Oración por
la presencia
y poder del
Espíritu Santo**
Job 22:28
Job 37:23
Sal. 59:11
Sal. 145:11
Sal. 106:8
Is. 11:2
Is. 54:11
Jer. 16:21
Mt. 16:18–19
Mr. 10:27
Mr. 16:8, 16–20
Lc. 9:43
Lc. 22:69
1 Co. 12:8–10
Ef. 1:21
Ef. 3:20
1 P. 1:5

**Oración por
las naciones**
1 Tim. 2:1
1 Tim. 2:2
Pr. 16:12
Pr. 16:13
Pr. 2:10–15
Pr. 28:2
Pr. 2:21
Pr. 2:22
Pr. 29:2
Sal. 68:11

Pr. 20:26
Pr. 20:28
Pr. 16:10

**Oración por
las necesidades
de su nación**
1 Tim. 2:1
Pr. 20:26
Pr. 29:2
1 Tim. 2:2
Pr. 20:28
Pr. 28:2
Pr. 2:10–15
Pr. 16:10
Sal. 68:11
Pr. 2:21–22
Pr. 16:12–13

**Oración por
los líderes**
1 Tim. 2:1–3
Dt. 28:10
Pr. 2:10–12
Dt. 28:18
Pr. 2:21–22
Ro. 8:37
Sal. 33:12
Pr. 21:1
Hch. 12:24

**Oración por
quienes enfren-
tan peligros**
Zac. 2:5
2 S. 22:31
Sal. 34:7
Sal. 91:8–11
Sal. 91:14–16
2 Tim. 1:12

Sal. 91:1–2
Sal. 91:4–5
Lc. 21:18
Jud. 24
Sal. 32:6–7
Sal. 46:1–2

**Oración por
quienes están
de novios**
Ef. 5:22–25
Flp. 2:2
Col. 2:10
Pr. 18:22
Stg. 3:17
Pr. 19:14
Is. 62:5
Pr. 8:8

**Oración por
su aniversa-
rio de bodas**
Pr. 5:15–20
Pr. 11:16
Sal. 65:11
Rt. 1:16–17
Pr. 19:14
Pr. 31
Gn. 24:67
Pr. 21:9
Pr. 21:19
Pr. 12:4
Pr. 18:22
1 Co. 7:39
Heb. 13:4
Ef. 5:22–33
Col. 3:18–19
1 P. 3:1–7

**Oración por
su esposa**
Gn. 12:3
Dt. 28:11
1 Co. 7:2–39
1 P. 3:1
Sal. 127:1, 3
Sal. 128
1 Tim. 3:2,
11–12
Pr. 5:15
Pr. 8:33–34
Col. 3:18
Pr. 9:13
Lv. 20:11
Pr. 11:11
Pr. 11:16, 29
Nm. 30:6–24
Pr. 12:4
Pr. 14:1
Éx. 22:16
Pr. 15:17
Pr. 18:22
Pr. 19:13
Pr. 19:14, 20
Pr. 31:10
Pr. 31:30
Jer. 31:3
Ef. 5:25–30

**Oración por
su esposo**
Stg. 5:7
Tit. 2:4
Dt. 22:24
Ef. 5:22–23
Jer. 31:32
1 P. 3:1
1 Co. 7:2–39

Éx. 20:17
Lc. 16:18
Pr. 31:11
Pr. 31:23, 28
Job 19:17
Mt. 6:33
2 Co. 5:17
Pr. 12:4
Sal. 128:3
Col. 3:19
Ec. 9:9
Mr. 10:12
1 Tim. 3:2
Pr. 19:13–14

**Oración
por su jefe o
empleador**
Ef. 6:5–8
Col. 3:22–24
1 Tim. 6:1–2
Tit. 2:9
1 P. 2:18
Pr. 17:2
Pr. 27:18
Mt. 24:45–48
Lc. 12:37
Lc. 16:10, 12
Jn. 13:16
1 Co. 4:2
Éx. 21:20–21
Lv. 19:13
Dt. 24:14
Dt. 24:15
Jer. 22:13
Mt. 10:10
Ro. 4:4

**Oración por
su Presidente o
Primer Ministro**
Ro. 13:1–3
1 Tim. 2:2
Tit. 3:1
Pr. 10:21

**Oración por
sus empleados**
Col. 1:13
Ef. 5:1–2
Sal. 118:24
Dt. 30:19
Stg. 5:7
Is. 10:27
1 P. 5:10
Mt. 6:10
1 Jn. 2:27
Est. 4:14
1 Co. 6:20
Hch. 2:17

**Oración por
sus hijos**
Gn. 33:5
Gn. 49:8
Éx. 2:2
Éx. 20:5
Dt. 14:1
Sal. 128:3
Sal. 144:7
Is. 54:13
Pr. 13:22
Pr. 17:6
Pr. 20:11
Pr. 22:6
Pr. 22:15
Pr. 29:15

Pr. 29:21
Ec. 4:13
Ro. 8:26
1 Co. 13:11
Gl. 4:1
Ef. 5:8
1 Jn. 3:10

**Oración por
sus pastores
y ministros**
1 Cr. 15:2
1 Cr. 23:13
2 Cr. 15:7
Sal. 23:1
Pr. 8:14
Is. 35:3–4
Is. 40:11
Jer. 23:4
Ez. 34:5
Hab. 3:19
1 Co. 12:8
2 Co. 4:8
2 Co. 6:3–4
2 Co. 9:8
2 Co. 12:9
Ef. 3:20
2 Co. 2:12,
14, 17
2 Co. 3:2–3
2 Co. 3:17
1 P. 4:11

**Oración por
todo lo rela-
tivo al éxito**
Sal. 1:3
Dt. 3:9
Ec. 3:13

Job 22:24–25
Is. 30:23
Sal. 112:3
Dt. 28:2–6
Dt. 28:11–13
Dt. 11:15
Flp. 4:19
Pr. 15:6
Is. 65:21–23
Sal. 128:12
Ef. 3:20

**Oración por
un corazón
compasivo**
Éx. 2:6
Dt. 13:17
Dt. 30:3
1 S. 23:21
1 R. 8:50
2 R. 13:23
2 Cr. 30:9
2 Cr. 36:15
Sal. 78:38
Sal. 86:15
Sal. 111:4
Sal. 145:8
Is. 49:15
Jer. 12:15
Lam. 3:22
Lam. 3:32
Miq. 7:19
Zac. 7:9
Mt. 9:36
Mt. 18:27
Mt. 18:33
Mr. 5:19
Lc. 15:20
Ro. 9:15

Heb. 10:34
1 P. 3:8
Jud. 22
Mr. 6:34
Is. 58:9–11
Pr. 21:21
Lc. 7:12–13
Sal. 25:10
Lc. 7:13
Sal. 37:21
1 Co. 13:4–7

Oración por un niño rebelde
1 Co. 5:18–19
Sal. 37:4
Pr. 15:31
Mal. 4:6
Jn. 14:6
Ef. 6:1–3
Pr. 13:1
Ez. 22:30
Mr. 10:13–16
1 Jn. 1:9
Sal. 127
Pr. 22:6
Sal. 128
Lc. 2:50
Lc. 2:51
Lc. 2:52
1 P. 5:7
Jer. 1:5–10
Pr. 8:6–7
Pr. 3:1
Pr. 3:2

Oración por un trabajo
Mt. 6:8

Is. 30:21
Mt. 6:26
Is. 48:17
Mr. 9:23
Jer. 17:7
2 Co. 9:8
Pr. 29:25

Oración por una persona inconversa
Gn. 49:18
Ro. 10:2
Job 13:16
Ro. 10:17
Sal. 25:5
Sal. 106:4
Sal. 119:166
Is. 17:10
Is. 59:16
Is. 62:1
Dn. 12:3
Lc. 2:30
Hch. 4:12
Ro. 6:23
Ro. 10:1
2 Co. 4:4
Gl. 3:13
Ef. 2:8
Flp. 1:19
Ap. 12:11

Orientación, guía
Éx. 15:13
2 Cr. 32:22
Sal. 25:9
Sal. 31:3
Sal. 32:8

Sal. 48:14
Sal. 73:24
Sal. 78:52
Sal. 78:72
Sal. 112:5
Pr. 6:6–8
Is. 45:1–2
Is. 58:11
Mi. 7:5
Mt. 3:16
Jn. 16:13
Hch. 18:31
Ro. 2:19
1 P. 4:12

Padres
Dt. 4:9
Gn. 33:5
Gn. 44:20, 30
Gn. 17:18
Dt. 11:19
1 S. 1:27
Gn. 48:13–20
1 Tim. 3:4, 12
Sal. 127:3
Éx. 2:2–3
Heb. 11:20
Jl. 1:3
Tit. 2:4
Jue. 13:8
Col. 3:21
Mt. 19:13
2 S. 18:5, 33
1 Cr. 29:19
Sal. 103:13
Pr. 22:6
Job 1:5
1 S. 3:13
Ef. 6:4

Pr. 31:1
Gn. 18:19

Palabra de Dios
Sal. 18:3
Sal. 119:11
Sal. 119:67
Sal. 119:103
Sal. 119:116
Sal. 119:133
Sal. 119:140
Sal. 119:154
Sal. 119:158
Sal. 119:170
Sal. 138:2
Pr. 30:5
Mt. 4:4
Mt. 26:75
Lc. 1:38
Jn. 5:47
Jn. 6:63
Jn. 6:68
Jn. 8:47
Jn. 12:47–48
Jn. 14:10
Jn. 15:7
Jn. 17:8
Hch. 11:16
Ro. 10:8
Ro. 10:17
2 Co. 2:17
2 Co. 4:2
2 Co. 5:19
Ef. 5:26
Ef. 6:17
Flp. 1:14
Col. 3:16
1 Tes. 4:18
2 Tes. 2:17

1 Tim. 4:5
1 Tim. 4:12
2 Tim. 1:13
2 Tim. 4:2
2 Tim. 4:15
Tit. 1:9
Tit. 2:5
Heb. 1:3
Heb. 4:2
Heb. 4:12
Heb. 5:13
Heb. 6:5
Heb. 11:3
Stg. 1:21–22
1 P. 1:23
1 P. 2:8
1 P. 3:1
2 P. 1:19
1 Jn. 1:1
1 Jn. 1:10
1 Jn. 2:14
Ap. 3:10
Ap. 12:11
Ap. 22:19

Paz y gozo
Lv. 26:6
Jue. 19:20
1 R. 4:24
Esd. 3:13
Neh. 8:10
Sal. 30:5
Sal. 43:4
Sal. 55:18
Sal. 72:7
Sal. 126:1, 5
Is. 29:19
Is. 32:18
Is. 48:18

Is. 51:11
Is. 60:15, 17
Is. 66:12
Jer. 31:13
Dn. 10:19
Mal. 2:5
Flp. 4:7
Stg. 3:17
Gn. 43:23
Éx. 4:18
Dt. 2:26
Dt. 20:10
Nm. 6:26
Nm. 25:12
1 Cr. 22:9
1 S. 1:17
1 S. 25:6
Jue. 6:23–24
Est. 10:3
Sal. 4:8
Sal. 29:11
Sal. 34:14
Sal. 55:18
Sal. 72:7
Sal. 85:10
Sal. 119:165
Sal. 122:7
Pr. 3:2
Is. 26:12
Is. 48:18
Is. 55:12
2 P. 1:2
2 P. 3:14
Is. 32:18
1 Jn. 4:18
Sal. 116:7

Persecución
Sal. 69:26

Lc. 21:12
Jn. 16:3
Gl. 4:29
1 Co. 4:12
Jn. 5:16
Jn. 15:20
Gl. 5:11
Mt. 5:12
Is. 50:6
Jer. 15:15
Mt. 13:21
Sal. 7:1
2 Co. 4:9
Is. 53:7
Zac. 2:8
Sal. 10:2
Ro. 8:35
Sal. 119:86
Mr. 10:30
Hch. 9:4, 5
Hch. 13:50
Mt. 2:13
Ro. 12:14
2 Tim. 3:12
Mt. 26:52
1 P. 4:19
1 Co. 15:19
Sal. 69:24

Perseverancia
Sal. 40:1
Ec. 7:8
Lc. 8:15
Lc. 21:19
Hch. 26:3
Ro. 5:3–4
Ro. 8:25
Ro. 12:12
Ro. 15:4–5

1 Tes. 1:3
1 Tes. 5:14
2 Tes. 1:4
1 Tim. 3:3
2 Tim. 2:24
Tit. 2:2
Heb. 6:12
Heb. 10:36
Heb. 12:1
Stg. 1:3–4
Stg. 5:7–8
Stg. 5:10–11
2 P. 1:6
Ap. 2:2

Persistencia
Ro. 12:12
Heb. 6:12
Stg. 1:3
Jos. 1:6
Jue. 20:22
1 S. 30:6
Sal. 27:14
Sal. 31:24
Sal. 38:15
Sal. 39:7
Sal. 44:5
Sal. 71:14
Sal. 146:5
Sal. 100:3
Sal. 123:1–2
Pr. 3:5
Mr. 9:23–24
Mr. 11:24
Ro. 8:25
Ro. 8:35–39
Flp. 4:13
Col. 1:11–12
Heb. 11:1

**Personas
difíciles**
Éx. 7:14
Neh. 2:10
2 S. 7:17
Neh. 6:1–19
Dn. 6:4–5
Dn. 6:24
Hch. 13:6–10
Hch. 19:13–17
Ef. 1:22
Ap. 12:11

Poder
Dt. 4:37
Dt. 8:18
Jos. 17:17
Sal. 68:35
Sal. 110:3
Ec. 8:4
Is. 40:29
Dn. 6:27
Zac. 4:6
Miq. 3:8
Nah. 2:1
Mt. 10:1
Mr. 3:15
Mr. 6:7
Jn. 1:12
Hch. 1:8
Ef. 3:20
Ap. 11:6

**Problemas,
tratándolos
con firmeza**
2 Cr. 32:7
1 R. 2:2
Sal. 34:6

Sal. 34:19
Sal. 75:6
Sal. 108:13
Sal. 126:1, 4
Jl. 3:10
Ab. 13
Ro. 4:20
Ro. 5:3
Ro. 8:35
Ro. 12:12
2 Co. 8:2
2 Co. 1:14
2 Tim. 4:5
1 P. 1:7

**Proclamar,
pregonar,
difundir**
Dt. 32:3
Neh. 8:15
Est. 1:20
Est. 3:14
Hab. 2:3
Sal. 26:7
Sal. 68:11
Pr. 15:3
Pr. 25:25
Is. 52:7
Jer. 5:20
Jon. 3:7
Nah. 1:15
Hab. 2:2
Mr. 1:45
Mr. 13:10
Hch. 10:37
Flp. 4:8

Propósito
Pr. 15:22

Pr. 20:18
Is. 14:24
Is. 46:11
Dn. 1:8
Jer. 51:29
Hch. 11:23
Ro. 8:28
Ro. 14:7
Ro. 14:8
Ro. 15:20
Flp. 4:13
Ef. 1:11
Ef. 3:11
2 Co. 5:9
Col. 3:23
2 Tim. 3:10

Prosperidad
Gn. 26:1–2
Gn. 39:3
Jos. 1:7
Jue. 4:24
1 R. 10:7
1 R. 2:3
2 Cr. 14:7
2 Cr. 18:11
2 Cr. 20:20
2 Cr. 26:5
Neh. 2:20
Job 36:11
Sal. 1:3
Sal. 35:27
Sal. 122:7
Pr. 17:8
Zac. 1:7
Zac. 8:12
1 Co. 16:2
3 Jn. 2
Gn. 24:40

Jos. 24:13
Sal. 30:6
Sal. 118:25
1 Cr. 22:11
2 Cr. 32:30
1 R. 22:15
Is. 53:10
Is. 55:11
Neh. 1:11

Protección
Lv. 26:5–6
Dt. 1:30
Dt. 12:10
Sal. 91:10
Jue. 20:28
Sal. 91:11
2 S. 22:3, 31
Job 1:10
Sal. 3:3
Sal. 32:7
Sal. 34:7
Sal. 64:2
Sal. 91:9
Sal. 91:2
Sal. 91:3
Sal. 125:2
Pr. 3:24
Pr. 18:10
Is. 43:2
Zac. 2:5
Lc. 21:18
2 Tim. 1:7
2 Tim. 1:12

**Protección
por la san-
gre de Jesús**
Éx. 12:7

Éx. 12:13
Heb. 9:6–14
Lv. 17:11
1 Jn. 1:7
Heb. 13:20

Prudencia
1 S. 16:18
Pr. 8:12
Pr. 12:16
Pr. 14:18
Pr. 15:5
Pr. 18:15
Pr. 19:14
Pr. 22:3
Is. 10:13
Is. 29:14
Is. 52:13
Am. 5:13
Ef. 1:8

Quebrar el poder de las sectas y del ocultismo
Ab. 1:17
Jl. 2:32
Sal. 18:50
Mal. 3:5
Is. 47:13
Dt. 23:14
Jue. 10:11
1 S. 7:3
Job 6:23
Job 22:30
Job 33:28
Is. 46:4
Is. 10:27
Lc. 10:19

Is. 52:2
Is. 10:17

Realizaciones
Lv. 22:21
1 R. 5:9
1 R. 6:9
1 R. 6:14
1 Cr. 28:20
2 Cr. 24:14
Esd. 6:14
Neh. 6:15
Esd. 5:8
Pr. 13:19
Pr. 17:18
Dn. 1:8
Zac. 4:9
Mt. 7:17
Lc. 14:29–30
Lc. 18:31
Lc. 22:37
Jn. 4:34
Jn. 19:30
Hch. 20:24
Hch. 21:5
Ro. 9:28
2 Co. 4:17
2 Co. 8:6
Gl. 6:9
Col. 3:17
Col. 3:23
2 Tim. 4:7
Heb. 4:3
Mt. 21:42
1 R. 6:14
Ap. 10:7
Jn. 17:4

Recompensa, galardón
Gn. 15:1
Éx. 11:3
Rt. 2:12
Sal. 19:11
Sal. 58:11
Sal. 127:3
Sal. 137:8
Pr. 13:13
Pr. 11:18
Pr. 24:14
Ec. 4:9
Dn. 2:6
Mt. 6:4
Mt. 6:6
Mt. 6:18
Mt. 10:41
Mt. 16:27
Lc. 6:23

Recuperar la posesión de su tierra
Jer. 16:14–15
Dt. 2:31; 4:5
Dt. 11:23
Am. 9:14–15
Nm. 24:18
2 S. 7:10
Dt. 6:18
Jos. 1:3
Neh. 5:11
Sal. 2:8; 44:3
Dt. 2:24
Sal. 69:35

Recuperar sus propiedades
Éx. 22:7
Éx. 22:1
Nm. 14:30
Dt. 1:21
Éx. 1:21
Neh. 5:11
Neh. 9:25
Job 21:9
Job 22:8
Is. 65:21
Jer. 29:5
Jer. 32:15
Ez. 28:26

Renovar nuestro celo
Dt. 4:9
Dt. 13:14
Dt. 24:8
Jos. 22:5
Esd. 7:23
Pr. 4:23
Pr. 10:4
Pr. 12:24
Pr. 12:27
Pr. 13:4
Pr. 21:5
Pr. 22:29
Pr. 27:23
Hch. 18:2–5
Ro. 12:8
Ro. 12:11
2 Co. 8:7
Heb. 6:12
2 P. 1:5
2 P. 3:14

Resistencia
Job 14:14
Mt. 24:13
Mr. 13:13
1 Co. 4:12
2 Co. 4:8
2 Co. 4:9
2 Tim. 2:12
Heb. 10:32
Heb. 10:33
Heb. 10:34
Heb. 11:27
Heb. 12:2

**Resistir las
mentiras de
Satanás**
2 Co. 10:3–5
1 Co. 13:7a
Sal. 103:1
Col. 3:2
1 Co. 6:20
Flp. 4:8
1 Co. 13:5b
1 Co. 2:16
1 P. 1:13
Flp. 4:9

**Responsa-
bilidades**
Job 14:14
Pr. 3:5
Mt. 7:7
Mt. 10:22
Lc. 9:23
Lc. 9:24
Lc. 9:25
1 Co. 9:27
1 Tim. 6:20

2 Tim. 1:12
Hch. 21:12–14
2 Tim. 4-6
Tit. 1:3

Restauración
Gn. 40:13
Rt. 4:15
2 R. 8:5
2 R. 8:6
Job 20:18
Job 20:10
Sal. 23:3
Sal. 51:12
Is. 58:12
Neh. 5:12
Jer. 27:22
Jer. 30:17

**Romper la for-
taleza del miedo**
Éx. 15:16
Pr. 4:23
Is. 54:14
Mt. 10:28
Mt. 17:7
Mr. 5:36
Mr. 6:50
Flp. 1:14
Heb. 13:6
1 Jn. 4:18
Ap. 1:17

**Romper mal-
diciones**
Gn. 8:21
Gn. 12:3
Gn. 27:12
Gn. 27:29

Éx. 21:17
Éx. 22:28
Lv. 19:14
Nm. 22:6
Nm. 23:8
Dt. 11:26
Dt. 23:4
Dt. 27:16–26
Jue. 9:27
Jue. 9:57
2 S. 19:21
Neh. 13:2
Sal. 62:4
Sal. 119:21
Pr. 11:26
Pr. 24:24
Pr. 28:27
Jer. 17:5
Jer. 48:10
Zac. 8:13
Mal. 2:2
Mt. 5:44
Hch. 23:12

**Romper rela-
ciones que no
son de Dios**
Mt. 5:14–16
Pr. 11:30
Pr. 4:19
Ro. 16:17
Sal. 119:63
Pr. 13:20
Pr. 28:7
Ef. 5:11
Ro. 13:2
Ef. 5:8
1 Tes. 5:5
Job 34:22

Job 37:19
Is. 50:10
Lc. 11:34

Sabiduría
1 Cr. 22:12
Sal. 37:30
Sal. 90:12
Pr. 2:7
Pr. 1:2
Pr. 1:7
Pr. 2:2
Pr. 8:5
Pr. 9:10
Pr. 10:31
Ec. 1:17
Ec. 2:13
Ec. 8:1
Is. 33:6
Dn. 1:4
Dn. 2:21
Ef. 1:17–19
Col. 1:9

**Salvación
de almas**
Is. 58:12
Is. 6:1
Is. 61:3
Lc. 19:9
Hch. 16:30–32
Ro. 1:16
Ro. 13:12
2 Co. 1:6
2 Co. 6:2
2 Co. 7:10
Gl. 5:19–25
Flp. 1:19
Flp. 1:28

Flp. 2:12
1 Tes. 5:8–9
2 Tes. 2:13
2 Tim. 2:10
2 Tim. 3:15
Heb. 1:14
Heb. 2:3
Heb. 2:10
Heb. 5:9
Heb. 6:9
Heb. 9:12
1 P. 1:5
1 P. 1:10
2 P. 3:15
Ap. 12:10

Sanidad
2 R. 2:21
2 R. 20:5
2 R. 20:8
2 Cr. 7:14
2 Cr. 30:20
Sal. 6:2
Sal. 30:2
Sal. 41:4
Sal. 103:3
Sal. 107:20
Sal. 147:3
Pr. 4:22
Pr. 12:18
Pr. 13:17
Pr. 16:24
Ec. 3:3
Is. 19:22
Is. 30:26
Is. 57:18–19
Is. 58:8
Jer. 3:22
Jer. 17:14

Jer. 30:17
Jer. 33:16
Ez. 47:8
Os. 5:13
Os. 6:1
Os. 11:3
Os. 14:4
Mal. 4:2
Mt. 4:23
Lc. 7:3
Lc. 9:11
Hch. 4:30

Sanidad de recuerdos
Ro. 12:2
2 Co. 5:17
Ro. 3:25
Flp. 3:13
Ef. 147:3
Is. 43:19
Ef. 2:2–3
Is. 42:9
Ef. 5:26

Sanidad y salud divinas
Éx. 15:26
Éx. 23:25–26
Sal. 91:16
Sal. 103:2–3
Sal. 107:20
Is. 53:4–5
Is. 54:1–4
Is. 55:11
Mt. 8:2–3
Mt. 8:16–17
Mr. 11:23–24
Hch. 10:38

Gl. 3:13
2 Tim. 1:7
Stg. 1:17
Stg. 5:14–15
1 Jn. 4:4
3 Jn. 2

Satisfacción
Dt. 14:29
Dt. 33:23
Sal. 17:15
Sal. 22:26
Sal. 37:19
Sal. 48:14
Sal. 63:5
Sal. 65:4
Sal. 90:14
Sal. 81:13–16
Sal. 91:6
Sal. 103:5
Sal. 104:13
Sal. 105:40
Sal. 107:9
Sal. 132:15
Sal. 145:16
Pr. 12:11
Pr. 18:20
Pr. 19:23
Pr. 20:13
Is. 53:11
Is. 66:11
Is. 58:10
Is. 58:11
Jer. 31:14
Jer. 31:25
Jl. 2:14
Jl. 2:26
Jn. 4:14

Seguridad
Lv. 25:18
Lv. 25:19
Dt. 12:10
Dt. 33:12
Dt. 33:28
1 S. 12:11
1 R. 4:25
Jue. 18:7
Jue. 18:10
Job 11:18
Job 12:6
Sal. 12:5
Sal. 91
Sal. 94:22
Sal. 119:117
Pr. 3:29
Pr. 11:14
Pr. 11:21
Pr. 18:10
Pr. 29:25
Os. 2:18
Lc. 15:27

Seguridad del futuro
Sal. 1:6
Sal. 128:6
Is. 34:14
Mt. 6:30
Mt. 6:34
Ro. 8:28
2 Co. 10:4–5
Flp. 1:6
Flp. 3:14
Heb. 12:2
Heb. 13:5

Servir al Señor
Gn. 39:4
Nm. 4:37
Nm. 8:15
1 S. 2:20
1 Cr. 22:11
1 Cr. 29:5
2 Cr. 20:20
Sal. 101:6
Sal. 137:8
Is. 11:10
Is. 56:6–7
Ef. 3:9
Mal. 3:17
Lc. 1:74
Lc. 2:37
Lc. 4:8
Lc. 16:13
Lc. 22:27
Jn. 12:26
Hch. 27:23
Ro. 1:9
Ro. 7:6
Ro. 12:1
Ef. 6:5
Ef. 6:6
Ef. 6:7
1 Tim. 6:2
2 Tim. 1:3
Heb. 6:12
Ap. 2:19

**Sobreponerse
a crisis emo-
cionales**
Gl. 6:9
Is. 48:17
Pr. 10:22
2 P. 1:3

Jos. 1:8
Sal. 34:10
2 Co. 8:9
Gn. 14:18–20
2 Tes. 3:10
Dt. 8:18
Ro. 8:32
2 Co. 9:9–10
1 Tim. 5:8
3 Jn. 3:2
Gl. 3:13–14
Pr. 13:22
Dt. 14:28
Flp. 4:15–17
Flp. 4:19
Is. 45:2–3
Pr. 28:20
Dt. 24:19
Gl. 6:6–9
Dt. 28:12
Is. 1:19
Ef. 3:20
Dt. 28:1–2

**Sobreponerse
a daños emo-
cionales**
Dt. 15:10
Jue. 6:9
1 Cr. 4:9
Est. 9:22
Job 41:22
Sal. 9:9
Sal. 72:4
Sal. 74:21
Sal. 78:53
Sal. 91
Sal. 119:134
Sal. 127:2

Pr. 10:22
Pr. 28:3
Is. 9:4
Is. 35:10
Is. 49:26
Is. 53:4
Is. 54:6
Is. 61:1–3
Jer. 22:3
Jer. 30:11, 20
Jer. 31:13
Ez. 26:21
Mt. 10:26
Mt. 10:28
Mt. 20:31
Mr. 6:20
Jn. 16:20
Hch. 10:38
Flp. 1:28
1 P. 3:14–15
Ap. 21:4

**Sobreponerse
a falsas acusa-
ciones**
Sal. 27:11–12
Sal. 34:7–8
Sal. 101:7
Ef. 4:31
Sal. 27:14
Sal. 35:19–26
Pr. 14:5
2 Tim. 4:17
Sal. 31:13–14
Sal. 41:9–11
Is. 50:7–9
1 P. 3:16
Sal. 31:15–16
Sal. 91:4–5

Miq. 7:8

**Sobreponerse
a la culpa**
2 S. 24:10
Pr. 28:13
2 S. 12:13
Is. 43:25
Is. 55:7
2 Cr. 7:14
Is. 1:18
Sal. 32:1
Ro. 8:1
2 Cr. 30:9
Sal. 51:17
1 Jn. 1:9
Sal. 51:9
Sal. 103:12
Heb. 8:12
Sal. 130:4
1 Jn. 1:7
Is. 61:1
Mt. 1:21
2 Co. 5:17
Jer. 31:34
Jer. 33:8

**Sobreponerse
a la debilidad
espiritual**
1 Co. 15:57
Ef. 3:16–17
Sal. 37:39
Ro. 3:4
Ef. 6:10
Heb. 11:34
1 Jn. 5:4
Mt. 26:41
2 Cr. 15:7

Jl. 3:10
Ro. 4:19–21

**Sobreponerse a
la fatiga mental y física**
1 S. 2:9
Sal. 18:1–2
Is. 40:29
2 Cr. 20:15b
Sal. 27:3
Sal. 116
Is. 40:31
Sal. 3:3
Sal. 27:5
Sal. 127:2
Is. 41:10
Sal. 5:3
Sal. 73:26
Pr. 3:24
Jn. 14:1
Sal. 9:9
Flp. 4:6
Flp. 4:7
Jn. 14:27

**Sobreponerse a
la frustración**
Zac. 4:6
Pr. 4:18
Ro. 14:19
Is. 30:15
Ro. 8:31
Jn. 14:27
Pr. 16:3
Col. 3:15
Is. 41:13
Ro. 8:26
Heb. 4:9–12

Sal. 27:13–14
Jn. 8:31–32
2 Co. 7:6
Ro. 8:37
Heb. 4:16
Sal. 73:26–28
Flp. 4:13
Gl. 5:10
1 Jn. 5:4
Sal. 32:6–11
Is. 26:3–4
Pr. 3:26
Flp. 3:3
2 Co. 5:21
Pr. 14:26
1 Jn. 5:14
Pr. 28:1
Heb. 13:6

**Sobreponerse a
la inseguridad**
Sal. 27:3
Sal. 56:11
Sal. 118:8
Sal. 118:9
Pr. 3:26
Pr. 14:16
Is. 30:15
Ez. 28:26
Miq. 7:5
Ro. 2:19
2 Co. 5:6
2 Co. 6:8
2 Co. 9:4
Flp. 1:6
Flp. 1:14
Flp. 3:13

**Sobreponerse
a la oposición**
Sal. 27:11
Sal. 31:13,
15–16
Sal. 34:7–8
Sal. 35:11, 15
Sal. 35:19–20
Sal. 41:9–11
Sal. 55:12–14
Sal. 91:4–5
Sal. 119:133
Pr. 3:30
Pr. 13:10
Pr. 14:5
Pr. 22:10
Is. 40:31
Is. 41:10
Is. 44:25
Is. 44:11
Miq. 7:8
Mt. 26:14–16
Mt. 26:45
Ro. 12:18
Ro. 14:19
Ef. 4:31
2 Tim. 4:17
1 P. 3:16
Stg. 3:16

**Sobreponerse
a la soledad**
Jn. 8:16
Jn. 10:27
Jn. 8:29
Éx. 33:14
Heb. 13:5
Jn. 16:32
Lv. 16:12

Jos. 1:5
Mt. 18:20
Mt. 28:20
Pr. 18:24
Pr. 17:17

**Sobreponerse
a la traición**
Sal. 27:11–12
Sal. 34:7–8
Pr. 14:5
Ef. 4:31
Sal. 27:14
Sal. 41:9–11
Is. 50:7–9
2 Tim. 4:17
Sal. 31:13
Sal. 55:12–14
Miq. 7:8
1 P. 3:16
Sal. 31:15
Sal. 91:4–5
Mt. 26:14–16
Sal. 35:1–15
Sal. 31:16
Sal. 45:22
Sal. 35:19
Sal. 35:20

**Sobreponerse
a las ofensas**
Lv. 19:18
Sal. 91:15
Mt. 5:22
1 Co. 13:4
Sal. 7:1
Sal. 94:14
Mt. 6:14
Col. 3:8

Pr. 12:16
Lc. 17:4
2 Tim. 2:24
Pr. 20:22
Ro. 12:17
2 Tim. 4:17–18

**Sobreponerse a
las tentaciones**
Stg. 1:13
Mt. 4:6–7
Stg. 1:2–4
Mt. 4:9–10
Stg. 1:4
1 Cr. 21:1
Jos. 7:21
Pr. 28:20
Job 1:9–12
1 Co. 10:13
Mt. 4:1
Mt. 16:1
1 Tim. 6:9
Jn. 13:2
2 P. 2:9
Ap. 3:10
Gl. 4:14
1 P. 1:6

**Sobreponerse
a las tenta-
ciones sexuales**
Mt. 5:28
1 Co. 6:18
Stg. 1:13-15
Mr. 10:19
1 Co. 10:8
Col. 3:5
2 P. 2:9
1 Jn. 2:16

1 Co. 6:13
Hch. 15:20
1 Tim. 4:1
Mt. 26:41
1 Co. 6:15
1 Co. 6:16
Pr. 2:16
Ef. 4:22
1 Tes. 4:3
1 Tes. 4:4
Pr. 4:14
Pr. 1:10
1 Co. 10:13
Pr. 2:11
1 P. 2:11
Pr. 6:32
Pr. 6:33
Pr. 6:23
Pr. 6:24
Pr. 6:25

**Sobreponerse
a los asesinos
espirituales**
Heb. 4:16
Gl. 1:4
Mt. 12:29
2 Tim. 2:26
Ez. 22:30
Mr. 16:17
Ap. 12:11
Heb. 1:4
1 Jn. 3:8
Ro. 8:26
Col. 1:13
2 Co. 2:11
Is. 58:6
Stg. 4:7
2 Co. 4:18

Ef. 6:12
Ef. 6:16
Lc. 10:19
1 Co. 6:12
Col. 2:15
Ef. 4:27

**Sobreponerse
a los celos**
Dt. 5:21
Pr. 24:1
Stg. 3:14
Sal. 10:3
Pr. 3:31
Pr. 23:17
Pr. 23:18
1 Co. 10:24
Sal. 37:7
Pr. 14:30
Gl. 5:26
Sal. 51:7
Pr. 27:4
Stg. 3:16
2 Co. 10:5
Sal. 51:10
Ec. 4:4
Stg. 4:5
Flp. 4:8

**Sobreponerse a
los sufrimien-
tos personales**
1 Co. 13:4
Flp. 4:8
Pr. 16:32
Stg. 3:13
Ec. 7:9
2 Co. 10:4
Mt. 5:9

Ef. 4:31
Sal. 37:8
1 Co. 13:4–5
Ef. 6:10
Pr. 14:17
Gl. 5:22–23

**Sobreponerse
a problemas
espirituales**
2 Cr. 34:27
Sal. 34:14
Pr. 2:11, 16
Pr. 10:12
Pr. 11:13
Pr. 14:7, 29
Pr. 16:17–18, 32
Pr. 22:24–25
Pr. 25:28
Pr. 28:26
Is. 38:17
Mt. 5:22, 28
Mt. 18:4
Mt. 26:41
Hch. 24:16
Ro. 6:11–13
Ro. 8:35–37
2 Co. 7:1
Gl. 2:20
Gl. 5:16, 18
Gl. 5:22–25
Ef. 4:2, 26
Col. 3:5, 13
Col. 3:17
Stg. 1:19–20
Stg. 3:11–16
Stg. 4:10
Heb. 12:15
1 Jn. 1:9

1 Jn. 2:16
1 Jn. 5:4

**Sobreponerse
a problemas
familiares**
Gn. 12:3
Dt. 28:11
Sal. 127:1, 3
Sal. 128:3
Pr. 4:1, 10
Pr. 5:15
Pr. 6:24, 32
Pr. 10:1, 4–5
Pr. 11:16, 29
Pr. 12:4
Pr. 14:1
Pr. 15:5
Pr. 15:17, 20
Pr. 17:25
Pr. 18:22
Pr. 19:13–14
Pr. 19:20
Pr. 21:9, 19
Pr. 31:10, 30
Is. 54:3–4
Jer. 31:3
1 Co. 7:14
1 Co. 7:15
Ef. 5:29, 32

**Sobreponerse
a problemas
maritales**
Gn. 2:23
Lc. 11:4
Stg. 1:5
Mt. 5:7
Lc. 6:37

Stg. 5:16
Gn. 2:24
Mt. 5:31
Ro. 12:21
Sal. 27:1
Sal. 6:2
Mr. 10:8
Ef. 5:28
Sal. 27:3
Pr. 19:11
Mt. 5:32
Ef. 5:33
Sal. 27:14
Lc. 6:36
Heb. 13:4
Sal. 31:3
Sal. 31:4

**Sobreponerse
a situaciones
imposibles**
Sal. 3:2
Sal. 4:8
Sal. 5:10
Sal. 18:19, 34
Sal. 21:2
Sal. 33:18–19
Sal. 35:7–9
Sal. 37:15
Sal. 38:16–20
Sal. 41:9–11
Sal. 55:21–23
Sal. 56:3–4
Sal. 56:8–9, 13
Sal. 57:4–11
Sal. 58:6–7
Sal. 91
Is. 40:4
Is. 42:16

Is. 45:2
Jer. 32:17
Mt. 17:20
Mt. 29:26
Hch. 12:1–11
Ro. 8:32
Ef. 3:20

**Sobreponerse
al abuso sexual**
Lc. 13:11–12
1 Jn. 1:7
2 Co. 5:17
Stg. 1:21
Jn. 8:32
Ro. 6:4
Mt. 5:44
Flp. 1:6
1 Jn. 3:1
Ro. 8:2
1 Jn. 3:2
Flp. 3:13-14
Jn. 10:10

**Sobreponerse
al cansancio**
Sal. 20:6
Sal. 27:1
Sal. 29:1
Sal. 39:13
Sal. 46:1
Sal. 68:35
Sal. 73:26
Ec. 10:18
Jer. 30:10
Ro. 12:11
Heb. 6:12
Jer. 31:25

**Sobreponerse al
endeudamiento**
1 S. 22:2
Pr. 22:26
2 R. 4:1–7
Pr. 13:22
Pr. 22:7
Mal. 3:10
Mt. 6:12
Mt. 12:29
Mt. 18:27, 32
Mr. 11:23
Ro. 8:12
Ro. 13:8
Ef. 6:8
Flp. 18–19

**Sobreponerse
al orgullo**
Pr. 6:16–17
Ro. 12:3
Stg. 4:6–7
Pr. 11:2
Pr. 21:4
Mt. 23:11
Is. 57:15
1 P. 5:5
1 P. 5:6
Pr. 22:4

**Sobreponerse
al sentimiento
de ser usado
y abusado**
Heb. 10:32–35
Sal. 3:1–3
Sal. 42:9
Jer. 31:13
Is. 60:10

Is. 62:2

Soportar, ser paciente
Job 14:14
Sal. 30:5
Sal. 72:7
Sal. 89:36
2 Tes. 1:4
2 Tim. 2:10
Heb. 6:15
Heb. 10:32
Heb. 10:34
Heb. 11:27
Heb. 12:2
Stg. 1:12
1 P. 5:10

Trabajo, obra
Éx. 5:13
Dt. 2:7
Dt. 14:29
Sal. 15:2
Hab. 1:5
Zac. 4:6
Mt. 10:10
Mt. 11:28
Jn. 6:28
Ro. 13:10
1 Co. 4:12
1 Co. 9:10
Ef. 4:28
Flp. 2:13
Col. 1:10
1 Tes. 4:11
2 Tes. 3:10
1 Tim. 5:8
2 Tim. 2:15

Transición
Gn. 1:14
Lv. 26:4
Jos. 24:7
2 Cr. 15:3
Sal. 1:3
Pr. 15:23
Ec. 3:1
Is. 40:31
Jer. 5:24
Dn. 2:21
Zac. 4:6
Lc. 1:20
Lc. 12:42
Jn. 5:35
Hch. 1:7
2 Co. 7:8
Gl. 6:9
2 Tim. 4:2
Heb. 11:25
1 Jn. 1:9

Triunfo
Éx. 15:1
Éx. 15:21
Dt. 11:24–25
Jos. 1:3
Sal. 25:2
Sal. 41:11
Sal. 44:5
Sal. 60:12
Sal. 91:13
Sal. 92:4
Sal. 106:47
Sal. 108:13
Zac. 10:5
Lc. 10:19
1 Co. 10:13
1 Co. 15:57

2 Co. 1:4
Col. 2:15

Unción
Éx. 30:30
1 S. 10:6
1 S. 10:7
1 S. 10:9–10
Sal. 45:7
Sal. 89:20–21
Sal. 92:10–11
Ec. 8:4
Is. 10:27
Is. 45:1
Is. 61:1
Is. 61:3
Nah. 2:1
Hch. 7:55
Hch. 10:38
Sal. 23:5
1 S. 10:1
Heb. 1:9
1 Jn. 2:27
1 Jn. 3:8

Unidad
Gn. 2:24
1 Cr. 17:21
1 Cr. 17:22
Mt. 19:6
Mr. 10:9
1 Co. 6:19
1 Co. 12:4–7
1 Co. 12:12
Ef. 4:2–4
Ef. 4:16
Ef. 4:32
Ef. 5:19
Sal. 133:1

Am. 3:3

Unidad de la iglesia
Jos. 9:2
Lam. 4:16
Sal. 133:1
Hch. 1:14
Hch. 2:1
Hch. 5:12
Hch. 8:6
Hch. 14:4
1 Co. 1:13
1 Co. 12:3
Ef. 4:3, 13
Flp. 2:2
Col. 3:14

Valor
Nm. 13:20
Dt. 31:6
Jos. 1:7
Jos. 2:1
Jos. 23:6
1 Cr. 28:20
2 Cr. 15:8
2 Cr. 19:11
2 Cr. 32:7
Sal. 27:14
Sal. 31:24
Is. 41:6
Hch. 28:15
1 Co. 16:13

Verdad
Sal. 9:10
Sal. 22:4
Sal. 25:2
Job 13:15

Sal. 28:7
Sal. 37:3
Sal. 49:6
Sal. 56:3
Sal. 62:8
Sal. 84:12
Sal. 86:2
Sal. 91:4
Sal. 112:7
Sal. 125:1
Sal. 143:8
Pr. 3:5
Pr. 16:20
Pr. 28:26
Is. 12:2

Victoria sobre adicciones y compulsiones
Lc. 4:18
Sal. 107:20
Sal. 34:14
Sal. 55:18
Pr. 28:26
Pr. 28:13
Sal. 81:6
2 Cr. 7:14
Is. 55:6–7
Sal. 107:6
1 Jn. 1:9

Victoria sobre cargas y preo-cupaciones

Sal. 42:11a
Sal. 37:7
Éx. 33:14
Stg. 4:6–7

Sal. 42:11b
1 P. 5:9a
Sal. 127:1a
Mt. 11:28–30
Jn. 14:27b
Sal. 55:22
Heb. 4:10–11

Victoria sobre el desaliento
Jos. 1:9
Sal. 41:10
2 Tes. 2:16–17
Sal. 37:3
Sal. 37:4
Sal. 37:5
2 Co. 2:14
Is. 43:2
Jer. 29:11
Sal. 66:8–9
Flp. 1:6
Is. 51:3
Heb. 6:10–11
Heb. 6:12
Sal. 69:30
Sal. 138:3
Is. 51:12
Sal. 103:17
Sal. 69:32
Sal. 138:7–8
Dt. 31:6
Sal. 73:23
Zac. 4:6
Pr. 4:18

Victoria sobre la amargura
Is. 38:17
Col. 3:13

Pr. 10:12
Heb. 12:15
Pr. 10:18
Stg. 3:11–12
Ef. 4:31
Stg. 3:13–16

Victoria sobre la intimidación
Jn. 8:32
Is. 26:3
Flp. 4:13
Heb. 13:5
Mt. 6:33
Pr. 24:3–4
1 P. 5:8–9
Jn. 16:33
1 Jn. 4:4

Victoria sobre las carencias
Jos. 1:8
Mt. 6:33
Dt. 8:18
3 Jn. 2
Flp. 4:19
Dt. 28:12
Is. 48:17
Sal. 34:10
Ro. 8:32
Gl. 3:13–14
Is. 45:2–3
Is. 1:19
2 Co. 8:9
Pr. 13:22
Pr. 28:20
Sal. 37:4
Ef. 3:20
2 P. 1:3

Lc. 6:38
Heb. 6:12
Jn. 10:10
Heb. 8:6
Lc. 12:32
Pr. 10:22
Gl. 6:9
Gn. 14:18–20
Gn. 26:12
Dt. 14:28
2 Cr. 20:20
Job 42:14–15

Victoria sobre malos hábitos
1 Jn. 1:9
Pr. 28:26
Lc. 4:18
2 Cr. 7:14
Sal. 55:18
Sal. 81:6
Sal. 34:14
Sal. 107:6
Sal. 107:20
Pr. 28:13
Is. 55:6–7

Vida interior
Sal. 4:8
Sal. 85:8
Pr. 13:20
Mt. 5:48
Lc. 6:45
Jn. 13:15
Jn. 13:16
Jn. 13:34
Ro. 12:1–2
Ro. 15:5–7
1 Co. 4:2

1 Co. 15:58
Gl. 6:2, 10
Ef. 5:1–2
Ef. 5:8
Ef. 6:5–7
Flp. 2:5–8
Col. 3:13, 17
1 Jn. 2:16
3 Jn. 2

Vida libre de preocupaciones
Gn. 15:15
Gn. 43:23
Éx. 4:18
Lv. 26:6
Nm. 6:26
Nm. 25:12
Dt. 29:19
Jue. 6:23
Jue. 19:20
1 S. 25:6
1 R. 4:24
1 Cr. 12:22
2 Cr. 15:4
Est. 9:30
Est. 10:3
Job 5:24
Sal. 4:8
Sal. 29:11
Sal. 34:14
Sal. 55:18
Sal. 60:6–7
Sal. 66:12
Sal. 72:3
Sal. 72:7
Sal. 85:10
Sal. 119:165
Sal. 122:7

Sal. 128:6
Sal. 147:14
Pr. 3:2
Pr. 12:20
Ec. 3:8
Is. 9:6
Is. 26:12
Is. 32:17
Is. 39:8
Is. 48:18
Jer. 29:11
Jer. 30:10
Jer. 33:6
Hag. 2:9
Mal. 2:5
Lc. 1:79
Jn. 20:19
Jn. 20:21
Heb. 12:14
Heb. 13:20
1 P. 1:2